中青年经济与管理学者文库

感谢国家社科基金重点项目“稳增长、调结构政策工具选择与方法创新研究（15AZD006)”的资助。

收益率宽幅：实体企业创新的抑制效应与激励政策研究

周雯珺　赵立三　著

中国财经出版传媒集团
中国财政经济出版社

图书在版编目（CIP）数据

收益率宽幅：实体企业创新的抑制效应与激励政策研究／周雯珺，赵立三著．--北京：中国财政经济出版社，2021.8

（中青年经济与管理学者文库）

ISBN 978-7-5223-0628-5

Ⅰ.①收… Ⅱ.①周… ②赵… Ⅲ.①企业创新－创新管理－研究 Ⅳ.①F273.1

中国版本图书馆 CIP 数据核字（2021）第 130647 号

责任编辑：武志庆　　　　责任印制：党　辉
封面设计：智点创意　　　　责任校对：张　凡

收益率宽幅：实体企业创新的抑制效应与激励政策研究
SHOUYILYU KUANFU：SHITI QIYE CHUANGXIN DE
YIZHI XIAOYING YU JILI ZHENGCE YANJIU

中国财政经济出版社 出版
URL：http：//www.cfeph.cn
E-mail：cfeph@cfeph.cn

社址：北京市海淀区阜成路甲 28 号　邮政编码：100142
营销中心电话：010-88191522
天猫网店：中国财政经济出版社旗舰店
网址：https：//zgczjjcbs.tmall.com
北京财经印刷厂印刷　各地新华书店经销
成品尺寸：148mm×210mm　32 开　8.625 印张　216 000 字
2021 年 8 月第 1 版　2021 年 8 月北京第 1 次印刷
定价：40.00 元
ISBN 978-7-5223-0628-5
（图书出现印装问题，本社负责调换，电话：010-88190548）
本社质量投诉电话：010-88190744
打击盗版举报热线：010-88191661　QQ：2242791300

策划人语

题记：一个人的精神成长史，取决于他的阅读史。只有阅读能最有效地培养精神生活习惯，而好的习惯又培养性格，性格决定人生。

——我们自豪，因为我们就是创造这精神产品的人。

选择了飞翔，总能看到蓝天；选择了远航，总能感受大海。人生不仅要作出选择，也要坚持住自己的选择。学会计、当编辑是我的意外选择。人说编辑是为人作嫁，可是这一选择我坚持了27年，苦在其中，乐在其中，也算是有声有色。每当我把一本本好书呈献给人们的时候，我觉得我是“富贵”的人：富，不是你身上的钱财，而是你心里的满足；贵，不是你地位的显赫，而是你被人需要的程度。

书海探寻，情怀永恒

我要说，做编辑我幸运，因为我不仅是第一个读者，可以对作品“品头论足”，也可以对作品“生杀予夺”；更重要的是，这是一个很高层次的平台，在多年与名家的交往和名著的“对话”中，深深地为他们的人格和才学所感动，被作品的精彩所吸引，这不仅使我“下笔如有神”，更使我的思想和灵魂也受到一次次洗礼和震撼，得到一次次升华。对于我的作者我的书，如数家珍，作者中不乏才学和为人同样过人的多位泰斗和“颜值高责任大”的众多才子佳人；策划的作品不仅立足专业还兼顾人文，也是情怀所在，专业加人文路才会更宽。

多年的体会是，作为一名编辑，起码要“三心二意”，即“责任心、细心、耐心”和“服务意识、创新意识”。要多策划一些有分量的拳头产品，用一个选题推动一个系统工程，用一个系统工程培养一个出版社品牌。给新入职编辑讲座时我做过一个比喻：编辑两项基本功，审稿——甚至要比博导审批学生论文还要全面、细致；选题策划——要像电影导演一样做“星探”，善于发现优秀作者和挖掘好的原创作品。记不得27年来我策划和编辑了多少书，组织和策划了一大批教材、业务培训用书、通俗读物、理论专著等，有的获得过国家、省部级各类奖项，有的以其填补空白、社会热点、风格新颖、开拓尝试等特点受到读者的欢迎。20世纪90年代我开始自主策划选题，多年来每年都有新丛书问世。比如，21世纪初内部控制研究在国内刚兴起时，策划了《现代内部控制丛书》，其中的《企业内部控制管理操作手册》是我鼓励作者将自己饱含心血的经过长期钻研和实践并被证明有效的成果奉献付梓，使更多的人能受益于此，这无疑是对我国内部控制理论探索和实践发展的一种贡献，而内部控制选题至今还是热点。2013年的《来去无尘——一位财政部长的生前事》所展现的吴波精神，与深入推进党风廉政建设相得益彰，得到中央领导同志的高度重视和重要批示。中央各大主流媒体纷纷连续报道，掀起了全社会学习吴波高尚情操的热潮。2014 年至今的前沿选题《财务云丛书》等也越来越受到业界认可。

想是问题，做是答案

众所周知，目前的图书出版业在行业竞争和纸质图书受到严重冲击的情况下，出版人无不感到莫大的危机。在这种背景下，策划一套专业图书是颇感困惑的一件事，风险更大。但即使这样我们也不能因噎废食、停滞不前，还要积极应对，继续发挥纸质图书的固有特质，挖掘出版内容和形式都精彩的原创作品，适应新形势下读者的更高需求。2017 年，我们接受新的挑战，开启新的征程，又策划了《中青年经济与管理学者文库》《当代税收名家丛书》《中国税务律师系列丛书》《现代管理实务丛书》《高等院校应用型会计人才精细化培养系列教材》等，继续为扶持学术研究和总结最新成果，在高端研究与专业知识普及和应用之间搭建一座座有益的桥梁。

每一个时代的经济环境不同，理论研究和实务探索所需要解决的问题也有所差别。当前我国不仅处于经济结构调整和供给侧改革的攻坚期，同时也处于大数据和互联网突飞猛进的变革期，矛盾叠加，风险交汇，市场环境和组织模式不断演变发展、推陈出新，经济、管理、财税等领域的新理论、新思想、新方法、新工具也层出不穷。乱花渐欲迷人眼，击水三千浪几何？这些领域的研究人员被时代赋予了更艰巨的责任，也面临着更高、更多元的要求，我们不仅要具备更广阔的学术视野，而且要有更严谨的学术思维。

输在犹豫，赢在行动

《中青年经济与管理学者文库》的作者，都是我国经济与管理领域的中坚力量，也是未来的大家。他们中有些人潜心从事理论研究，有些人则深耕在实务一线，但无论现实身份如何，视野全都没有被拘泥在“象牙塔”内。他们从不同视角对市场经济的不同要素进行细致审视，然后汇聚于“财经版”这面旗帜之下，相互碰撞，彼此激荡，力求在市场经济转型升级的关键时期留下最新鲜的“中国印记”。

这些经济与管理领域的中青年学者，就是我国市场经济发展的潜力与优势，他们的研究成果，不仅将引领市场经济的各个组成环节向更科学、更先进的方向发展，而且将成为我国政府和企业在未来经济世界扮演更重要角色的支点与动力。祝愿这些中青年学者能攀上更高的学术之山，走向更远的研究之路，也期待宏观、中观、微观各个层面的市场参与者都能从这套文库中得到切实的启发与指引，在全面深化改革、增强发展活力的关键时期，发挥正能量和积极作用，为经济社会发展增添新的动力！

如果您认可，如果您有意愿，欢迎您和您的朋友加盟我们的作者队伍！在中国财经出版传媒集团的“旗舰”下，中国财政经济出版社这“老字号”，一定励精图治，谱写新的篇章。我们用“龙的精神，玉的品质”来助力您实现梦想！

策划人：樊清玉

邮箱：qingyuf@ sina. com

2017 年春

党的十九大报告指出“创新是引领发展的第一动力”。激发企业创新动力、提高企业创新能力是稳增长、调结构、推动经济高质量增长的核心问题。为此，我国政府相继实施了一系列的政策和措施，对推动企业创新起到了积极作用。尽管如此，我国实体企业创新动力和创新能力依然偏低。本书从会计收益的微观视角，探讨实体企业中投资性房地产等金融资产与经营资产之间收益率差距持续拉大的收益率宽幅现象对企业创新的影响及作用机制，并提出激励企业创新的政策措施，为激发企业的创新动力与创新能力提供新视角。

刺激经济增长的货币政策在推动经济高速发展的同时，产生了投资性房地产等金融资产的价格过快上升的负外部效应，形成了投资性房地产等金融资产高收益率与经营资产低收益率之间收益率差距持续拉大的收益率宽幅现象。收益率宽幅的持续拉大改变了实体企业的投资行为和融资行为，诱使实体企业大量配置投资性房地产等金融资产，从而降低了企业创新意愿，对实体企业的创新产生了挤出效应。

在分析和界定相关概念的基础上，依据马克思一般均衡理论、投资组合理论以及企业投融资理论等相关理论，对收益率宽幅与企业创新之间的关系进行了系统深入的研究。本书以2011—2018年A股上市实体企业为样本，通过数理推导、PVAR等方法验证了收益率宽幅对企业创新存在抑制效应；构建收益率宽幅影响企业创新的结构方程模型（SEM），以探讨收益率宽幅对创新抑制效应的影响路径和内在机理，并基于主营业务盈利能力、股权性质以及高新技术企业资质认定进行了分组研究；基于托宾Q理论以及储蓄生命周期理论，探讨了收益率宽幅现象出现的动因，为促进实体企业创新、优化创新激励政策提供理论依据与政策选择空间。主要内容和结论归纳如下：

首先，在利用因子分析法构建实体企业创新指数的基础上，通过PVAR、面板多元回归等方法检验了收益率宽幅与企业创新之间的关系。研究发现：收益率宽幅现象通过降低企业对创新未来收益的预期，导致企业创新意愿下降、创新能力薄弱。同时，根据IV-GMM工具变量法以及Heckman两阶段法检验并修正了模型的内生性问题，再次验证了收益率宽幅对企业创新的抑制效应。

其次，本书构建了面板多元回归模型以及结构方程模型（SEM），探讨收益率宽幅影响企业创新的中介路径和影响机理。研究发现：收益率宽幅通过投资行为金融化与融资约束两条路径影响企业创新，并且两条路径对企业创新的影响效果不同。收益率宽幅刺激企业加大投资性房地产等金融资产的投资，诱导金融化倾向出现，挤占创新资源，抑制企业创新；收益率宽幅持续拉大的同时，也粉饰了企业的财务报表，缓解了融资约束程度，有利于促进企业创新。进一步结合Bootstrap检验比较金融化与融资约束对企业创新的影响程度发现：投资行为金融化对创新的挤出效应超过融资约束对创新的促进效应。因此，收益率宽幅对企业创新存在抑制效应。

再次，按照主营业务盈利能力、股权性质以及高新技术企业资质认定对样本企业分组，构建结构方程模型（SEM），验证收益率宽幅对不同类型实体企业创新的影响。结果发现：低盈利能力企业、国有企业以及非高新技术企业中，收益率宽幅对企业创新的抑制效应明显存在；但是，在高盈利能力企业、非国有企业以及高新技术企业中，收益率宽幅对创新的抑制效应不明显。

最后，根据上述研究成果，管控或者收窄收益率宽幅是促进实体企业创新的关键。本书采用 VAR 模型，验证了刺激经济增长的货币政策是收益率宽幅现象的成因；通过多元回归方法验证了税收优惠政策、产业政策以及产权保护政策对收益率宽幅现象的影响和调控作用。根据实证检验结果，从货币政策、税收优惠政策、产业政策、知识产权保护以及金融市场发展五个层面，提出调控收益率宽幅、激励企业创新的政策性措施。

本书的创新点如下：首次将收益率宽幅引入企业创新的分析框架中，为研究企业创新的影响因素提供了新视角；丰富了实体企业金融化动因的研究；将抑制创新和促进创新两条路径置于同一结构方程模型中，比较了两种效应对企业创新的影响程度；建立结构方程模型，验证了主营业务盈利能力、股权性质以及高新技术企业资质认定三个因素可以有效调节收益率宽幅与企业创新之间的关系，并且分析了三个因素具有调节效果的原因以及调节力度的差异。

本书的研究成果为解读实体企业创新动力不足提供了新视角，发现了政府大力扶持而企业创新动力和创新能力依然较低的深层次原因，为政府制订激发企业创新活力、激励企业创新投入的宏观经济政策提供了理论依据与政策选择空间。

第1章 绪 论

在我国经济由高速度增长向高质量增长转变的关键时期，创新成为稳增长、调结构、推动经济高质量发展的第一动力。为促进企业创新，我国政府制定了一揽子财政补贴、产业支持及税收优惠政策。然而我国实体企业创新动力仍然不足，创新能力始终偏低（Hall，1993；张杰等，2011；王红建等，2016）。鉴于收益影响企业的资本流动和资产配置（Brown et al.，2012），创新预期收益决定企业创新动力和创新能力（李楠博，2020）。本书从企业会计收益的微观视角，探寻创新激励政策执行效果下降、实体企业创新不足的成因，探讨投资性房地产等金融资产与经营资产之间收益率差异持续拉大的收益率宽幅现象对企业创新的影响。

本章首先从当前研究背景出发，结合国内外关于企业创新影响因素的相关理论研究现状，探讨本书研究问题的实际和理论意义；在此基础上，阐述论文的基本书内容和研究方法；此外，在展现基本的研究框架后，总结可能的创新点。

1.1 研究背景与研究意义

结合我国实体企业创新现状、分析现实背景是明确研究目的和研究意义的基础，并可以为后续研究指明方向。

1.1.1 研究背景

推动企业增加研发投入、提高创新能力，是我国重要的经济目标。因此，我国频繁颁布产业政策和财政政策等政策措施支持企业科技创新，每年投入的科研经费持续大额上涨。2019 年我国用于研究与试验发展的经费支出高达 21737 亿元，是 2011 年科研经费支出 8687 亿元的近 3 倍。然而，在激励企业创新的政策推动下，我国企业研发投入依然偏低，创新能力仍然薄弱（Nam et al.，2002；张熙鸣，2016）。那么，导致实体企业创新能力偏低的深层次原因是什么？如何制定激励政策以有效促进企业创新？对这两个问题的探讨也是本书的立足点和出发点。

1.1.2 研究意义

本书的选题来源于一个现实问题的思考：我国政府大力扶持企业创新，为什么企业创新动力和能力依然较低？本书认为不同资产之间的收益率差异，是导致企业投资决策变化和创新意愿下降的重要原因。为解读实体企业创新动力不足提供了新视角，对于提高企业创新能力具有重要的理论和现实意义。

（1）研究理论意义

首先，丰富了企业创新影响因素的研究。本书从会计收益的微观视角，验证了投资性房地产等金融资产与经营资产之间的收益率宽幅是实体企业创新动力不足、创新能力薄弱的重要原因，提出了新的创新影响因素。

其次，为解释我国实体企业金融化现象出现的原因进行了有益的尝试。已有文献中，更多关注实体企业金融化的后果，对于企业金融化动因的研究较少。本书将“金融化——创新”的分析链条向前推进一步，分析了企业投资行为变化的动因。认为投资性房地产等金融资产与经营资产之间的收益率宽幅现象，改变了企业投资行为，是企业金融化程度加深的重要动因。

最后，为明确实体企业金融化、融资约束与创新三者之间的关系提供了新思路。本书在分析和推演收益率宽幅对创新作用机理的过程中，验证了实体企业中持有投资性房地产等金融资产在对创新存在挤出效应的同时，也缓解了企业的融资约束程度，有利于促进企业创新。本书进一步比较了两条路径的影响程度，深化了金融化、融资约束与创新三者之间关系的相关理论，为后续相关研究提供了新的研究思路。

（2）研究现实意义

首先，本书为解读实体企业创新动力不足提供了新视角。收益是资本流动的核心动力。当等量资本无法获得等量收益、收益率宽幅持续拉大时，资本逐利性将改变企业的投融资行为，导致企业创新动力不足。

其次，本书研究了收益率宽幅对不同类型企业创新的影响，有利于针对不同企业制订合理的差异化措施，以助推不同类型企业转型发展。

最后，本书提出了调控收益率宽幅、促进企业创新的政策措施，为我国政府相关部门制订行之有效、促进企业创新的激励政策提供理论依据和微观支撑。

1.2 国内外研究综述

创新影响因素的研究始终是国内外学者们关注的重要话题。众多学者从多角度、多层面对企业创新相关问题进行了深入研究，形成了丰厚的研究成果，也为促进企业创新能力提高做出了巨大贡献。

1.2.1 关于预期收益对创新的影响

追求利润最大化是企业财务决策和投资行为选择的重要驱动力，预期收益会显著影响企业创新。Montalvo（2008）提出预期收益是企业进行技术创新最重要的内部驱动力；李楠博（2020）以2013—2017年我国重污染行业上市公司为样本，也得出了相似结论。但是他认为创新预期收益不仅包括生产成本降低、销售收入增加以及知识产权转让带来的短期经济收益，还包括技术创新带来的企业竞争力提高、社会声誉以及品牌形象等长期无形收益。这些创新收益的提高均会促进企业创新意愿增加。

Orhangazi（2008）研究发现金融资产的高收益率吸引企业将资源大量配置于金融资产，挤占企业创新资源，导致企业创新能力下降。国内谢家智等学者也得出了相似结论，提出金融投资收益大幅上涨是实体企业出现金融化趋势的重要因素之一。并进一步以欧拉方程为基础估计企业创新投资行为，验证了实体企业过度金融化抑制了企业创新（谢家智等，2014a，2014b）。

宋军等（2015）按照 Penman - Nissim 分析框架，将企业资产区分为金融资产和经营资产，探讨经营资产收益率对企业金融资产配置的影响。认为经营资产收益率低的企业会出于金融资产与经营资产之间的替代效应而持有金融资产；经营资产收益率较高的企业出于将闲置资金配置于金融资产的富余效应而持有金融资产。导致企业持有金融资产的比重与经营资产收益率呈"U"形关系。但是受两种不同效应推动产生的金融化行为对企业创新的影响不同：替代效应导致的金融化行为会挤占创新资源，抑制企业创新（王红建等，2016）；富余效应导致的金融化行为对企业创新影响较小（王少华，2019a）。

郭丽婷（2017）是从盈利能力调节金融化与企业创新之间关系的角度，分析主营业务收益对创新的影响。根据 ROA 衡量经营业绩，发现收益率低、经营业绩较差的企业，金融化对创新具有“挤出效应”，抑制企业创新；收益率高、经营业绩较好的企业，金融化对创新具有“蓄水池效应”，促进企业创新。宋军等（2015）和郭丽婷（2017）的研究成果均说明生产经营过程盈利能力的提高是促进企业创新的重要因素。

张任之（2018）以2007—2016年我国A股非金融类上市公司为样本，研究发现经营资产的风险、金融资产与经营资产回报率差异两个因素是促进企业金融化的重要原因，并进一步发现体制机制导致金融资产的风险与收益不匹配，推动企业大量持有金融资产，抑制企业对经营资产的投入，尤其挤出对无形资产的投资；杜勇等（2020）也认为金融资产与经营资产的收益率差距和股价下跌风险是决定企业投资选择和资产配置的关键因素。

1.2.2 关于实体企业金融化对创新的影响

伴随着金融业的快速发展，金融创新工具的大量出现，金融行业能够获得远超制造业的超额利润（王红建等，2016），吸引实体企业大量进入金融行业，实体企业金融化现象愈加严重（张成思等，2016）。

关于实体企业金融化对创新的影响，形成了三种不同意见。第一种观点为“抑制论”。实体企业金融化将造成对实体投资的“挤出”（Orhangazi，2008），弱化制造业发展基础（谢家智等，2014b），导致实体企业逐渐偏离其主业，形成了“制造业趋于空心化”现象（王红建等，2016），使企业缺乏足够的资金进行设备更新改造以及产品研发创新，削弱企业的创新能力（Palley，2008；Tori et al.，2017；杜勇等，2017；章雁等，2020）。

第二种观点为“促进论”。金融资产的“蓄水池”效应（胡奕明等，2017），能够降低企业财务困境成本（张成思等，2016），有利于企业实业投资和创新投入（Stulz，1996）；另外，实体企业的创新活动由于信息不对称、风险较高等原因存在严重的融资约束现象（Hall，1993a）。资金短缺会限制企业创新投入、降低企业创新意愿。金融化可以缓解企业融资约束程度。持有金融资产带来的高收益率可以改善企业业绩，缓解融资约束，促进企业创新（王红建等，2016）；企业投资金融机构可以通过信息效应和决策效应减少外部融资中的信息不对称，从而缓解融资约束程度，帮助企业把握投资机会，提高投资效率和创新投入。

第三种是以王少华（2019b）为代表的学者提出金融化与企业创新之间呈现动态变化的关系。认为随着企业持有金融资产占总资产比重的变化，金融化与创新之间的关系也随之调整。如果企业持有的金融资产在合理区间，会缓解企业的融资约束，有利于助推企业创新；当企业过度金融化时，大量资源流入金融资产将挤占企业创新资源投入，抑制企业创新。因此，企业应该适度金融化。并且企业持有金融资产的合理区间随着环境变化而改变，金融化与创新之间也保持动态调整过程。通过归纳金融化与企业创新之间关系的相关研究成果，可以发现金融化对企业创新影响的方向并不确定，二者之间的关系仍是一个需要解决的实际问题。

关于实体企业金融化动因的研究，学者们同样提出了不同的意见。大部分学者认同融资约束是企业金融化的重要动机。首先，金融资产可以快速变现以预防企业资金短缺情况。Stulz（1996）、Opler et al.（1999）等学者发现持有变现能力较强的金融资产可以平滑未来经营活动不确定引起的现金流波动，并且在企业资金短缺时将持有的金融资产快速出售以缓解企业的融资约束程度。Duchin et al.（2017）发现企业配置金融资产的目的主要在于预防性储蓄动机。我国学者也得到了相似结论。胡奕明等（2017）以2002—2014年我国A股非金融企业为样本，验证了预防性“蓄水池”动机是企业金融化的重要原因。但是剔除货币资金后，发现我国实体企业更多地出于“替代”动机而持有金融资产。宋军等（2015）和郭丽婷

(2017)提出企业持有金融资产的目的还取决于企业盈利能力。随着企业盈利能力的提高，企业持有金融资产的动机由套利效应转变为富裕效应。此时，金融化对企业创新的影响由挤出效应变为蓄水池效应；其次，配置金融资产可以拓宽企业的融资渠道。Baud et al.(2012)发现1990—2007年美国零售业企业大量持有金融资产，中和了企业利润率下滑带来的损失，导致企业出现销售额停滞、但是净资产收益率却大幅上升的情况。因此，Theurillat et al.(2010)、Sean(1999)提出金融资产的高收益率能够美化企业的财务报表，拓宽企业的融资渠道，缓解融资约束。我国学者曾海舰等(2016)、杨筝等(2017)、钱雪松等(2017)等也得出相似结论。

但是，也有部分学者提出融资约束不是企业金融化的动机。彭俞超等(2018)以2007—2015年上市公司为样本，研究发现企业配置金融资产的重要动机在于追逐短缺利润增加，而不是预防性动机。Dumenil et al.(2004)、Crotty(2005)也认为金融资产的高收益率是企业持有金融资产的重要动机；王红建等(2016)、杜勇等(2017)也提出金融化并未缓解企业融资约束程度，金融和房地产行业的“暴利”才是导致实体企业将大量资源投入金融和房地产领域的重要原因，从而推动实体企业金融化。许罡等(2018)以2003—2015年A股非金融上市公司为样本检验金融化的驱动因素，同样发现金融业超出实业的经营利润差以及企业的盈余管理动机是公司金融化的驱动因素①；曾雪云等(2013)提出公允价值计量模式导致金融资产收益率上升，引起企业投资行为变化；张任之(2018)提出金融资产风险和收益的错配对实体企业金融化具有重要推动作用；杜勇等(2020)、俞毛毛等(2020)分别通过双重差分模型验证融资融券机制对企业金融化的影响。研究发现融资融券

① 许罡，伍文中.公司金融化投资之谜：盈余管理抑或金融套利？[J].证券市场导报，2018(8)：20-28.

机制加剧了企业配置金融资产的短期投机套利行为，促使股价信息含量提高，推动实体企业金融化程度加深。

1.2.3 关于融资约束与金融发展对创新的影响

融资约束对企业创新的制约得到大部分学者的认同。创新需要大量稳定的资金支持。然而，创新活动由于具有资金需求大、投资回收期长等特点（王红建等，2016），仅靠内部融资难以满足创新的资金需求（张杰等，2012；余明桂等，2019）。由于失败风险大、信息不对称、创新产出形成的无形资产不易抵押（刘胜强等，2015）等特点，创新投资风险较高，银行和信贷投资者不愿意投入创新活动（Hall et al.，2010）。导致企业创新的外部融资成本仍然较高，企业可以筹措到的外部资金有限（余明桂等，2019），企业研发面临严重的资金缺口，融资约束明显（周开国等，2017）。不稳定的资金来源容易导致企业创新活动中断（解维敏等，2011；张璇等，2017），制约企业自身研发和协同创新（周开国等，2017）。Mancusi et al.（2010）根据意大利工业企业数据，采用双变量 Profit 模型检验，也发现银行信贷约束导致企业 R&D 投入减少；Brown et al.（2012）同样研究发现企业融资额度与 R&D 投入强度正相关。另外，政治关联（谢家智等，2014b）、信贷寻租（张璇等，2017）、经济政策不确定性（赵萌等，2020）、金融要素扭曲（李晓龙等，2017）、地方官员变更（王全景等，2019）、资本错配（张洁等，2019）等因素也加重了企业创新行为的融资约束程度。

缓解融资约束、提高企业创新能力成为学者们关注的重要话题。学者们普遍认为金融业的深化发展有利于缓解企业融资约束，提高创新能力（余明桂等，2008；曾海舰等，2016；刘文琦等，2018；孙俊杰等，2019）。推动金融发展以促进企业创新的方法主要集中于三个方面。

一是关于股权市场发展对企业创新的影响。Hsu et al.（2014）

通过比较32个国家和地区的数据发现，股票市场的发展能促进企业创新水平的提高。主要原因在于股权市场的风险和收益共享机制（Hsu et al.，2014）以及价格反馈机制（Allen et al.，1999）可以促进企业创新水平的提高。但是随着股权市场发展，股票流动性提高会增加上市公司的被收购压力（Stein，1988；Kyle et al.，1991），弱化高管相对控制力（Shleifer et al.，1988），增加企业短期业绩压力（Graham et al.，2005），抑制创新（Tian X. et al.，2014）。

二是关于债权市场发展对企业创新的影响。银行信贷市场通过建立信息揭示机制可以有效缓解创新项目的信息不对称，减少外部融资成本（Benfratello et al.，2008），促进企业创新；马光荣等（2014）验证了当企业获得银行授信时，发生创新行为的概率将提高8.6个百分点；刘冲等（2019）验证了将专利质押纳入银行贷款抵押品范畴，将显著缓解融资约束，促进企业创新；蔡竞等（2016）对银行类型进行细化后，提出相比商业银行，股份制商业银行能更好地促进企业创新；唐清泉等（2015）、张璇等（2019）、王勇等（2019）提出银行业竞争的加剧可以缓解企业面临的融资约束，提升创新能力。但是Cornaggia et al.（2015）、Yuqi et al.（2017）以美国企业为样本，发现银行竞争越激烈，企业创新投入越低；张杰等（2017）发现银行竞争程度与企业创新之间呈“U”形关系。

三是关于风险投资（VC）对企业创新的影响。风险投资作为企业筹措资金的重要来源，可以有效缓解企业的融资约束程度（陈思等，2017），并通过增加投资人的参与程度和监督力度，降低信息不对称程度（陈三可等，2019），有利于促进企业创新（蔡地等，2015；吴涛等，2016；齐绍洲等，2017）。Tian X. et al.（2014）提出风险投资由于对失败容忍度较高，因此是未来企业获取创新资金的最重要支持手段。Guo et al.（2019）从金融分析师增加的视角，分析了风险投资对企业创新的影响。分析师增加将导致公司削减研发支出，转而采取向企业风险投资机构注资、收购更多创新型公司的方式，获得创新专利和创新技术。主要原因在于分析师的压力。分析师的信息传递作用以及分析师对企业参与创新相关投资的积极态度，均将增加企业持有的专利在未来被引用的次数以及企业的影响力，从而为企业创造更多创新收益。Juanita（2020）研究了风险投资机构高管的议价能力对被投资企业创新的影响。当风险投资机构高管的议价能力和被投资公司潜在的利益冲突较低时，创新回报较高。他支持三种新的机制：分拆、孵化和回收，即企业家分别剥离创新部门、创办新企业和公司间重组资产。Juanita 认为三种方式均可以提高企业创新能力。

但是，林晓等（2019）、张春香（2019）认为风险投资由于具有融资和增值服务功能而对创新存在促进效应，同时由于对高风险创新活动的排斥而对创新存在抑制效应，导致风险投资与创新之间存在倒“U”形关系；温军等（2018）认为融资约束缓解带来的创新收益增加小于创新成功概率下降导致的收益减少，从而使风险投资降低了中小企业的创新水平。再对风险投资进一步细分后，学者们发现：有外资背景的风险投资机构（许昊等，2015；陈思等，2017；李九斤等，2018）、联合风险投资机构（陈思等，2017；温军等，2018；刘刚等，2018）、有政府和国企背景的风险投资机构（成果等，2018；唐曼萍等，2019），对被投资企业创新的促进作用更明显。另外，风险投资机构的声誉（李九斤等，2018）、风险投资人的社会网络（严子淳等，2018），也会影响被投资企业的创新能力。Chemmanur et al.（2014）认为企业风险投资（CVC）由于风险承受能力更强，因此在培育企业创新方面优于独立风险投资（IVC）。

关于其他因素对企业创新融资约束的影响。学者们提出了加速市场化进程（朱永明等，2017）、货币政策（杜传文等，2018）、财政补贴（钟凯等，2017）、营运资本（鞠晓生等，2013）、提高企业信息披露质量（郑毅等，2018）、企业中高层管理者和科技人才的社会网络（孙博等，2019）、国有参股股东（邓永勤等，

2019）等要素，对企业融资约束与创新绩效之间的关系存在显著的正向调节作用。

1.2.4 关于宏观经济政策对创新的影响

适度的政府干预有利于外部投资的增加（王明海等，2017），缓解企业融资约束（张嘉望等，2019），促进企业创新（李小静等，2015；韩国高等，2017；白旭云等，2019）。政府干预的手段很多，学者们主要从货币政策、财政税收政策、产业政策、产权保护政策等方面研究具体政府调控手段对企业创新的影响。

关于货币政策对企业创新的影响，学者们得出了不同结论。钟凯等（2017）、谢乔昕（2017）均认为紧缩货币政策将导致企业创新投入减少，宽松货币政策可以降低企业的融资约束，从而促进企业创新能力的提高。尤其对于民营企业，该影响更加显著（黄世忠等，2015）；但是王少华等（2019a）研究发现，宽松的货币政策将加重企业金融化的主动性，从而加剧企业过度金融化程度，导致对创新资源的挤出效应。

关于财政政策对企业创新的影响，学术界也存在不同意见。部分学者认为由于财政补贴在一定程度上补偿了企业研发创新外部性带来的成本与收益风险（朱云欢等，2010），有利于激励企业增加创新投入（孙慧等，2017；徐维祥等，2018；马嘉楠等，2018），提高创新绩效（李晓钟等，2019）。尤其对民营企业创新绩效的促进作用更大（陈洋林等，2019）。也有学者提出企业的政治背景严重影响了政府补贴激励创新的公平性，进而影响财政补贴对创新激励的有效性（唐书林等，2018）。因此，财政补贴与企业创新之间呈倒“U”形关系（戴小勇等，2014；宋丽颖等，2016）。与财政补贴相比，税收优惠政策由于不会引起企业寻租行为（黄宇虹，2018），对企业创新的激励效应更明显（朱云欢等，2010；郭炬等，2015；杨得前等，2017；王彦超等，2019）。周燕等（2019）

从交易费用视角比较了财政补贴政策和税收优惠政策的有效性。研究发现由于财政补贴在一定程度上会扭曲市场的竞争准则（周燕等，2019），从而导致财政补贴政策带来的交易费用超过税收优惠政策。因此，政府应将对高新技术企业的财政补贴政策转向行业性的税收减免。

关于产业政策对企业创新的影响，已有文献形成了“促进论”“抑制论”以及“条件论”三种观点。解维敏（2009）、谭劲松（2017）等学者通过实证研究发现，产业政策可以有效推动企业研发投入和创新能力，形成了产业政策的“促进论”；与之相反的是，支持“抑制论”的学者认为政府适度放权将有利于企业创新能力的提升（江轩宇，2016）。虽然产业政策导向容易引发企业出于“寻扶持”（黎文靖等，2016）以及政治晋升目的（周铭山等，2016），大力提高科研成果数量。但是产业政策并未有效激励企业自主创新投资（李万福等，2017），大部分科技成果无法有效转化（雷鸣，2017）。因此，产业政策抑制了企业创新质量的提升（黎文靖等，2016），降低了企业创新绩效（陈文俊等，2020）；支持“条件论”的学者认为产业政策是否能够促进企业创新取决于某些具体条件，企业异质性显著影响政策实施效果。比如企业股权性质（余明桂等，2016）、企业规模（张杰等，2015）、企业获得政策补贴的时机（Czarnitzki et al.，2012）均显著影响政府扶持对企业创新的激励效果。因此，关于产业政策能否促进企业科技创新能力的提升，学者们并未达成一致性的结论。

关于产权保护政策对企业创新的影响。有效保护各类知识产权，可以提高科研人员参与技术创新的积极性，有效驱动对企业技术创新[①]。这一观点也得到了大部分学者的认同。刘小鲁（2011）

① 王九云，叶元煦．论保护知识产权对技术创新的驱动功能［J］．管理世界，2001（6）：204－205.

将技术进步方式区分为自主研发和技术引进，并代入中间产品内生增长模型，探讨了知识产权保护在技术进步模式选择以及企业自主研发中的作用。研究发现增强知识产权保护会强化对本国研发成果的保护而激励本国自主研发，但同时也会强化国外已有专利对技术落后国家自主创新的阻碍效应；王海成等（2016）以微观企业创新数据为样本，探讨广东省2006年开始的知识产权刑事、民事、行政案件“三审合一”的知识产权审判机制改革对企业创新的影响。研究发现：知识产权司法保护水平的提高可以激励企业增加研发费用而促进企业创新。并且这种促进效应不存在时滞，能保持较长时间；吴超鹏等（2016）提出加强知识产权执法力度可以减少研发溢出损失、缓解外部融资约束，进而促进企业创新；翁润（2019）以2011—2013年中国工业企业为样本，验证发现知识产权保护水平越高，实体企业的创新产出越高。

但是，也有学者提出过于严格的知识产权保护政策不利于企业创新。庄子银（2009）构建了扩展的产品周期模型，探讨严格的知识产权保护对发达国家和发展中国家创新的影响。研究发现过于严格的知识产权保护政策不利于我国企业创新；王华（2011）同样对比了发达国家和发展中国家最优知识产权保护强度。研究发现知识产权保护总体上有利于促进创新。但更严格的知识产权保护对创新的影响取决于该国的初始保护力度，因此，发达国家所适用的最优知识产权保护力度显著高于发展中国家。郭春野等（2012）区分了不同劳动力水平下，知识产权保护对企业创新的影响。发现当劳动力短缺时，严格知识产权保护并不激励发展中国家自主创新；但是当劳动力充裕时，适度的知识产权保护会激励发展中国家自主创新。孙铭壕等（2019）以省级面板数据为样本，检验发现知识产权保护政策越严格，该地区企业创新能力越弱。并且这种抑制效应主要通过FDI流入这一变量产生。

综上所述，关于货币政策、财政政策、产业政策以及产权保护政策等宏观经济政策对企业创新的影响，学者们并没有得出一致性结论，还存在很大分歧，值得学者们继续研究。

1.2.5 文献述评

通过对创新影响因素的相关文献进行梳理，可以看出学者们的研究成果均具有建设性意义，为本书进行相关研究提供了坚实的理论基础和借鉴意义。本书在已有文献的研究基础上，进一步对相关问题进行研究。

第一，目前大量学者从企业的规模、股权结构、高管特征、融资约束、投资行为等多个微观视角对企业创新进行了深入研究，但是从会计收益视角进行研究的较少。Montalvo（2008）、宋军等（2015）、郭丽婷（2017）、张任之（2018）以及李楠博（2020）等学者研究了预期收益对创新的影响。本书在这些研究基础之上明确了研究方向，但与上述研究也存在差异。

Montalvo（2008）、李楠博（2020）验证了预期收益的提高会促进企业创新，但是并未提出影响企业创新预期收益的原因；Orhangazi（2008）、谢家智等（2014a、2014b）验证了金融资产收益率对企业创新的影响，宋军等（2015）、郭丽婷（2017）通过研究经营资产收益率对金融化与企业创新之间关系的调节作用，验证了经营资产收益率对企业创新的影响。但是金融资产和经营资产收益率相互影响，需要将两种资产收益率结合在一起讨论，才能得出更准确的结论；张任之（2018）、杜勇等（2020）研究了金融资产收益率与经营资产收益率差异对企业的影响。研究内容与本书最为接近，但依然存在差异。张任之（2018）、杜勇等（2020）重点研究了收益率差异对实体企业金融化的影响，关于收益率差异对企业创新影响的分析较少，缺乏对收益率差异影响企业创新的原因和路径等问题进行深入分析。本书从投资性房地产等金融资产与经营资产收益率差异影响企业创新的原因、中介路径以及对不同类型企业的影响等方面深入系统研究了实体企业创新不足的原因，为解决我国高政策投入、低创新产出问题提供理论依据和数据支撑。

第二，从微观企业视角，学者们普遍认同实体企业存在金融化倾向。但是金融化倾向如何影响企业创新，以及实体企业投资行为变动的原因分析并未形成一致性意见。学者们提出了不同的研究结论，对理解企业投资行为变化的原因做出了贡献，为引导企业回归主业，促进创新水平的提高提供了理论依据。但是也存在值得商榷的地方。

众多学者提出缓解融资约束是实体企业金融化的动机，但是目前我国实体企业持有的投资性房地产等金融资产数额和比重已经超出了扩大筹资的范畴。并且很多企业存在将新筹措到的资金再次配置于投资性房地产等金融资产的现象。因此，对融资约束的缓解可能并不是金融化的动机；Dumenil et al.（2004）、Crotty（2005）、彭俞超等（2018）提出的金融资产高收益率是企业金融化的动机，但是无法解释对企业创新行为的影响。很多高盈利能力的实体企业存在将闲置资金投资于金融资产的情况，此时对企业创新影响较小。王红建等（2016）、杜勇等（2017）、许罡等（2018）提出的金融行业的“暴利”动因可以解释实体企业通过参股、并购、联营等方式持有金融企业股权或者成立金融类子公司的行为。但是无法解释企业购买委托理财产品、股票等金融资产的行为。曾雪云等（2012）提出的公允价值计量模式动因可以解释资产价格大幅上涨时，金融资产收益率上升导致企业金融化程度加深。但是当资产价格变动幅度较小时，公允价值计价资产收益率与历史成本计价资产收益率的差异较小。此时，公允价值计价模式不会引起企业投资行为的显著变化。因此，引起企业金融化的主要原因不是公允价值计价模式的出现，而是不同资产之间的收益率差异。

综上所述，明确实体企业金融化的动因有利于理解企业投资行为变化的深层次原因，也有利于厘清实体企业金融化与创新之间的关系。但是学者们对实体企业金融化的动因依然没有达成一致性意见和结论。

对实体企业金融化动因的探讨仍然是值得研究的重要话题。

第三，学者们对融资约束与企业创新之间关系以及如何缓解企业融资约束等问题进行了深入研究，基本达成共识。企业创新的高风险和高投资的特点，导致企业创新面临较高的融资约束。通过风险投资以及深化金融市场发展能够有效缓解企业的融资约束程度。这些研究成果为本书探讨收益率宽幅影响企业创新的路径提供了理论基础。但是，关于金融化与融资约束之间的关系，学者们还没有达成共识。另外，大部分学者仅从金融化或融资约束单一方面对企业创新进行研究，认同金融化对创新存在挤出效应，同时金融化可以缓解融资约束，从而对创新产生促进作用。但是，很少有学者将这两种效应放在一起研究。金融化和融资约束均对企业创新产生重要影响，二者之间还存在一定联系。那么，金融化和融资约束共同作用对企业创新会产生怎样的影响？这两种效应在企业中是否同时存在？哪种效应对企业创新的影响程度更高？这也是本书要探讨的问题之一。

第四，通过对宏观经济政策影响企业创新相关文献的梳理，可以看出学者们同样存在很大分歧。关于宏观经济政策是否能够激励实体企业创新，并没有得到一致的结论。造成学者们意见不统一的主要原因在于，现有的研究成果中能够将宏观政策与微观企业有机结合的较少，宏观政策与微观企业之间缺乏有效链接。宏观经济政策如何影响微观企业行为决策就像一个“黑箱”，学者们对于其内部机理和传递机制的研究较少，无法有效提高宏观经济政策的执行效果。

1.2.6 研究问题的提出

通过对相关文献的梳理，可以发现众多学者从企业微观视角研究实体企业创新的影响因素。其中创新预期收益下降和投资行为金融化是限制企业创新能力提高、降低科技创新政策执行效果的重要原因。但是对于企业创新预期收益下降的原因以及投资行为改变的动因，学者们研究的较少，也并未形成统一的意见和结论。缺乏相关动因的研究，将无法理解企业投资行为变化的本质，也降低了激励政策对促进企业创新的有效性。因此，针对企业创新预期收益下降原因以及投资行为改变动因的探讨也成为本书的研究目的。

基于马克思一般均衡理论，收益是决定资本流动的关键要素，不同资产的收益率不均衡是导致资金流动的核心动力。本书从会计收益的微观视角，探讨并验证投资性房地产等金融资产与经营资产之间的收益率宽幅现象对实体企业创新的影响。发现实体企业存在的收益率宽幅现象是企业对创新未来收益的预期下降、对金融投资预期收益上升的重要原因，导致大量资源抽离本业、流向高收益率的金融资产，形成实体企业金融化现象。从而挤占企业创新资源，抑制企业创新。与王红建等（2016）提出的金融业与制造业这两个不同行业之间的收益率差异不同，本书提出的收益率宽幅现象是指实体企业中投资性房地产等金融资产与经营资产这两种不同资产之间的收益率差异。这一概念更能体现实体企业将大量资源抽离创新活动而转投金融资产的原因。

同时，本书还研究了收益率宽幅与宏观经济政策之间的逻辑关系，验证了收益率宽幅是宏观经济政策调节的结果，也是企业创新动力不足、创新能力薄弱的原因，厘清了宏观政策通过收益率宽幅影响宏微观经济运行的传递机制，明确了科技创新政策有效性下降的原因，为制订促进实体企业创新的激励政策提供理论基础和微观数据支撑。

1.3 基本概念的界定

1.3.1 收益率宽幅概念的界定和度量

收益是企业经营活动、投资活动和筹资活动的经济后果，是多重调控目标中的动态平衡点。分期报告的会计收益是资本市场重要的经济信息，是引导资本流动的核心动力①。因此，本书对实体企业的会计收益特征进行了深入研究。

通过研究我国深沪两市上市公司的财务报表发现，企业中不同资产的会计收益存在显著差异。借鉴 Nissim et al.（2001）的财务分析框架，按照与企业生产经营的关系，将实体企业的资产分为两类。一类是与企业生产经营过程无关的、用于投资行为的金融资产。主要包括投资性房地产、交易性金融资产、衍生金融资产、发放贷款及垫款净额、可供出售金融资产、持有至到期投资净额六项（宋军等，2015；杜勇等，2017）。其中将投资性房地产纳入金融资产范畴，统称为金融资产。另一类是企业总资产扣除金融资产剩余部分，主要包括固定资产、无形资产、存货以及应收账款等存在类型，这些资产与企业生产经营息息相关，是企业组织生产的重要组成部分，称为经营资产。实体企业持有两类资产的目的不同，持有投资性房地产等金融资产的目的主要在于投资炒作，获取短期收益增加，而经营资产主要用于企业的生产经营过程。另外，两种资产采用的会计计价模式也不同，导致资产的收益率存在巨大差异。

本书提出的收益率宽幅 RS（Return Spread）概念就是投资性房地产等金融资产收益率与经营资产收益率的差额。借鉴宋军等（2015）、杜勇等（2017）的研究，投资性房地产等金融资产收益率以企业当期的公允价值变动收益与投资收益之和除以金融资产总额衡量；经营资产收益率以当期营业利润扣除公允价值变动收益和投资收益合计数的差额除以经营资产总额衡量，其中，经营资产总额以总资产扣除金融资产之后的差额衡量。收益率宽幅的计算公式如下：

$$RS_{i,t} = FINPerf_{i,t} - HCVPerf_{i,t} \tag{1-1}$$

① 赵立三，李博文，刘立军．“收益率宽幅”与转换经济增长动力的政策工具选择［J］．河北学刊，2019，39（5）：170－175.

$$FINPerf_{i,t} = \frac{公允价值变动收益 + 投资收益}{金融资产} \tag{1-2}$$

$$HCVPerf_{i,t} = \frac{营业利润 - 公允价值变动收益 - 投资收益}{总资产 - 金融资产} \tag{1-3}$$

其中，*FINPerf* 代表投资性房地产等金融资产的收益率；*HCVPerf* 代表经营资产收益率。图 1-1 显示了我国上市实体企业持有的投资性房地产等金融资产以及经营资产的收益率变动趋势，两条曲线之间的差距即为两种资产之间的收益率宽幅。

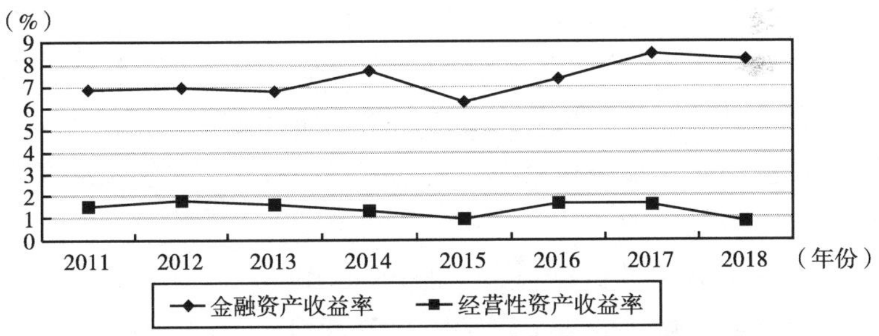

图 1-1　2011—2018 年上市实体企业不同资产收益率差异

资料来源：CSMAR 数据库。

如图 1-1 所示，金融资产的平均收益率从 2011 年的 6.84% 上升至 2018 年的 8.18%；而上市公司持有的经营资产的平均收益率在 1%~2% 浮动。2018 年经营资产收益率更是下降至 0.85%。投资性房地产等金融资产收益率与经营资产收益率的差额上涨至 7.33%。从而，在我国实体企业中，出现了明显的投资性房地产等金融资产收益率远高于经营资产收益率的现象，即收益率宽幅现象。

1.3.2　收益率宽幅现象出现的原因

收益率宽幅现象的出现是我国宏观经济政策调控的结果，并且受企业会计计价方法的影响。

(1) 宏观经济政策的影响

我国经济政策的制定主要遵循凯恩斯主义理论，采用逆风向的相机抉择模式对市场进行干预。过去20年以来，我国频繁采用刺激经济增长的货币政策以及积极的财政政策，政府大量投资基础设施建设以促进经济高速增长，推动我国经济取得了举世瞩目的成绩。同时，由于货币供应量持续增加，导致货币贬值，也推动我国资产价格上涨，尤其是房地产和金融资产的价格快速上升。

2000—2019年，受积极财政政策以及刺激经济增长货币政策的影响，我国每年经济快速增长，GDP年均增速达到8.8%左右。但同时，每年物价指数CPI平均比上年增长3%，资产价格上涨迅速。尤其房地产价格增长最为迅速，平均每年增长率高达8.23%。可以看出，我国以货币政策为代表的宏观经济政策推动经济高速发展的同时，也导致货币贬值、资产价格上涨。

(2) 公允价值计价对企业的影响

在刺激经济增长的货币政策引起资产价格大幅上涨的背景下，企业会计计价方式的区别导致不同资产收益率出现差异。在企业中存在两种资产计价方式：对投资性房地产、金融资产允许采用公允价值计价方法计量资产的当期价值；对存货、机器设备、生产线、专利权等经营资产按历史成本计价法计量资产的当期价值。在资产价格大幅上涨的情况下，资产计价方式不同导致两种资产的收益率产生巨大差异。

公允价值计价资产需要按当期的市场价格重新计量资产价值，并确认由资产价格变动产生的利得或损失。伴随着资产价格上涨，以公允价值计价的资产可以确认可观的公允价值变动收益，获取高额的账面利润。公允价值计价资产的高收益率美化和粉饰了企业财务报表，向市场报告过于乐观的信息，夸大了企业的经营业绩，容易出现顺周期效应，促使投资者过于乐观，出现过度投资及炒作对赌行为。高额的收益率刺激投资者继续投资公允价值计价资产，进一步推动资产价格上涨，促使资产泡沫日趋严重（黄世忠，2009）。而持续高速上涨的价格又进一步推动公允价值计价资产的会计收益增加，导致企业账面利润上升。因此，在资产价格大幅上涨的情况下，以公允价值计价的投资性房地产等金融资产收益率大幅提高。

而历史成本计价资产按原始采购成本计量资产价值，不会随着资产市场价格变动而重新确认资产的账面价值。四个方面的因素导致历史成本计价资产收益率持续下降。第一，历史成本计价资产需要按原始采购成本计量资产价值，无法确认资产市场价格上涨带来的收益。第二，每个会计期间期末，历史成本计价资产需要按照原始成本计提折旧额，计入当期的经营费用中。当资产价格持续上涨时，资产初始采购时的价值将低于市场价格，采用历史成本计价模式会导致企业少记折旧、低估成本，从而容易遭受纳税损失。此时，企业缴纳的所得税高于按照市场价格计价需要缴纳的税收金额。导致税收并没有征收在利润上，而是征收在资本上，容易使企业陷入经营困境。第三，企业每年为历史成本计价资产计提折旧额，实际上是为企业未来重新采购机器设备等经营资产而提前做出的资本积累，是按照历史成本逐年收回垫付在资产上的成本。当资产价格大幅上涨时，会导致企业累计计提的折旧额总额不足以支付资产的重置价值，收回的历史成本难于维持再生产规模。第四，历史成本计价资产主要包括机器设备、专利技术等生产性资产，因此历史成本计价资产创造收益的方式主要在于使用资产进行生产经营获取的利润，即企业生产经营过程的盈利能力。而由于实体经济低迷，实体企业主业盈利能力持续下降，导致历史成本计价资产收益率较低。因此，四方面因素叠加导致以经营资产为代表的历史成本计价资产面临收益率持续下降的窘境。

在刺激经济增长的货币政策引起资产价格大幅上涨的背景下，

由于投资性房地产等金融资产采用公允价值计价方法核算资产价值，导致投资性房地产等金融资产的收益率大幅提高；反之，以历史成本计价的经营资产收益率持续下降。从而，形成了投资性房地产等金融资产与经营资产之间的收益率宽幅现象。随着货币政策宽松度上升，资产价格持续上涨，不同资产之间的收益率宽幅也将随之大幅提高，进而影响实体企业的投资选择，降低企业创新意愿，抑制企业创新。

1.4 研究内容与方法

本节介绍了文章主要研究内容以及选取的研究方法和研究思路。在结合实体企业创新背景以及国内外研究现状基础上，进一步分析了主要研究内容，以及为了完成研究目的需要采用的研究方法，阐述了本书的研究思路。

1.4.1 主要研究内容

立足当前已有研究的焦点问题，本书从预期收益、企业投资行为（金融投资和创新投资）和融资约束等角度出发，探讨收益率宽幅对企业创新的影响和内在机理。

本书聚焦于投资性房地产等金融资产高收益率与经营资产低收益率之间的收益率宽幅现象对实体企业创新的抑制效应。围绕“是否影响——如何影响——企业异质性——激励措施”研究思路展开分析和验证。解答并验证了“收益率宽幅是否对企业创新存在抑制效应?”“如果抑制效应存在，那么收益率宽幅影响企业创新的路径和内在机理是什么?”“收益率宽幅对不同类型的实体企业是否均存在创新抑制效应?”以及“如何制订促进企业创新的激励政策”四个问题，形成了本书的主要研究内容和研究框架。

1.4.2 研究方法

本书主要采用了文献法和实证检验等方法，探讨了收益率宽幅对企业创新抑制效应的影响机理和传递路径。具体采用的研究方法包括：

①文献研究法与归纳演绎法。通过阅读相关文献、对学者们提出的观点进行梳理和分析，了解国内外研究现状。在此基础上，构建了收益率宽幅影响企业创新的理论分析框架，并提出研究假设。

②采用数理推导法验证收益率宽幅对实体企业创新存在抑制效应。

③采用多种实证检验方法，验证了收益率宽幅对实体企业创新存在抑制效应以及抑制效应的影响路径和机理。构建 PVAR 模型验证收益率宽幅是企业创新活动预期收益下降以及金融投资预期收益上升的原因；构建不同的面板多元回归模型，验证收益率宽幅对实体企业创新的抑制。并结合 Sobel 检验以及 Bootstrap 检验方法，验证了两条中介路径的存在；运用 IV - GMM 工具变量方法以及 Heckman 两阶段模型对上述多元回归模型中存在的内生性问题进行修正；构建时间序列 VAR 模型以及多元回归模型验证了宏观经济政策对收益率宽幅的调控作用。

④构建结构方程模型（SEM），结合 Bootstrap 中介检验方法，比较了不同中介路径对企业创新的影响程度；并按不同调节变量对样本企业分组，分别构建结构方程模型（SEM），以验证主业盈利能力、股权性质以及高新技术企业资质认定是否可以调节收益率宽幅与企业创新之间关系；结合不同模型中各路径显著性差异，分析了主营业务盈利能力、股权性质以及高新技术企业资质认定能够调节收益率宽幅与企业创新之间关系的原因，并比较了三个变量对收益率宽幅与创新之间关系的调节力度。

1.4.3 技术路线图

技术路线图如图1－2所示，反映了本书的研究思路。

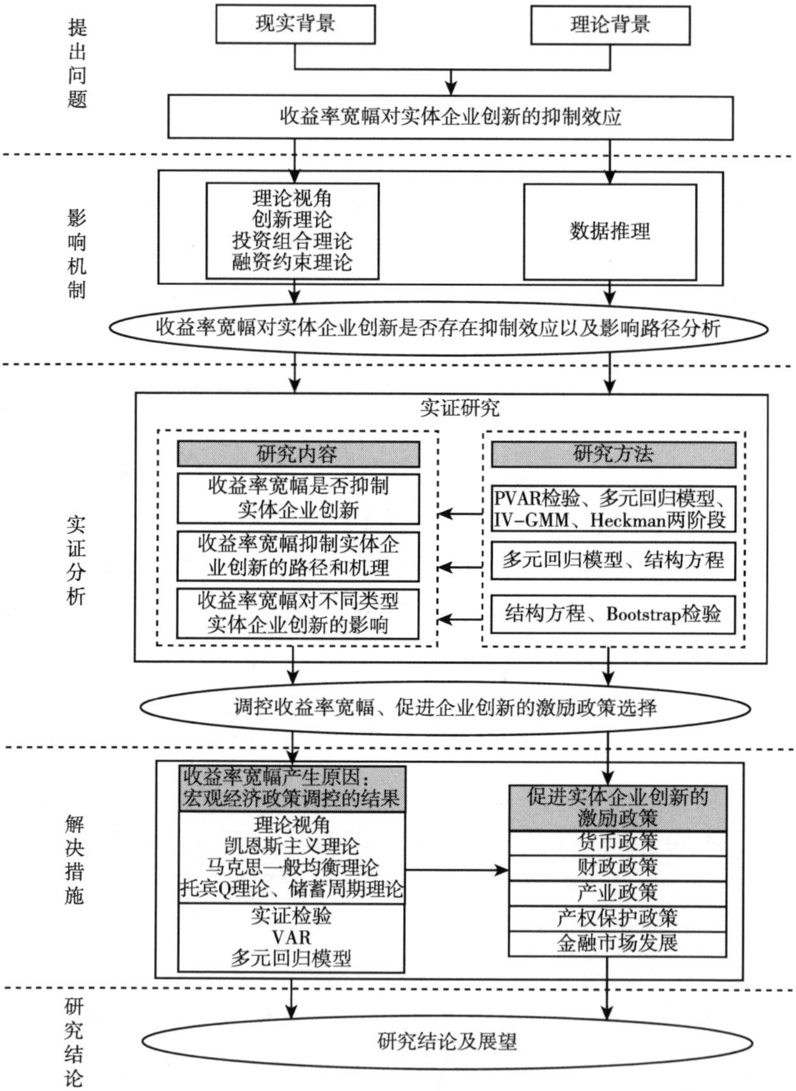

提出问题

现实背景

理论背景

收益率宽幅对实体企业创新的抑制效应

影响机制

理论视角
创新理论
投资组合理论
融资约束理论

数据推理

收益率宽幅对实体企业创新是否存在抑制效应以及影响路径分析

实证分析

实证研究

研究内容

收益率宽幅是否抑制实体企业创新

收益率宽幅抑制实体企业创新的路径和机理

收益率宽幅对不同类型实体企业创新的影响

研究方法

PVAR检验、多元回归模型、IV-GMM、Heckman两阶段

多元回归模型、结构方程

结构方程、Bootstrap检验

调控收益率宽幅、促进企业创新的激励政策选择

解决措施

收益率宽幅产生原因：宏观经济政策调控的结果

理论视角
凯恩斯主义理论
马克思一般均衡理论
托宾Q理论、储蓄周期理论

实证检验
VAR
多元回归模型

促进实体企业创新的激励政策

货币政策

财政政策

产业政策

产权保护政策

金融市场发展

研究结论

研究结论及展望

图1－2 技术路线图

1.5 研究的创新点

本书的创新之处主要体现在以下几个方面：

①首次将不同资产之间的收益率宽幅概念引入企业创新的分析框架中，为解读实体企业创新动力不足提供了新视角。

②丰富了实体企业金融化动因的研究。现有研究更多集中于实体企业金融化的后果，对驱动实体企业金融化的动因研究较少。本书提出不同资产之间的收益率宽幅是实体企业金融化出现的重要原因，为分析实体企业金融化动因以及金融化与创新之间的关系提供了新思路。

③从投资行为金融化和融资约束两个不同视角，综合全面地分析和验证了收益率宽幅对企业创新的影响路径和内在机理。同时，将存在挤出效应的金融化路径和存在促进效应的融资约束路径置于同一结构方程模型中，比较两种路径对企业创新的影响程度大小。现有大多数文献在研究时往往缺乏对这两种效应的具体区分和比较。

④按照主业盈利能力、股权差异以及高新技术企业资质认定三个调节变量分别对样本企业分组，构建结构方程模型，根据三个模型中影响路径的显著性，分析三个因素能够调节收益率宽幅对企业创新抑制效应的原因，并比较了三个因素对收益率宽幅与创新之间关系的调节力度。

第2章 收益率宽幅抑制实体企业创新的理论分析框架

刺激经济增长的货币政策推动资产价格大幅上涨，在实体企业形成了投资性房地产等金融资产高收益率与经营资产低收益率之间差异持续拉大的收益率宽幅现象。基于马克思一般均衡理论，由于资本逐利性，不同资产之间的收益率差异会影响企业的投资行为，进而影响企业创新活动。因此本书聚焦于“收益率宽幅是否影响企业创新以及如何影响”进行深入系统的理论分析，按照“是否影响——如何影响——企业异质性——激励措施”的研究思路，构建收益率宽幅影响实体企业创新的理论分析框架，并提出研究假设，为后续实证检验奠定基础。

2.1 收益率宽幅对实体企业创新的影响

本书首先对第一个问题收益率宽幅是否对实体企业创新存在抑制效应进行理论探讨。提出收益率宽幅降低实体企业对创新活动未来收益的预期，降低企业创新意愿，导致企业创新动力不足、创新能力薄弱。

2.1.1　收益率宽幅降低企业对创新收益的预期

本书从创新风险、创新成本以及信号传递视角，分析收益率宽幅对实体企业创新活动预期收益的影响。认为收益率宽幅降低了企业对创新未来收益的预期，是企业无意创新的重要原因。

首先，实际生产过程中，实体企业从事科技创新的目的在于通过改善产品功能、提高生产效率、开发新产品等途径，提高企业的销售收入或降低生产成本，最终提高企业的经营利润。因此，企业科技创新结果依赖于生产经营过程。收益率宽幅现象的持续拉大反映出相比于金融资产，企业经营资产收益率下降，依托于生产经营过程的科技创新活动的收益也随之降低。进而，在金融资产高收益率的对比下，创新活动的低收益率更加明显。从而，拉低了投资者对创新活动未来收益的预期。

其次，收益率宽幅现象增加了创新风险。刺激经济增长的货币政策推动资产价格大幅上涨，资产泡沫出现，收益率宽幅持续拉大。按照马克思一般均衡理论，收益率不均衡将导致资本流动。房地产和金融市场的虹吸效应使社会资本脱实向虚，实体经济金融化程度不断加深。银行等金融机构为了获取房地产价格上涨带来的收益，扩大信贷规模，推动资产价格上涨的同时，也吸纳了含有泡沫的资产做抵押，银行等金融机构自身也出现了泡沫化风险（赵立三等，2019）。这一系列宏观经济变动将导致系统性金融风险上升。宏观经济的高风险和高不确定性将加剧市场不景气，并传导至企业创新行为。外部市场经济低迷和高风险，将加剧实体企业生产经营盈利能力的不确定性和波动性，致使依赖于生产经营的创新收益波动性提高，风险上升。创新风险的增加也导致企业投资于创新活动的意愿下降。

再次，收益率宽幅现象增加了创新的预期成本。收益率宽幅现象导致企业创新风险上升，增加了银行等外部投资者将资金借给企业的财务风险。银行需要承担的风险上升，也必然会提高所要求的最低回报率。从而增加企业贷款成本，导致企业创新预期成本上升。

最后，收益率宽幅现象降低了投资者对企业生产经营能力的信心。基于信号传递理论，收益率宽幅持续上升，容易向外界投资者传递企业经营绩效较差的信号，导致投资者对实体经济信心下降。由于创新收益基于企业生产经营过程，投资者对经营活动信心的下降也导致对未来创新收益的预期减少。

相反的是，收益率宽幅容易导致企业高估金融投资的预期收益。由于采用公允价值计价，投资性房地产等金融资产市场价格的大幅上涨带来收益率的快速提高。金融资产的高收益率美化和粉饰了企业财务报表，向市场提供过于乐观的信息，容易出现顺周期效应（黄世忠，2009），推动资产价格进一步上涨，导致投资者对金融投资未来预期收益的提高。金融资产高预期收益衬托出经营活动和创新行为收益率的低迷，进一步拉低了投资者对创新活动未来预期收益的期望。

综上所述，提出假设 H1：

H1：收益率宽幅导致实体企业对创新活动未来收益的预期下降，对金融投资未来收益的预期上升。

2.1.2 收益率宽幅抑制企业创新的理论分析

收益影响企业资本流动和资源配置（Brown，2012）。受资本逐利性驱动，企业会将资源更多地配置于高收益的投资机会，减少低收益项目的投资规模以降低投资损失（王红建等，2016）。因此，收益率宽幅降低了投资者对于创新未来收益的预期和判断，必将影响企业的创新意愿和行为选择。

创新活动具有资金投入高、投资收回期长、研发失败风险大以及高不确定性等特点（解维敏等，2011；余明桂等，2019）。按照“收益与风险对等”理论，当某项投资的预期风险上升时，将推动投资者要求的回报率提高。创新活动的高风险性导致企业对创新投资要求的最低回报率较高。

按照上节所述，收益率宽幅现象的出现，加剧了企业创新风险，增加了企业创新的预期成本，降低了投资者对企业生产经营活动的信心，拉低了企业对创新活动未来收益的预期。最终导致创新预期收益与投资者对创新投资要求的报酬率之间的差异缩小，甚至低于投资者要求的最低回报率。

此时，创新风险和创新预期收益的错配，高风险、低收益的特性均会导致大量资金抽离创新活动，逐渐偏离主业（Brenner et al.，2010），企业创新意愿不足，创新能力下降。因此，提出假设 H2：

H2：收益率宽幅对实体企业创新存在抑制效应。

2.1.3　收益率宽幅抑制企业创新的数理推导

本书通过数理推导验证收益率宽幅对实体企业创新的影响。根据 Nissim et al.（2001）的财务分析框架，将实体企业的资产分为金融资产和经营资产。此时，企业面临着生产经营投资以及金融资产投资的投资选择问题。运用 Markowitz（1952）所提出资产组合理论构建模型，可以分析实体企业在配置金融资产和经营资产的投资选择。

进一步分析创新与生产经营过程的关系，可以发现实体企业投资在创新活动上的资金取决于经营资金规模。实体企业科技创新目的在于通过改善产品功能、提高生产效率、开发新产品等途径，以提高企业的销售收入或降低生产成本，从而获得超额垄断利润。企业科技创新结果依赖于生产经营过程，使用经营资产生产新产品能创造的利润决定了创新收益，经营性投资决定了创新投入。当企业提高投入在生产经营过程的资金时，也会促进创新资金的提高。因此，本书假定创新投入和经营资产投资额保持线性相关关系。并用企业投资在生产经营过程的资金规模代替创新投资，以反映收益率宽幅对企业创新的影响方向。

借鉴 Le et al.（2006）以及张成思等（2016）的研究成果，构建静态模型以刻画企业的投资选择。假定企业 t 期初持有初始资金 W_0，仅有生产经营投资和金融资产投资两个选择。投资于生产经营过程的资金为 I_t^k，投资于金融资产的资金为 I_t^f。两部分投资金额应该满足公式（2－1）。

$$I_t^k + I_t^f = W_0 \tag{2-1}$$

第 t 期企业主营业务收益率为 r_t^k，金融资产投资收益率为 r^f。参考 Demir（2009）构建的投资决策模型，假定金融资产投资收益率是可预测的，因此，r^f为常数。期末，企业持有的现金流量 W_t可以表示如下：

$$W_t = W_0 + I_t^k \times {r_t}^k + I_t^f \times r^f \tag{2-2}$$

代入公式（2－1），可以得到：

$$\begin{aligned} W_t &= W_0 + (W_0 - I_t^k) \times r^f + I_t^k \times r_t^k \\ &= W_0 \times (1 + r^f) - I_t^k \times (r^f - r_t^k) \end{aligned} \tag{2-3}$$

此时，根据 Markowitz（1952）的投资组合选择优化理论，得到该企业的最优投资决策应该为：

$$\begin{aligned} &\text{Max } E \sum_{t=0}^{\infty} \beta_t U(W_t) \\ &\text{s. t. } W_t = W_0 \times (1 + r^f) - I_t^k \times (r^f - r_t^k) \end{aligned} \tag{2-4}$$

其中，β_t是第 t 期的折现率；$U(W_t)$ 是严格递增的连续凹函数，代表现金流效应。公式（2－3）为当前假说下的恒等式约束条件。

此时，公式（2－4）存在最优解的充要条件为：

$$E[U'(W_t)(r^f - r_t^k)] = 0 \tag{2-5}$$

由于 $Cov(x,y) = E(x,y) - E(x)E(y)$，因此，结合公式（2－5）可以得到公式（2－6）：

$$E[U'(W_t)]E[(r^f - r_t^k)] = -Cov[U'(W_t), -r_t^k] \tag{2-6}$$

假设 $U'(W_{t+1})$ 与 r_{t+1}^k均符合正态分布，引用 Stein 引理（如

公式（2-7）所示）：

$$Cov[g(x),y] = E[g'(x)]Cov(x,y) \tag{2-7}$$

此时，公式（2-6）可以转变为：

$$\begin{aligned} E[U'(W_t)]E[(r^f - r_t^k)] &= -Cov[U'(W_t), -r_t^k] \\ &= -E[U''(W_t)]Cov[W_t, -r_t^k] \\ &= -E[U''(W_t)]Cov[W_0 \times (1 + r^f) - I_t^k \times (r^f - r_t^k), -r_t^k] \\ &= -E[U''(W_t)]Cov[-I_t^k \times (r^f - r_t^k), -r_t^k] \\ &= I_t^k E[U''(W_t)]Cov[(r^f - r_t^k), -r_t^k] \\ &= I_t^k E[U''(W_t)]Cov[-r_t^k, -r_t^k] \\ &= I_t^k E[U''(W_t)]Var[r_t^k] \end{aligned} \tag{2-8}$$

将公式（2-8）左右两边均除以 W_0，进行整理后，得到企业在生产经营上投资额占全部资金比例的最优值为：

$$\frac{I_t^{k*}}{W_0} = \frac{E[U'(W_t)]E[(r^f - r_t^k)]}{W_0 E[U''(W_t)]Var[r_t^k]} = -\frac{1}{\theta} \times \frac{E[(r^f - r_t^k)]}{W_0 Var[r_t^k]} \tag{2-9}$$

其中：$\theta = -\dfrac{E[U''(W_t)]}{E[U'(W_t)]}$，反映投资者的风险厌恶程度（张成思等，2016）；$E[(r^f - r_t^k)]$ 为金融资产收益率与经营资产收益率差额的预期，代表文中的收益率宽幅程度；$Var[r_t^k]$ 为经营资产收益率的波动。

本书得到的经营资金最佳投资比例公式具有经济学含义。公式左边代表企业经营投资比例，也可以看作企业用于创新活动的资金规模，代表企业的创新意愿和动力。而企业创新投资取决于投资性房地产等金融资产与经营资产收益率的差额，即收益率宽幅的大小。当收益率宽幅 $E[(r^f - f^k)]$ 增加时，企业创新投入将减少，创新意愿下降；反之，当收益率宽幅 $E[(r^f - f^k)]$ 下降时，企业创新投入将增加，创新意愿上升。因此，通过数据推理可以验证收益率宽幅对实体企业创新存在抑制效应。

2.2 收益率宽幅抑制实体企业创新的传递路径

解决了“收益率宽幅是否影响企业创新”问题后，继续对“如何影响”问题进行探讨，分析收益率宽幅影响实体企业创新的传递路径和内在机理。收益率宽幅现象的出现会导致实体企业的投资行为发生变化，也会影响企业筹资来源和筹资规模，两种渠道均会影响企业创新。最终，形成了收益率宽幅影响实体企业创新的两条中介路径。

2.2.1 收益率宽幅对企业投资行为的影响

本节通过分析实体企业财务报表数据，发现企业存在大量资金向金融资源转移的金融化现象。这将大量挤占创新资源，抑制企业创新。进一步分析发现收益率宽幅是实体企业金融化、创新不足的重要推动力。

（1）实体企业投资行为金融化倾向严重

为了分析实体企业创新不足的原因，探寻企业资源流向，本书从企业自身投资行为入手。根据实体企业财务报表数据，分析实体企业投资选择和资产结构。发现实体企业持有的投资性房地产等金融资产大幅上升。通过对比 2011—2018 年上市实体企业投资性房地产等金融资产平均持有量以及创新投入的变化趋势（如表 2－1 所示），可以发现：2018 年每家上市实体企业平均持有 2.42 亿元金融资产，比 2011 年平均 1.05 亿元的持有量上涨了 2.4 倍。平均每家上市实体企业每年新增金融资产持有量基本均在千万元以上，说明平均每家上市实体企业每年均有千万元以上的资源流入了金融资产。尤其在 2015 年，平均每家上市公司将 1.26 亿元的资金用于购买金融资产。说明实体企业将大量资金投入金融资源。

表 2－1　2011—2018 年上市实体企业平均 R&D 投入以及金融资产持有量变动趋势

会计期间（年）	金融资产持有量（千万元）	新增金融资产持有量（千万元）	平均 R&D 投入（千万元）
2011	11.07	0.86	0.40
2012	10.16	－0.91	0.57
2013	11.85	1.69	0.68
2014	13.21	1.36	0.81
2015	25.83	12.62	0.93
2016	29.48	3.65	1.03
2017	27.81	－1.67	1.09
2018	34.69	6.88	0.76

资料来源：CSMAR 数据库。

而对比同一时期实体企业创新投入数据，可以发现上市实体企业每年投入在创新的资源远低于配置于金融资产的资金数量。2011—2018 年，上市实体企业投入在创新的资源保持上升趋势。但是，上升幅度低于购买金融资产的资源投入增加额。2011 年，平均每家上市实体企业在创新活动中仅投入 400 万元，而同年用于购买金融资产的资金达到 860 万元。至 2018 年，平均每家上市实体企业投入在金融资产上的资源与投入在创新上的资金差距高达 6000 万元以上（见图 2－1）。

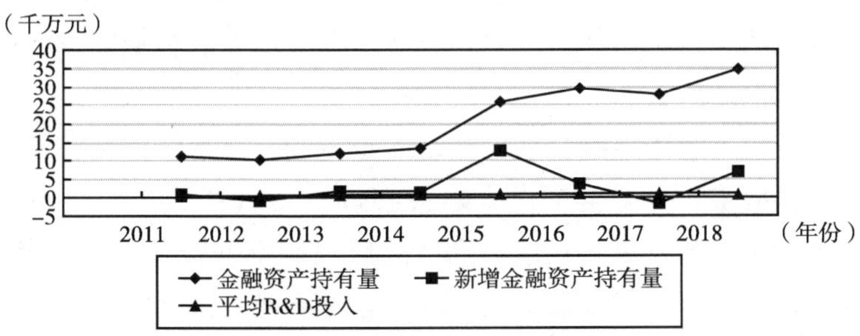

图 2－1　2011—2018 年上市实体企业平均 R&D 投入以及金融资产持有量

资料来源：CSMAR 数据库。

通过上述分析可以看出，实体企业中存在资源向投资性房地产等金融资产大量转移的经济现象，实体企业金融化现象严重。有限的资源条件下，过度金融化将改变企业的生产模式，造成对实体投资的减少（Orhangazi，2008）。

（2）投资行为金融化的动因及对创新的影响

按照马克思的一般均衡理论，投资性房地产等金融资产与经营资产之间的收益率差异违背了“等量资本获得等量收益”的经济原理。收益率不均衡将导致资本抽离低收益率领域，流向高收益率领域，进而改变企业的投资偏好和盈利模式（谢家智等，2014a）。

刺激经济增长的货币政策导致货币供应量上升，货币贬值，资产价格上涨（易纲等，2002），形成了投资性房地产等金融资产高收益率与经营资产低收益率之间的收益率宽幅现象。收益率宽幅导致企业对创新收益的预期下降，对金融投资收益的预期上升。受资本逐利性与企业利润最大化目标的影响，不同资产的预期收益率差异会驱使企业改变投资的优先顺序（Orhangazi，2008）。创新预期收益下降，会抑制企业创新意愿。原本用于创新的“过剩”资本开始寻求新的投资和盈利渠道，企业投资行为短期化倾向凸显（谢家智等，2014a）。与创新活动相比，金融资产的高收益率吸引企业将资源大量投入以公允价值计价的金融资产（Dumenil et al.，2004），以改善企业的短期盈利。收益率宽幅带来的创新低收益与金融资产收益持续增加的反差，导致企业大量持有金融资产，金融化程度加深。

企业投资行为金融化现象会影响企业创新意愿。资源有限的情况下，金融资产投资会挤占实体投资的资源（张成思等，2016），减少企业进行设备更新改造以及产品研发创新的资金投入（胡谍，2011；Tori et al.，2017），导致企业创新意愿降低，创新能力薄弱。

同时，企业投资行为金融化现象还影响企业治理结构，降低企业的创新激励。受金融资产高收益率驱动，企业会增加对股票、长期股权投资等资产的持有，造成企业大量交叉持股情况；金融业的快速发展也推动机构投资者参股实体企业，影响实体企业治理结构（McCahery et al.，2011）。外部投资者逐渐控制企业的投资决策（Cetina et al.，2012），导致资产尤其股票流动性要求成为企业投资决策的关键影响因素，企业职工薪酬也大量取决于股票的短期价格波动（Montgomerie，2008）。致使企业更加重视短期投资行为，对创新的激励弱化，降低了创新意愿，抑制企业创新。

综上所述，提出假设 H3：

H3：收益率宽幅加重企业金融化倾向，挤占创新资源，抑制企业创新。

2.2.2　收益率宽幅对企业筹资行为的影响

创新需要大量稳定的资金支持（Brown et al.，2011）。仅靠内部融资难以满足创新的资金需求，外部融资成为企业重要的创新资金来源（张杰等，2012；余明桂等，2019）。因此，能否获取外部资金成为制约企业从事创新研发活动的重要条件。三个因素导致企业融资成本较高，不易取得外部融资。首先，创新活动具有资金需求大、投资回收期长以及不确定性大等特点（王红建等，2016），创新风险较高，导致银行和信贷投资者不愿意将资金投入创新活动（Hall et al.，2010）；其次，为了避免竞争对手了解自己的核心机密，企业不愿意披露创新活动的详细信息，导致企业与外部投资者存在严重的信息不对称情况（Hall，1993b；Savignac，2006）；最后，创新产出形成的成果基本都是无形资产，不易抵押，从而研发企业不易获得银行贷款（刘胜强等，2015）。因此，企业研发面临严重的资金缺口（Hall et al.，2010），外部融资成本较高（余明桂等，2019），融资约束明显（Brav，2009；周开国等，2017）。融资约束严重影响企业的创新能力。不稳定的资金来源容易导致企业创新活动中断（解维敏等，2011），制约企业自身研发（Brown et al.，2012；鞠晓生，2013）和协同创新（周开国等，2017）。

投资性房地产等金融资产高收益率与经营资产低收益率之间的收益率宽幅现象会影响企业的融资约束程度。进而，对创新活动产生重要影响。但是，从已有文献的研究看，收益率宽幅对企业融资约束的影响可以分为两方面。

一方面，收益率宽幅现象可能会缓解企业的融资约束程度。第一，金融资产收益也属于企业当期利润的一部分，收益率宽幅现象所代表的金融资产高收益率将提高企业当期的总收益，改善企业当期的经营状况，粉饰财务报表，取得银行贷款变得更加容易；第二，通过炒作金融资产获取的高收益也可以用于企业创新投入，缓解创新活动的融资约束；第三，受资本逐利性驱动，收益率宽幅现象会导致实体企业将资源更多地配置于金融资产以获取高额收益。并且由于金融资产采用市场价格计量当期的入账价值，当资产价格上涨、收益率宽幅持续拉大时，金融资产账面价值增加，导致企业的资产规模大幅上涨。从而，改善了企业的财务报表，拉低了企业的资产负债率，为企业再融资提供了可能和空间。因此，三个方面原因导致收益率宽幅现象可能会缓解企业创新活动的融资约束程度。

另一方面，收益率宽幅现象可能加重了企业的融资约束程度。第一，从信号传递角度，收益率宽幅持续拉大反映企业经营资产收益率较低，主业经营持续低迷，主营业务收益率持续下降，并向市场传递企业业绩不良、风险较大的信号。这种不良信号将导致银行和其他债权人不愿意向企业贷款，或者提高贷款利率。第二，从资本结构角度，收益率宽幅可能导致企业杠杆率上升，加重财务风险。收益率宽幅推动企业增加投资性房地产等金融资产的持有，尤其当投资性房地产等金融资产收益率超过银行贷款利率时，便吸引实体企业通过加杠杆方式获取资本进行套利，于是企业杠杆化程度加深。受投资性房地产等金融资产高收益率驱动而出现的实体企业跨行业套利行为本质上属于一种加杠杆行为（王红建等，2016），会导致企业负债率上升，加重企业为创新活动再次筹资的难度。第三，从筹资目的角度，收益率宽幅上升可能会为企业带来更多的贷款资金，但是实体企业筹资的目的不是为了主营业务的生产性投资，而是投资收益率更高的金融和房地产行业。新筹措的资金可能不会用于创新活动，仍然不会缓解创新活动的融资约束。第四，从贷款风险角度，金融资产具有顺周期效应（黄世忠等，2009），当资产价格上涨时，金融资产能够增加企业的收益，并且增大企业的账面资产规模，夸大企业的经营收益和财务状况。但是当市场低迷，资产价格下降时，金融资产需要计提大额的公允价值变动损失，并且导致资产账面价值大量缩水。从而，夸大企业经营损失以及加重企业财务恶化状况。因此，由于金融资产同样具有高风险性，当实体企业持有高额金融资产时，银行向企业贷款意愿下降，加重企业融资约束程度。

综上所述，提出假设 H4：

H4a：收益率宽幅缓解了实体企业融资约束，有利于促进企业创新；

H4b：收益率宽幅加重了实体企业融资约束，抑制企业创新。

2.2.3　两条路径之间关系的理论分析

根据投资行为路径以及融资约束路径的理论分析，可以看出两条路径可能存在对创新影响相反的情况。如果 H3 和 H4a 同时成立，则收益率宽幅通过投资行为金融化路径抑制创新，通过融资约束路径促进创新。此时，为了明确收益率宽幅对企业创新影响的最终方向，需要分析比较两条路径对创新的影响程度。

对投资行为金融化中介路径与融资约束中介路径的比较，可能出现两种不同的情况。一是投资行为金融化有利于缓解融资约束，致使融资约束中介路径发挥更大的影响，使收益率宽幅总体上有利于促进企业创新。由于投资性房地产等金融资产采用公允价值计价，当资产价格上涨时，金融资产收益率大幅提高，有利于提高企业当期的收益率指标，改善企业的经营收益；另外，金融资产按当期的市场价格记账，当资产价格上涨时，金融资产账面价值增加，导致企业的资产规模大幅上涨。从而，美化了企业的财务报表，拉低了企业的资产负债率，为企业再融资提供了可能和空间。由于贷款杠杆效应，新获取的资金数额可能超过金融资产对创新资源的挤占，导致融资约束对创新的促进作用更明显。从而提出假设 H5a：

H5a：融资约束中介路径的影响程度高于投资行为金融化中介路径。

二是投资行为金融化中介路径发挥更大的作用，导致收益率宽幅对企业创新总体呈现抑制效应。首先，受收益率宽幅影响，企业大幅增加金融资产、减少生产经营投资的行为将在企业的财务报表中反映，并向市场揭示企业无心主业、偏离实体经济的信号，导致企业能够从银行和其他债权人处筹资的资金有限。其次，金融资产具有顺周期效应（黄世忠等，2009），随着经济环境等外部因素变化，金融资产收益率具有较大的波动性。金融资产同样具有高风险性，持有金融资产的企业风险加大（闫海洲等，2018）。当实体企业持有高额金融资产而增加了财务风险时，银行向企业贷款的意愿也会下降。最后，即使收益率宽幅加大，提高了企业的账面收益，美化和粉饰了企业财务报表，缓解了企业融资约束，为企业筹措了更多的资金，也无法保证企业将新筹措的资金用于创新行为。企业仍然可能受收益率宽幅以及资本逐利性双重因素驱动，而将新筹措的资金投资于金融资产。此时，金融资产对创新的挤出效应超过融资约束对创新的促进效应。综上所述，提出假设 H5b：

H5b：投资行为金融化中介路径的影响程度超过融资约束中介路径。

2.3　收益率宽幅对不同类型实体企业创新的影响

企业的特征不同也会影响收益率宽幅与企业创新之间的关系。本书从主营业务盈利能力、股权性质以及是否高新技术企业三个角度对企业分类，探讨收益率宽幅对不同类型实体企业创新的影响。

2.3.1　主营业务盈利能力的调节

主营业务盈利能力可以调节收益率宽幅对实体企业创新的影响。首先，主营业务盈利能力的高低将影响企业投资选择。主要存在三方面的原因：

第一，主营业务盈利能力提高可以降低企业金融资产与经营资产之间的收益率差异。实体企业的主营业务就是通过使用经营资产进行生产、加工，将产成品销售出去换取利润的过程。因此，经营资产收益率的高低依赖于企业生产经营过程。当生产经营过程能够为企业创造更多的收益来源时，经营资产的收益率必然提高。从而，主业盈利能力高的企业，经营资产收益率也较高，收益率宽幅下降。资本具有逐利性，收益决定了资源流向。当企业收益率宽幅下降时，金融资产对企业的吸引力将降低，企业将减少对金融资产的持有，创新意愿提高。

第二，主业盈利能力的高低也改变了企业对生产经营活动未来收益的预期。盈利能力越高，企业管理者对未来主业越有信心，也越愿意回归主业，增加实体投资以及创新投入。而盈利能力越差的企业，对企业未来越缺乏信心。对未来经营活动的低预期导致企业将大量资金抽离实业，而选择配置于其他高收益的项目。

第三，主业盈利能力越高的企业，受收益率宽幅影响，配置金融资产的机会成本越高（王红建等，2016），越愿意将资金投入主业。因此，收益率宽幅对高盈利能力企业投资行为的影响较小，不会出现明显的创新挤出效应。而盈利能力越低的企业，受收益率宽幅影响，更愿意将资金投入金融资产以获取高额短期收益。在资源有限条件下，将导致创新投入减少，创新能力下降。

其次，主营业务盈利能力提高也可以有效缓解投资行为金融化对创新资源的挤占。一是主业盈利能力越高的企业资金会越充裕，内部现金流越充沛；二是主业盈利能力越高的企业，越容易从金融机构取得商业贷款，外部融资约束越低。因此，主业盈利能力越高的企业融资约束程度越低。而资金的充裕，导致企业可以将闲置资金投入短期收益率更高的金融资产。此时，投资行为的适度金融化行为不会影响企业的创新能力。然而，主业盈利能力较低的企业，自身现金较匮乏，也更不容易获得外部贷款，融资约束程度更高。一旦企业出现投资行为金融化行为将显著挤占企业创新资源，导致创新能力下降。

综上所述，提出假设 H6：

H6：主营业务盈利能力的提高可以降低收益率宽幅对企业创新的抑制效应。

2.3.2 股权性质的调节

收益率宽幅对企业创新能力的影响也会因企业产权性质差异而有所不同。我国国有企业具有较强的行政干预色彩（薄仙慧等，2009；李增福等，2013），受自身政绩和晋升等政治目标影响（王凤荣等，2012；周绍妮等，2017），国有企业高管更加重视短期业绩（杜勇等，2017）。受短期高收益率驱动，国有企业高管人员更愿意投入金融资产以获取短期高额收益率，而放弃高风险、收益率较低且投资期限较长的研发项目（李春涛等，2010）。

相比于国有企业，非国有企业能够享受到的政策倾斜和资源支持更少，从金融机构获取商业贷款的可能也远低于国有企业。在面临高度竞争的市场时，非国有企业只能将有限的资源投入创新等活动才能立足（黎文靖等，2016）。因此，非国有企业具有更强烈的自主创新动机，更加关注本业。受收益率宽幅影响而增加金融投资的可能性较低。因此，提出假设 H7：

H7：相比非国有企业，国有企业中收益率宽幅对创新的抑制效应更明显。

2.3.3 高新技术企业资质认定的调节

高新技术企业资质认定同样可以调节收益率宽幅对实体企业创新的抑制。

首先，高新技术企业资质认定将影响企业投资行为的选择。第一，相比于其他企业，高新技术企业更注重科技创新（黎文靖等，2016）。并且由于技术更先进，高新技术企业往往能获得超额收益。因此，高新技术企业自主创新动机较高，受收益率宽幅影响而改变企业投资行为的可能性较低；第二，高新技术企业认定也改变了企业对生产经营活动未来收益的预期。获得高新技术企业资质认定的企业能够获得更多的政府政策倾斜，也更容易获得外部银行贷款。因此，企业管理者对未来主业越有信心，也越愿意回归主业，增加实体投资以及创新投入。不会出现将大量资金抽离实业，而选择配置于其他高收益项目的情况；第三，企业获得高新技术企业资质认定后，可以向外界传递企业拥有更高的技术水平的信号。容易得到外界投资者的认可，也提高了企业对未来生产经营过程的信心和收益预期。因此，有利于减弱收益率宽幅对企业创新的抑制。因此，高新技术企业受收益率宽幅影响而增加金融资产持有的可能性较低。

其次，获得高新技术企业资质认定后，企业能够获得更多的外部资源，有利于促进企业创新。第一，企业更容易享受到政府政策的倾斜，能够获得更多的政府补贴以及更高的税收优惠，增加了企业的资源流入，也降低了企业的经营成本；第二，企业也更容易获得金融机构的青睐，能够以更低的融资成本获得更多的贷款资金，企业的融资约束程度得到缓解。充裕的资金可以保证企业对创新活动的投入。即使企业受收益率宽幅驱动发生投资行为金融化现象，充足的资金也可以降低金融化对创新资源的挤占，有利于企业创新。

而非高新技术企业对创新活动的依赖程度较差，更容易受收益率宽幅影响而持有更多的金融资产，自发性创新动机弱化，导致企业创新意愿下降，创新能力减弱。因此，提出假设 H8：

H8：收益率宽幅对高新技术企业创新的抑制效应较弱。

2.4 宏观经济政策对收益率宽幅的影响

通过上述分析，可以发现收益率宽幅是抑制企业创新的重要原因。收窄收益率宽幅也成为促进企业创新的重要手段。由于宏观经济政策是调控企业行为决策和财务业绩的核心变量，如何制订有效的宏观激励政策成为促进企业创新的关键措施，也是本书研究的第四个关键问题。

首先，货币政策作为宏观经济政策之一，对调控微观企业行为具有重要作用（王国刚，2012），能够有效调控资产价格以及实体企业收益，并对收益率宽幅产生影响。其次，作为政府调节总供给与总需求的重要工具，财政政策可以有效拉动宏观经济形势，显著影响企业的各类投资行为（许罡等，2014；王少华，2019b），对企业和行业的收益率均有重要影响。因此，有效的财政政策也可以调节收益率宽幅的大小。而在诸多的政府财政政策中，以政府补助和政府采购为代表的财政支出政策以及税收优惠政策最为有效

（邹洋等，2016），是调控收益率宽幅的重要措施。最后，产业政策和产权保护政策可以有效提高被扶持企业的盈利能力，进而影响不同资产之间的收益率宽幅。因此，本书分析了货币政策、财政支出政策、税收优惠政策、产业政策以及产权保护政策五种宏观经济政策对收益率宽幅的调控作用和影响，以帮助政府制订有效促进企业创新的激励政策。

2.4.1　货币政策与收益率宽幅的逻辑关系

货币政策会影响企业的融资约束、获利能力以及收益结构（徐光伟等，2015；钟凯等，2017）。政府采用宽松货币政策的目的是缓解企业的融资约束，降低企业的资本成本和财务费用，从而提高企业主业盈利能力，引导资金回归实业。然而，按照托宾Q理论以及储蓄生命周期理论，刺激经济增长的货币政策也会导致货币供应量上升，货币贬值，资产价格上涨。

按照托宾Q理论，当央行采用宽松货币政策时，三方面原因会导致金融资产尤其是股票价格上涨。一是宽松货币政策导致货币供应量增加，投资者更容易获得银行贷款，资金充裕，对外投资增加，提高了股票的需求。从而，推升股票价格上涨；二是宽松货币政策也会导致利率下降，导致企业财务费用降低，盈利提高。良好的业绩同样推升股价上涨；三是利率下降也拉低了资金的最低报酬率要求，增加了企业投资规模和股票投资需求。三方因素叠加，可以有效促进股票价格上涨。

按照储蓄生命周期理论，两个原因会导致房地产价格的上涨。一是央行采用宽松货币政策时，会刺激金融资产尤其是股票价格上涨，从而提高持有股票家庭的财富。更加丰厚的财富会提高家庭消费的意愿，包括对房地产的购买倾向，从而导致房地产价格上涨；二是商品房价格往往对利率较为敏感。受宽松货币政策影响，利率下降，房价上涨幅度较高。从而为持有房地产的家庭带来财富的增加，刺激家庭消费支出上升，有利于经济增长。两个理论说明采用宽松货币政策后，金融资产价格以及房地产价格上涨与经济增长往往同时出现。实体企业中，由于按照公允价值计价法计量投资性房地产等金融资产价值，投资性房地产等金融资产的价格上涨可以有效转化为大量的账面收益，导致金融资产收益率上升。

反观以历史成本计价的经营资产按原始采购成本计量资产价值，不会随着资产市场价格的上涨而重新确认资产的账面价值。不仅无法确认资产市场价格上涨带来的收益，还容易遭受纳税损失，企业计提的折旧额总额也不足以支持资产的重置成本，使企业陷入经营困境。因此，以历史成本计价的经营资产收益率持续下降。

在刺激经济增长的货币政策导致资产价格大幅上涨的环境下，投资性房地产等金融资产和经营资产采用不同的资产计价模式导致两种资产的收益率差异持续拉大，形成了投资性房地产等金融资产和经营资产之间的收益率宽幅现象。因此，提出假设 H9：

H9：刺激经济增长的货币政策是企业收益率宽幅现象出现的重要原因。

2.4.2 其他宏观经济政策与收益率宽幅的逻辑关系

财政政策、产业政策以及产权保护政策可以改善企业主业盈利能力，提高企业经营资产收益率，调控收益率宽幅。

（1）财政支出政策与收益率宽幅的逻辑关系

财政支出政策对企业收益率宽幅可能会产生两种影响。一方面，作为财政政策最有效的调控手段之一，财政支出政策可以有效影响企业的现金流入和资源配置，提高企业的盈利能力以及投资效率（Lewis et al.，2015），影响企业的收益率宽幅。

首先，积极财政支出政策有利于促进企业盈利能力提高。一是政府补贴资金流入企业，可以直接改善企业的财务报表数据，促进企业业绩提高（赵婧，2014）；二是收到政府补助的企业能够聘请更多的高素质员工，推动企业核心竞争力上升，以及业绩提高（Haynes et al.，2010）；三是以政府购买和政府补贴为主要形式的积极财政支出政策增加了消费（Lewis et al.，2015），有利于增加实体企业销售数量（王文甫等，2015）。不仅可以提高企业销售收入，还可以有效发挥经营杠杆的调节作用，摊薄每单位产品需要负担的固定生产成本，导致企业产品的单位利润增加，促进实体企业主业盈利能力的提高。而主业盈利能力的提高将促进企业经营资产收益率上升，投资性房地产等金融资产和经营资产之间的收益率宽幅下降。

其次，积极财政支出政策可以有效缓解企业的融资约束，促进企业创新投入。政府补助可以有效提高企业的现金流量，促进企业短期偿债能力的提高（Tzelepis et al.，2004），缓解企业的融资约束程度。从而，保证企业将更多资源投入机器设备的更新改造以及创新活动中，有利于促进企业盈利能力以及经营资产收益率的提高，拉低企业收益率宽幅。

最后，积极财政支出政策可以降低企业创新风险，提高企业盈利能力。企业不愿意将资金投入科技创新活动的主要原因在于创新活动具有高风险、投资回收期长等特点。而政府补贴可以由政府承担企业创新失败风险，降低企业需要承担的创新风险。从而，促进企业创新积极性的提高，有利于企业技术革新以及主业盈利能力的提高。而主业盈利能力的提高将促进企业经营资产收益率上升，投资性房地产等金融资产和经营资产之间的收益率宽幅下降。因此，提出假设 H10a：

H10a：财政支出政策引导企业收益率宽幅下降，促进企业创新。

然而，部分学者认为政府补贴不当是阻碍企业业绩提升以及实体产业发展的重要原因（杨晔等，2015）。首先，政府相关部门缺乏对财政补贴资金的有效监控。当补贴资金流入企业后，政府无法有效监管资金用途以及流向，可能发生资金挪用情况。受金融资产高收益率吸引，实体企业极有可能将补贴资金用于投资炒作金融资产以获取高额收益。因此，政府补贴并不一定能够激励企业创新，促进企业盈利能力以及经营资产收益率的提高，拉低收益率宽幅；其次，企业可能存在“寻租”行为。过度的政府补贴会抑制企业的研发投入，降低企业的自主创新动机以及创新效果（武咸云等，2016）。从而，政府补贴无法促进企业主业盈利能力的提高。因此，提出假设 H10b：

H10b：财政支出政策对企业收益率宽幅影响有限。

（2）税收优惠政策与收益率宽幅的逻辑关系

税收优惠是国家对部分纳税者的纳税额给予减免的调控政策，可以有效减轻企业的纳税负担。国家可以通过设定不同的优惠对象以及优惠比例支持特定地区、特定行业以及特殊项目的培育和发展。不同于政府补贴的事前特点，税收优惠一般发生于企业某经营阶段结束，可以根据企业的实际经营结果给予优惠补贴。因此，税收优惠政策不会降低政府相关部门对补贴资金的监督程度。从而，使税收优惠政策成为最有效的财政政策工具（付文林等，2014）。

首先，针对实体企业的税收优惠政策可以有效降低企业成本，促进盈利能力和经营资产收益率的提高。一是企业生产经营过程中，需要缴纳的各种税金会加重企业的成本支出，降低企业的利润空间。税收优惠政策的实施可以有效降低企业税收成本（Blundell et al.，1992），尤其直接税的减免可以有效降低企业的营业成本，提高企业的盈利能力；二是税收征管可以提高企业资本配置效率，有利于促进企业投资效率、劳动生产率和资本产出率的提高（孙刚，2017），在长期内改善供给效率（申广军等，2016）。最终，达到提高企业盈利能力的目的。

其次，针对实体企业的税收优惠政策有利于促进企业现金流量的增加。税收优惠政策常采用税收直接减免以及税金返还两种方式，两种手段均能增加企业的现金流量，缓解企业的融资约束，降低金融化对主业投资的挤出效应，保证企业增加生产经营活动中的资源投入。从而，达到提高企业盈利能力，拉低收益率宽幅的目的。因此，提出假设 H11：

H11：针对实体企业的税收优惠政策可以引导企业收益率宽幅下降，促进企业创新。

（3）产业政策与收益率宽幅的逻辑关系

国家产业政策实质上是一种政府通过对各行业进行不同程度的政策支持，引导社会资源向受支持行业流动以实现政府主导产业结构转型升级的政策工具（蔡庆丰等，2019）。不同行业间的政策差异会导致行业外部环境差异和资源配置的不均衡，这种不均衡最终会影响企业决策、盈利能力以及不同资产之间的收益率差异。

首先，受产业政策支持行业中的企业将面临更低的融资约束。一是受产业政策支持的企业能够从政府部门获得更多的土地、资金等要素资源；二是受产业政策支持的企业可以向外界传递乐观的信号，有利于从银行等金融机构以及股票市场获得更多的资金支持（连立帅，2015）。因此，受产业政策支持行业中的企业将面临更低的融资约束，有利于促进企业增加生产经营和科技创新的资金投入，提高企业经营资产收益率。

其次，产业政策会影响企业对行业未来发展的判断（姜国华等，2011），进而影响企业的行为决策。受产业政策支持的行业未来将享受更多的政策倾斜和要素资源，这必将促进该产业的快速发展，增强企业对该行业的信心，提高企业对该行业未来收益的预期。受资本逐利性影响，企业会将更多资源投入该行业，购置更多的相关机器设备等固定资产，投入更多的研发资金以在该行业中取得竞争优势。从而，促进该产业生产效率和盈利能力的提高，收窄受产业政策扶持行业中企业的收益率宽幅。因此，提出假设 H12a：

H12a：产业政策可以引导企业收益率宽幅下降，促进企业创新。

然而，产业政策的有效性也受到很多学者的质疑。产业政策导向容易引发企业出于“寻扶持”而发生策略性行为（黎文靖等，2016），并不能从本质上提升企业的生产效率及盈利能力。虽然受产业政策影响，企业会大力从事科技研发，导致科研成果数量增加。但是产业政策并未有效激励企业自主创新投资（李万福等，2017），大部分科技成果无法有效转化（雷鸣，2017）。因此，产业政策抑制了企业创新质量的提升，并不能真正促进企业生产效率和经营资产收益率的上升。因此，提出假设 H12b：

H12b：产业政策对企业收益率宽幅影响有限。

（4）产权保护政策与收益率宽幅的逻辑关系

政府加强知识产权保护将提高企业的创新收益。首先，产权保护政策有利于减少其他企业模仿其知识产权的外部性问题，降低知识产权被侵犯所造成的损失，提高创新预期收益（吴超鹏等，2016）；其次，产权保护政策阻止其他企业使用专利技术进行生产，可以保证企业获得高额的垄断利润或者收取高额的专利授权费。因此，产权保护政策有利于提高企业的创新收益。

产权保护政策有利于缓解企业的融资约束。由于涉及商业机密，企业向外界披露专利相关信息的意愿下降，企业与外部投资之间的信息不对称程度更加严重，导致企业无法从外部筹集充足的创新资金而影响企业创新活动（Anton et al.，2002；Ueda，2004）。但是，政府加强知识产权保护可以促使企业愿意向外部投资者披露信息，减少了信息不对称情况，导致企业更容易从外部筹措资金，融资约束程度降低。

对研发投入预期收益的提高以及融资约束的缓解均将促进企业创新资源的投入，创新能力的上升。而新发明的专利技术又将为企业创造新一轮的技术垄断利润和专利授权收益，保证企业进入创新收益提高——创新动机加强——创新收益继续增加的良性循环。从而，有利于提升企业的主业盈利能力和未来财务绩效（吴超鹏等，2016）。而主业盈利能力的提高将促进企业经营资产收益率上升，投资性房地产等金融资产和经营资产之间的收益率宽幅下降。因此，提出假设 H13：

H13：知识产权保护政策可以引导企业收益率宽幅下降，促进企业创新。

2.5　本章小结

本章围绕“收益率宽幅是否影响实体企业创新以及如何影响企业创新行为”这一核心问题进行理论探讨，按照“是否影响——如何影响——企业异质性——激励措施”的研究思路，构建本书的研究框架，并提出了相应假设。首先，提出收益率宽幅会降低实体企业对创新未来收益的预期，进而抑制企业创新。并通过数理推导，验证了收益率宽幅上升将导致企业创新动力不足，创新能力下降，并提出相应假设。其次，分析了收益率宽幅影响实体企业创新的传递渠道和内部机理。从收益率宽幅对企业投资行为和筹资来源的影响入手，提出收益率宽幅影响企业创新的中介路径，并提出相应假设。再次，分析了企业异质性对收益率宽幅与企业创新之间关系的调节作用。提出收益率宽幅对不同主营业务盈利能力、不同股权性质以及不同资质认定企业的创新活动会产生不同的影响。最后，分析了货币政策、财政政策、产业政策以及产权保护政策与收益率宽幅的逻辑关系。为后文验证宏观经济政策对调控收益率宽幅、促进企业创新的有效性，并提出合理的激励政策搭建理论基础。

实体企业创新指数的构建与测算

为了准确衡量收益率宽幅与企业创新之间的关系，为后续实证检验提供坚实基础。本章采用因子分析法，采用多层次的综合数据，构建评价实体企业创新能力的综合指数，以精准测度企业创新水平。

3.1 实体企业创新指数的构建

构建评价指数常用的方法主要有灰色关联法、回归分析法、因子分析法等多种方法，每种评价方法由于评价角度不同，均存在一定的劣势和片面性（李向春等，2017）。本书选取了对样本分布要求较低，求解与原始变量是否同量纲关系不大的因子分析法，评价样本企业的创新能力。并且为了保证因子权重数值更加准确，选取因子分析法、德尔菲法以及熵值法 3 种权重计算方法作为组合，综合确定创新因子的权重。

3.1.1 构建创新指数的分析框架

构建实体企业创新指数主要包括确定各样本企业创新因子以及每个创新因子的权重两个层面。其中，因子权重的确定是构建创新指数的关键。

（1）确定创新评价因子

利用统计软件，采用因子分析法计算各样本企业创新能力的评价因子。根据 KMO 度量值以及累计解释方差数值衡量分析因子分析法是否适用。如果可行，计算提取的各因子数值。

（2）确定各因子的权重

因子权重数额的确定是构建指标体系的关键，直接决定了评价结果的准确性。根据计算的各因子累计解释方差可以确定指标权重，考虑到各因子累计解释方差只是统计学上的计算结果，缺乏经济含义。其他常用的指标权重确定方法还包括德尔菲法，粗糙集以及熵值法等，但是每种计算方法均存在一定的缺陷。粗糙集、熵值法与因子分析法一致，缺乏经济含义，德尔菲法由专家根据指标含义确定指标的重要性，存在经济意义，但是将重要性进行量化是计算过程的难点，可能降低准确性。因此，为了提高各创新因子权重的可信性，增加评价指标体系的可靠性，选取了因子分析法、德尔菲法以及熵值法 3 种权重计算方法作为组合，综合确定创新评价因子的权重。

①因子分析法确定因子权重。因子分析法中提供了每个因子的方差，可以直接根据每个因子方差占累计方差的比重，计算得出各因子的权重。

②德尔菲法确定因子权重。首先邀请研究企业创新的高校教师 10 名，科技厅管理人员 3 名以及上市公司科研机构的研究人员 5 名，共 18 名专家进行指标重要性评价。向每位专家发放调查问卷，主要询问哪个指标更重要，并将计算的因子描述给专家，要求专家背对背对每个因子进行排序，按照重要性不同，因子得分由 n—1 分递减，其中 n 代表提取的因子个数。

其次，通过 Kendall – W 系数验证 18 位专家评价结果的一致性。如果各位专家打分结果具有一致性，说明评价结果可信性较高，可以采用 18 位专家的打分结果计算各因子的权重。否则各位专家的评价结果缺乏一致性，需要与各位专家再次沟通、协商，重新确定各因子的得分。Kendall—W 系数计算公式如下：

$$W = \frac{12\sum_{i=1}^{n} r_i^2}{m^2 n(n^2 - 1)} - \frac{3(n+1)^2}{n-1}, r_i^2 = \sum_{j=1}^{m} y_{ij} \quad (3-1)$$

其中，m 为专家人数，n 为因子个数。由于观察对象个数大于 7，需要计算卡方值 $\chi^2 = m(n-1)W$。当 χ^2 大于自由度为 $n-1$ 的卡方临界值时，18 位专家的意见在显著性水平上具有一致性，评价结果可信；反之，不成立。

最后，运用加权平均法计算各因子的权重。用 x_{ij} 代表第 i 位专家对第 j 项因子的评价分值，因此，得到矩阵 M。并根据公式（3-2），计算得到各因子的权重。

$$M = \begin{bmatrix} x_{11} & x_{12} & \cdots & x_{1n} \\ x_{21} & x_{22} & & x_{2n} \\ \vdots & & \ddots & \vdots \\ x_{m1} & x_{m2} & \cdots & x_{mn} \end{bmatrix} \quad (m = 18)$$

$$W_j = \frac{\sum_{i=1}^{18} x_{ij}}{\sum_{j=1}^{5}\sum_{i=1}^{18} x_{ij}} \quad (3-2)$$

③熵值法确认因子权重。熵值法是用来判断某个指标离散程度的数学方法，指标离散程度越大，该指标对综合评价的影响越大。一般可以用熵值判断某个指标的离散程度。

首先，根据样本企业的因子数值建立矩阵 N，其中 X_{ij} 代表第 i 个样本企业的第 j 个因子的指标数值。

$$N = \begin{bmatrix} x_{11} & x_{12} & \cdots & x_{1n} \\ x_{21} & x_{22} & & x_{2n} \\ \vdots & & \ddots & \vdots \\ x_{m1} & x_{m2} & \cdots & x_{mn} \end{bmatrix} \quad (m\text{ 为样本个数},n\text{ 为因子个数})$$

其次，为了保证结果的准确性，对各样本数据进行标准化处理。选择每个因子数值中的最大值和最小值，分别用 $\max_j$ 和 $\min_j$ 表示，根据 $y_{ij} = \frac{x_{ij} - \min_j}{\max_j - \min_j}$ 将样本数据标准化，得到矩阵 A。

$$A = \begin{bmatrix} y_{11} & y_{12} & \cdots & y_{1n} \\ y_{21} & y_{22} & & y_{2n} \\ \vdots & & \ddots & \vdots \\ y_{m1} & y_{m2} & \cdots & y_{mn} \end{bmatrix}$$

最后，根据公式（3－3）计算得出第 j 项因子的第 i 个样本企业的贡献度，根据公式（3－4）计算因子 j 的贡献总量，其中 $K = 1/\ln(m)$。用 $D_j = 1 - E_j$ 代表第 j 项因子各方案贡献度的一致性，最终根据公式（3－5）得到各因子的权重。

$$P_{ij} = \frac{y_{ij}}{\sum_{i=1}^{m} y_{ij}} \tag{3-3}$$

$$E_j = -K\sum_{i=1}^{m} P_{ij}\ln(P_{ij}) \tag{3-4}$$

$$W_j = \frac{D_j}{\sum_{j=1}^{n} D_j} \tag{3-5}$$

④3 种权重计算结果的一致性检验。为了保证 3 种结果的一致性和准确性，同样采用 Kendall－W 系数进行验证。如果 3 种权重计算结果具有一致性，计算结果可信性较高，则对 3 种权重计算结果求平均值，最终得到企业创新因子的权重。

3.1.2　衡量指标选取

为了全面、综合反映实体企业的创新水平，本书从创新投入以及创新产出两个方面选取指标，衡量企业的创新能力。

（1）企业创新投入的度量指标

企业创新投入包括企业 R&D 投入强度、研发人员占全部职工的比例、资本化率以及无形资产占总资产比重四个衡量指标。借鉴王红建等（2016）、余明桂等（2019）的研究成果，R&D 投入强度（$X1$）以企业当年 R&D 投入量除以总资产表示，反映企业当年在研发上投入资金的多少；研发人员占全部职工的比例（$X2$）以企业当年聘用研发人员量除以当年全部职工总量表示，反映企业科研人员的投入；资本化率（$X3$）以企业资本化的研发费用除以当年研发费用总额表示；无形资产占总资产比重（$X4$）以企业当年持有的无形资产总量除以总资产金额表示。

$X1$ 和 $X2$ 两个指标反映了企业在科技创新上投入资源的数量，包括投入的金额和人员的多少。$X3$ 和 $X4$ 两个指标可以反映企业研发投入的质量。在无形资产开发阶段，判断是否将某项支出资本化计入无形资产的主要条件是在技术上具有可行性以及该无形资产被开发成功的可能性较大。因此，资本化率 $X3$ 越大，说明企业研发投入的质量越高。借鉴鞠晓生等（2013）、鲁桐等（2014）、李春涛等（2020）的研究成果，由于对于内部研发而言，无形资产反映企业研发成功后确认的资产价值。因此，本书加入了无形资产占总资产比重变量（$X4$），以反映企业创新投入质量。$X4$ 越高，说明企业创新投入质量越好（见表 3－1）。

表 3－1　　实体企业创新指标体系

一级指标	二级指标	基础指标	计算方法
创新投入	创新投入数量	R&D 投入强度（$X1$）	企业当年 R&D 投入量除以总资产
		研发人员比例（$X2$）	企业聘用研发人员量除以当年全部职工总量
	创新投入质量	资本化率（$X3$）	企业资本化的研发费用除以当年研发费用总额

续表

一级指标	二级指标	基础指标	计算方法
创新投入	创新投入质量	无形资产比重（X4）	企业持有的无形资产总量除以总资产金额
创新产出	创新产出数量	专利授权数量（X5）	专利授权数量的对数
	创新产出质量	发明专利比重（X6）	发明专利申请量占专利总申请量的比重
		专利授权比重（X7）	专利授权数量占专利申请数量的比重
		每百人研发人员专利拥有量（X8）	专利授权数量除以研发人员数量

资料来源：作者手工整理所得。

（2）企业创新产出的度量指标

本书通过创新产出数量以及创新产出质量两个方面衡量企业创新产出。借鉴龙小宁等（2015）、毛昊等（2018）等学者的研究成果，本书以专利授权数量的对数（X5）反映企业的创新产出数量，X5 指标越大，说明企业创新产出数量越多；借鉴黎文靖等（2016）、张杰等（2017）的研究成果，由于发明专利包含的技术水平较高、申请要求和授权周期较长，所以，发明专利越多说明企业越重视高质量的创新活动，创新产出质量越高。因此，本书以发明专利申请量占专利总申请量的比重（X6）以及专利授权数量占专利申请数量的比重（X7）反映创新产出质量。如果企业当年的申请专利后获得授权的比重越高，说明企业申请的专利技术水平越高；借鉴吴永林等（2011）的研究成果，以每百人研发人员专利拥有量（X8）反映企业研发人员的研究开发能力。

3.2　实体企业创新指数的测算

根据上节构建的实体企业创新指数分析框架，测算样本企业的创新指标，是准确评价样本企业创新能力和创新水平的基础。

3.2.1 样本选择

本书选择 2011—2018 年 A 股上市公司作为研究样本。剔除 ST、*ST 公司、金融行业、房地产相关行业，删除当年没有发生 R&D 投入和没有申请专利的公司得到 13947 个样本。删去没有公布科技人员相关信息的公司 4619 家，最后删去没有公布资本化信息的样本公司 3433 家。最终剩余了 5894 家 A 股上市实体企业作为研究样本。公司财务数据来源于 CSMAR 数据库，企业创新数据来源于 CSMAR 数据库上市公司研发创新子库，宏观数据来源于国家统计局网站。表 3 -2 显示了 8 个变量的描述性统计结果。

表 3 -2　　描述性统计表

变量	样本量	平均值	标准差	中位数	最大值	最小值
*X*1	5894	3.285	3.846	2.487	18.051	0
*X*2	5894	18.004	14.478	12.58	67.25	0
*X*3	5894	9.128	8.207	3.487	82.01	0
*X*4	5894	1.955	2.762	1.219	11.579	0
*X*5	5894	3.236	13.189	2.958	13.549	0
*X*6	5894	46.756	8.844	42.186	100	0
*X*7	5894	62.528	7.791	66.875	100	0
*X*8	5894	2.986	1.545	2.996	9.527	0

资料来源：CSMAR 数据库。

可以看出，样本变量中，R&D 投入占企业资产比重（*X*1）的平均值为 3.285%；研发人员占全部人员的比例（*X*2）的平均值为 18.004%；资本化率（*X*3）的平均值为 9.128%；无形资产占总资产的比重（*X*4）的平均值为 1.955%。说明样本企业创新投入的数据较多，但是资本化程度较低。企业专利授权量对数（*X*5）的平均值为 3.326%；其中发明申请量占专利申请量比重（*X*6）的平均值为46.756%，说明企业申请的专利中有一半以上是实用新型专利和外观设计专利这两种技术水平较低的专利，企业创新质量较低；专利授权量占申请量比重（*X*7）的平均值为62.528%，说明大部分企业申请的专利能够获得授权；每百人研发人员专利拥有量（*X*8）的平均值为2.986%，说明企业每聘请100名研发人员，平均能创造2.986项专利。

3.2.2 因子的提取

在进行因子分析之前，先完成了KMO和Bartlett检验，以验证用因子分析法提取样本数据是否可行。样本因子分析KMO度量值为0.582，大于0.5的临界值，并且P值小于0.001，说明样本适合采用因子分析法建立评价模型（见表3-3）。

表3-3 KMO和Bartlett的检验

取样足够度的 Kaiser - Meyer - Olkin 度量		0.582
Bartlett 的球形度检验	近似卡方	10293.001
	df	28
	Sig.	0.000

资料来源：SPSS检验结果。

采用主成分分析法进行因子提取，存在3个初始特征值大于1的因子，累计解释方差为60.453%，说明3个因子包含了60%以上的变量信息，可以用3个因子替代8个创新能力指标。根据因子成分矩阵，*F*1因子中，*X*5～*X*8变量的权重较高，主要反映企业创新产出能力；*F*2因子中，*X*1和*X*2变量的权重大于0.5，说明*F*2主要反映创新投入数量；*F*3因子中，*X*3和*X*4变量的权重大于0.5，说明*F*3主要反映企业创新投入质量。用主成分分析法提取的3个因子反映了企业创新能力的3个不同方面，并且能够包含大部分的创新信息，用3个因子完全可以替代选取的创新能力指标。

根据因子成分矩阵，得到以下 3 个创新能力因子：

$$F1 = -0.093 \times X1 + 0.064 \times X2 - 0.113 \times X3 - 0.015 \times X4 + 0.887 \times X5 - 0.880 \times X6 + 0.691 \times X7 + 0.526 \times X8 \quad (3-6)$$

$$F2 = 0.643 \times X1 + 0.791 \times X2 + 0.184 \times X3 - 0.183 \times X4 - 0.207 \times X5 + 0.208 \times X6 + 0.494 \times X7 + 0.061 \times X8 \quad (3-7)$$

$$F3 = -0.082 \times X1 + 0.016 \times X2 + 0.710 \times X3 + 0.717 \times X4 - 0.003 \times X5 + 0.032 \times X6 + 0.045 \times X7 + 0.164 \times X8 \quad (3-8)$$

3.2.3 因子权重的确定

按照实体企业创新指数构建框架，采用因子分析法、德尔菲法以及熵值法 3 种方法共同确定创新因子权重。

（1）3 种方法的权重计算结果

表 3－4 列示了因子分析法、德尔菲法以及熵值法 3 种方法的权重计算结果。因子分析法下，因子 *F*1 的权重最高，为 0.477；因子 *F*2 的权重次之，为 0.305；因子 *F*3 的权重最低，为 0.218；熵值法下，3 个因子的权重比较均衡。因子 *F*1 的权重最高，为 0.347；因子 *F*2 的权重为 0.313；因子 *F*3 的权为 0.340。

表 3－4　3 种方法下各因子权重

方法	*F*1	*F*2	*F*3	合计
因子分析法下的权重 W_j	0.477	0.305	0.218	1.000
德尔菲法下的权重 W_j	0.447	0.223	0.330	1.000
熵值法下的权重 W_j	0.347	0.313	0.340	1.000
平均值	0.424	0.280	0.296	1.000

资料来源：作者手工整理所得。

德尔菲法下，各位专家普遍认为第一个因子 *F*1 由于反映了创新产出的综合信息，具有更重要的意义，因此，应该赋予更多的权重；关于因子 *F*2 和 *F*3 到底哪个更重要，专家们没有达成共识。部分专家认为企业创新投入数量更重要，只有投入才会有产出，因此 *F*2 更重要，应该赋予更高的权重；另外一部分专家认为创新投入质量更重要，能够资本化的投入才会为企业带来价值，因此，*F*3 更重要，应该赋予更高的权重。经过三轮沟通，采用 SPSS 对 18 位专家最终的排序结果进行 Kendall - W 检验，计算出卡方（χ^2）为 8.111，根据自由度 $df=n-1=2$，查卡方界值表，得临界值为$\chi^2_{0.05,2}=5.991$。卡方（χ^2）8.111 大于临界值，则 *P* 值小于 0.05。因此，在 0.05 的显著性水平下，18 位专家的排序结果具有一致性，最终确定各位专家基本达成一致，评价结果可信性较高，并计算得到各因子的权重。因子 *F*1 的权重最高，为 0.447；因子 *F*2 的权重为 0.223；因子 *F*3 的权为 0.330。

（2）3 种权重计算结果的一致性检验

为了保证 3 种结果的一致性和准确性，同样采用 Kendall - W 系数进行验证。采用 SPSS 对 3 种权重计算结果进行 Kendall - W 检验，计算出卡方（χ^2）为 4.667，根据自由度 $df=n-1=2$，查卡方界值表，得临界值为$\chi^2_{0.1,2}=4.605$。卡方（χ^2）4.667 大于临界值，则 $P<0.1$。因此，在显著性水平 $\alpha=0.1$ 下，3 种权重计算结果具有一致性，计算结果可信性较高。因此，对 3 种权重计算结果求平均值，得到最终创新能力评价因子权重。结果如表 3 - 4 最后一行所示。从而，得到了实体企业创新能力指数的计算公式：

$$Innovation=0.424\times F1+0.280\times F2+0.296\times F3 \tag{3-9}$$

3.3 基于创新指数的实体企业创新现状分析

根据上节构建的实体企业创新指数公式（公式 3 - 9），得到每个样本企业的创新能力指数 $Innovation_{ij}$，表示样本企业 i 在第 j 年的创新能力。该指数越高，说明企业的创新能力越强；反之，如果该指数越低，说明企业的创新能力越弱。

3.3.1 企业创新水平上升缓慢

图 3－1 显示了 2011—2018 年样本企业的创新指数变动趋势。可以看出，实体企业创新指数的年平均值保持缓慢上涨的趋势，但是从 2017 年开始小幅度降低。2018 年样本实体企业创新指数的平均值为 20.88，是 2011 年样本企业创新指数的平均值 14.93 的 1.39 倍，上涨幅度较小。

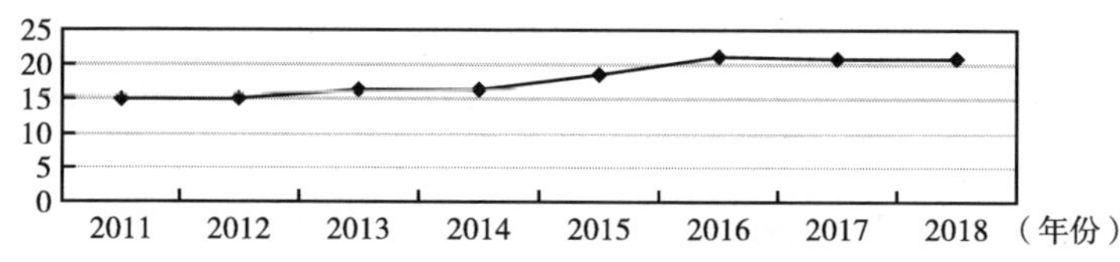

图 3－1 实体企业创新指数变动趋势

资料来源：作者手工整理所得。

3.3.2 各行业创新水平差异较大

按照样本企业所属行业，计算每个行业所有企业的创新指数平均值。发现 2018 年，创新指数最低的行业为水生产和供应业，当年该行业创新指数的平均值为 9.86。同年创新指数最高的通信设备、计算机及其他电子设备制造业，创新指数的平均值为 38.74，是水生产和供应业的 3.92 倍。各行业创新水平差异较大。

另外，2018 年，企业创新指数平均值最高的 10 个行业中，包括计算机、通信和其他电子设备制造业，电气机械及器材制造业、专用设备制造业，医药制造业，通用设备制造业，汽车制造业及化学原料和化学制品制造业。7 个行业均属于高技术行业。说明高技术行业成为我国实体企业创新的主力。

3.3.3　各地区创新发展不平衡

从地区分布看，企业创新指数较高的企业集中在东部地区，各地区科技创新发展极度不平衡。2011—2018 年，全国规模以上工业企业 R&D 人员以及经费投入的 65% 以上均集中在东部地区企业。中部和西部地区企业 R&D 投入占全国企业投入的比重略微小幅增加，但变化不大。因此，东部地区的企业创新能力明显高于其他地区和省市，各地区创新发展极不平衡。

3.4　本章小结

本章从创新投入和创新产出两个层面，采用因子分析法提取创新因子，通过因子分析法、德尔菲法以及熵值法 3 种权重确定方法，构建了实体企业创新指数，以准确、全面衡量实体企业的创新能力和创新水平。根据构建的创新指数，测度了样本企业的创新能力。并结合企业创新指数，分析了我国实体企业创新现状。发现我国存在创新水平上升缓慢、行业之间的创新差距较大、地区创新发展不均衡的状况。

收益率宽幅对实体企业创新存在抑制效应的实证分析

第2章通过理论分析以及数理推导，提出实体企业中存在的投资性房地产等金融资产与经营资产之间的收益率宽幅现象，导致企业对创新未来收益的预期下降，对金融投资未来收益的预期提高。预期收益差距影响资本流向，导致企业创新意愿下降，企业创新水平弱化。那么，收益率宽幅对实体企业创新的抑制效应是否实际存在呢？本章通过PVAR以及多元回归模型验证收益率宽幅对实体企业创新的影响，以解决“收益率宽幅是否对实体企业创新存在抑制效应”这一核心问题。

4.1 创新抑制效应模型的构建

格兰杰因果检验、VAR模型以及多元回归模型是检验变量之间因果关系的常用方法。本书分别构建了PVAR模型以及多元回归模型，以检验H1（收益率宽幅导致实体企业创新预期收益下降、金融投资预期收益上升）以及H2（收益率宽幅对实体企业创新存在抑制效应）是否成立。

4.1.1 收益率宽幅降低创新预期收益的 PVAR 模型构建

（1）研究设计

由于各实体企业的创新预期收益无法衡量，因此本书依据各上市公司注册地将样本企业分组，以各省（市、自治区）下一年度所有上市高新技术企业的平均利润率替代创新预期收益，以各省（市、自治区）下一年度金融行业和房地产行业所有企业的平均利润率替代金融投资预期收益。以各省（市、自治区）为单位建立平衡面板数据。PVAR 方法不仅对样本量要求较低，还可以捕捉个体固定效应和不同横截面受到的共同冲击，同时，还可以分析面对冲击时变量的动态反应（张亦春等，2014）。因此，本书选用 PVAR 模型验证收益率宽幅对企业创新预期收益的影响。

（2）变量的选取

为了衡量收益率宽幅对创新活动预期收益和金融投资收益的影响，本节以下一年各省高新技术企业利润率（营业利润/营业收入）的平均值代表该省实体企业对创新活动的预期收益 ER（Expected Return）；以该省下一年度金融和房地产企业利润的平均值代表该省金融投资的预期收益 FIREER（FIRE Expected Return）；以该省同一时期实体企业投资性房地产等金融资产收益率与经营资产收益率差异的平均值代表该省的收益率宽幅程度 RS。收益率宽幅 RS 的界定和计算公式如第 1 章所示。

（3）数据来源

本书根据 2011—2018 年 A 股上市公司的注册地，将各上市公司分组计算各省每年度的收益率宽幅、高新技术企业利润率以及金融和房地产行业的利润率。并且进行了如下处理：①为了数据的准确性，本书删去了拥有高新技术企业数量小于 5 家的省份；②剔除了金融和房地产企业注册数量小于 5 家的省份；③剔除数据出现缺失导致年度不连贯的省份。最终得到了23个省份连续8年的信息，共184个样本建立平衡面板进行数据验证。23个省市为北京市、天津市、河北省、山西省、辽宁省、吉林省、上海市、江苏省、浙江省、安徽省、福建省、江西省、山东省、河南省、湖北省、湖南省、广东省、海南省、重庆市、四川省、贵州省、云南省以及陕西省。上市公司数据来源于CSMAR数据库。表4-1显示了各变量的描述性统计结果。

表4-1　　描述性统计表

变量	平均值	中位数	标准差	最大值	最小值
RS（%）	6.506	5.539	4.616	26.619	0.444
ER（%）	7.459	1.796	21.570	100.255	-42.967
FIREER（%）	25.156	1.505	24.921	214.847	-6.494

资料来源：作者手工整理所得。

可以看出，各省份实体企业收益率宽幅的平均值为6.506%，说明各省份实体企业金融资产收益率超过经营资产收益率6.5个百分点，收益率宽幅现象明显存在。金融投资预期收益FIREER的均值为25.156%；经营资产预期收益RE的均值为7.459%。说明金融和房地产行业之间收益率差距较大，我国实体经济行业与虚拟经济行业发展不平衡。

（4）最佳滞后阶数的确定

采用AIC、BIC以及HQIC检验，确定最佳滞后阶数。检验结果如表4-2所示。3种检验方法一致选择滞后3阶为最佳滞后期，从而得到收益率宽幅对创新活动以及金融投资预期收益影响的PVAR模型：

$$A_0 X_{i,t} = f_i + A_1 X_{i,t-1} + A_2 X_{i,t-2} + A_3 X_{i,t-3} + d_{i,t} + \mu_{i,t} \tag{4-1}$$

表 4－2　　最佳滞后阶数的确定

lag	AIC	BIC	HQIC
1	32.306	33.2874	32.6159
2	32.1862	33.0077	32.5781
3	32.0103*	32.8034*	32.3182*
4	32.8472	33.2084	32.6639
5	33.1764	34.2958	33.2385

资料来源：STATA 检验结果，*表示在 10% 水平下显著。

（5）平稳性检验

为了防止伪回归现象，需要进行单位根检验。本书采用 Levin, Lin & Chu 检验、Pesaran and Shin W－stat 检验、ADF－Fisher 卡方检验以及 PP－Fisher 卡方检验四种方法对面板数据进行平稳性检验。检验结果如表 4－3 所示，收益宽幅（RS）、创新活动预期收益（ER）以及金融投资预期收益（FIREER）3 个变量均通过了 4 种方法的检验，拒绝了变量存在单位根的原假设，3 个变量均为平稳序列。

表 4－3　　变量单位根检验结果

检验方法	估计值	P 值	面板量
收益率宽幅 RS 单位根检验结果：			
Levin, Lin & Chu 检验	－5.270	0.000***	23
Im, Pesaran and Shin W－stat 检验	－2.265	0.012***	23
ADF－Fisher Chi－square 检验	79.126	0.002***	23
PP－Fisher Chi－square 检验	138.891	0.000***	23
创新活动预期收益 ER 单位根检验结果：			
Levin, Lin & Chu 检验	－46.296	0.000***	23
Im, Pesaran and Shin W－stat 检验	－5.106	0.000***	23
ADF－Fisher Chi－square 检验	64.127	0.040***	23
PP－Fisher Chi－square 检验	133.422	0.000***	23

续表

检验方法	估计值	P值	面板量
金融投资预期收益 FIREER 单位根检验结果：			
Levin，Lin & Chu 检验	-46.805	0.000***	23
Im，Pesaran and Shin W - stat 检验	-7.554	0.000***	23
ADF - Fisher Chi - square 检验	89.044	0.000***	23
PP - Fisher Chi - square 检验	171.678	0.000***	23

资料来源：根据 STATA 检验结果，作者手工整理所得，*** 表示在1%水平下显著。

4.1.2 收益率宽幅抑制企业创新的多元回归模型构建

(1) 研究设计

为了验证收益率宽幅对企业创新的影响，本书采用多元回归模型以验证收益率与企业创新之间的关系。借鉴 Tong et al.（2014）、黎文靖等（2016）、张璇等（2017）、张杰（2018）关于上市公司创新影响因素的研究，本书建立基本公式（4-2）：

$$Innovation_{i,t+1} = \beta_0 + \beta_1 RS_{i,t} + \beta_2 X + \beta_3 RS_{i,t} \times X + \beta_4 Lasset + \beta_5 KZ + \beta_6 Age + \beta_7 TAN + \beta_8 Growth + \beta_9 ROA + Ind + year + \varepsilon \quad (4-2)$$

为了保证检验结果的准确性，进行了以下检验：首先，采用 Hausman 检验，验证应该采用固定效应回归；其次，采用 Likelihood - ratio 检验，证明样本存在时间效应。另外，依据第3章对实体企业创新指数现状的分析，可以看出行业是影响企业研发行为的主要因素之一（Cohen et al.，1992；安同良等，2006）。因此，本书控制了时间以及行业固定效应；最后，考虑选取的面板数据是大样本短时间形式，采用 White 检验验证数据存在异方差情况，因此采用稳健标准误 Robust 进行回归。

(2) 变量的选取

公式（4-2）中，*Innovation* 为本书的被解释变量，代表企业未来的创新水平，以第3章计算的企业创新指数衡量。由于假定收益率宽幅改变企业投资者对创新活动未来收益的预期，降低创新意愿和水平。因此，模型中企业创新水平以下一会计期间的企业创新指数表示。本书的主要解释变量收益率宽幅 $RS_{i,t}$ 与前文一致。X 代表选取的调节变量。

调节变量 X 包括 3 个具体指标：主业盈利能力（Profit）、企业性质（Gov）以及是否高新技术企业（Tech）。Profit 代表企业主业盈利能力的虚拟变量。若企业毛利率 GPM（Gross Profit Margin）高于该年所有企业的平均值，则企业属于高盈利能力组，Profit 取 1，反之，Profit 取 0；Gov 代表企业是否属于国有企业，国有企业，Gov 取 1；非国有企业，Gov 取 0；Tech 衡量企业是否被认定为高新技术企业。如果企业当年被认定为高新技术企业，则 Tech 取值为 1；反之，Tech 取值为 0。

控制变量方面，企业规模、融资约束、资产结构、盈利能力、成长性会影响企业创新能力（张杰等，2011；谢家智等，2014b；王红建等，2016）。本书借鉴 Kaplan et al.（1997）的方法，建立融资约束指标（KZ）。对企业各年经营性净现金流/上期总资产、现金股利/上期总资产、现金持有/上期总资产、资产负债率和 TobinQ 5 个指标分别排序，采用排序逻辑回归方法建立 KZ 指数模型，并计算各样本的 KZ 值，以衡量融资约束程度。KZ 越大，说明企业融资约束程度越高。采用总资产对数衡量企业规模（Lasset），采用流动资产占总资产比重（TAN）衡量资产结构，以 ROA、总资产增长率（Growth）、企业年龄（Age）控制其他影响因素。Ind、year 分别控制行业效应以及时间效应（见表 4－4）。

表 4－4　　　　变量定义

变量名称	变量符号	计算方法
被解释变量	Innovation	创新能力评价指数，因子分析衡量结果
解释变量	RS	收益率宽幅，投资性房地产等金融资产收益率与经营资产收益率的差额

续表

变量名称	变量符号	计算方法
调节变量	Profit	表示企业主业盈利能力虚拟变量，根据毛利率 GPM 分组，高盈利能力企业取 1，低盈利能力企业取 0
	Gov	企业性质，国有企业，取值为 1；非国有企业，取值为 0
	Tech	虚拟变量，高新技术企业取值为 1；非高新技术企业取值为 0
控制变量	Lasset	企业规模，期末总资产的对数
	KZ	依据 Kaplan et al. （1997）的方法建立的融资约束程度指标
	TAN	流动资产占总资产比重
	ROA	资产收益率，衡量企业盈利能力
	Age	企业年龄
	Growth	总资产增长率

资料来源：作者手工整理所得。

（3）样本来源及描述性统计

选取与第 3 章构建实体企业创新指数相同的企业为样本。企业财务数据源于 CSMAR 数据库，企业创新数据源于 CSMAR 创新数据库。

首先，对主要变量进行描述性统计，结果如表 4 - 5 所示。收益率宽幅的平均值为 5. 291% ，说明投资性房地产等金融资产收益率平均高于经营资产 5. 291 个百分点。企业创新能力指数 Innovation 的平均值为 18. 792。

表 4 - 5　　描述性统计表

	样本量	平均值	中位数	标准差	最小值	最大值
RS（%）	5894	5. 291	0. 029	21. 908	- 1. 465	168. 63
Innovation	5894	18. 792	9. 525	30. 688	- 1. 004	66. 563
Lasset	5894	21. 792	21. 629	1. 152	16. 787	28. 178
KZ	5894	3. 475	3. 477	0. 028	2. 934	3. 749

资料来源：CSMAR 数据库。

其次，依据主营业务盈利能力高低、股权性质差异以及高新技术企业资质认定结果对样本企业进行分组，比较收益率宽幅程度以及企业创新水平。结果如表4-6所示。

表4-6 按不同指标分组后收益率宽幅以及企业创新能力的比较

	RS（%）	Innovation	样本量
组A：按主营业务盈利能力分组			
低盈利能力企业（Profit=0）	6.959	15.931	2756
高盈利能力企业（Profit=1）	3.969	19.091	3138
t-test （P-value）	2.990*** （8.023）	-3.160*** （-4.747）	5894
组B：按股权性质分组			
非国有企业（Gov=0）	4.380	21.337	3930
国有企业（Gov=1）	7.177	13.472	1964
t-test （P-value）	-2.797*** （-7.079）	7.865*** （10.816）	5894
组C：按高新技术企业资产认定分组			
非高新技术企业（Tech=0）	4.972	12.759	3902
高新技术企业（Tech=1）	5.670	22.451	1992
t-test （P-value）	-0.727* （-1.945）	-9.692*** （-14.973）	5894

注：括号内为单变量检验t值。其中，中位数检验为Z值，***、*分别在1%、10%统计意义上显著。下同。

资料来源：CSMAR数据库。

从盈利能力角度分析企业收益率宽幅和创新的差异，并以此分组比较数据特征。高盈利能力企业收益率宽幅的平均值为3.97%，显著低于低盈利能力企业6.96%的平均值，初步说明高盈利能力企业收益率宽幅较小；高盈利能力企业创新能力指数Innovation平均值为19.091，显著高于低盈利能力企业15.931的平均值。初步说明主业盈利能力较低的企业更容易受收益率宽幅影响，创新能力较低。

从股权性质角度分析企业收益率宽幅和创新的差异，并以此分组比较数据特征。非国有企业收益率宽幅的平均值为4.38%，显著低于国有企业7.18%的平均值，初步说明国有企业收益率宽幅更大。非国有企业创新能力指数Innovation平均值为21.337，显著高于国有企业13.472的平均值。初步说明国有企业更容易受收益率宽幅影响，创新能力较低。

从是否属于高新技术企业角度分析企业收益率宽幅和创新的差异，并以此分组比较数据特征。高新技术企业收益率宽幅的平均值为5.67%，显著高于非高新技术企业4.97%的平均值，初步说明高新技术企业收益率宽幅更大；高新技术企业创新能力指数Innovation平均值为22.451，显著高于非高新技术企业12.759的平均值。初步说明高新技术企业创新能力较高，但是收益率宽幅也较大。

4.2 收益率宽幅降低实体企业创新预期收益的检验结果

本节列示了PVAR模型的实证结果，以反映收益率宽幅对创新活动以及金融投资未来预期收益的影响。

4.2.1 面板Granger因果检验

由于样本数据平稳，进一步根据Wald检验判断Granger因果关系（Hsiao et al.，2006）。检验结果如表4－7所示。第一行的P值小于0.05，说明检验结果拒绝了“RS不是ER的格兰杰原因”的原假设，即收益率宽幅是影响创新活动预期收益的原因；第三行的P值小于0.05，说明检验结果拒绝了"RS不是FIREER的格兰杰原因"的原假设，即收益率宽幅是影响金融投资预期收益的原因。

表4-7　　面板Granger因果检验结果

假设	F统计量	P值	结论
RS不是ER的格兰杰原因	6.227	0.013 ***	拒绝
ER不是RS的格兰杰原因	0.921	0.357	接受
RS不是FIREER的格兰杰原因	27.197	0.000 ***	拒绝
FIREER不是RS的格兰杰原因	0.663	0.431	接受

资料来源：根据STATA检验结果，作者手工整理所得，*** 表示在1%水平下显著。

4.2.2　PVAR模型的估计

为了提高PVAR模型的准确性，分别运用截面均值差分消除时间固定效应造成的估计偏差，采用向前均值差分消除个体固体效应造成的估计偏差（Arellano et al.，1995）。并采用滞后变量作为工具变量，依据GMM方法进行PVAR检验。结果如表4-8所示。

表4-8　　PVAR模型的GMM估计结果

变量	(1) ER (t)	(2) FIREER (t)	(3) RS (t)
ER (t-1)	0.396 *** (0.112)	-0.526 (0.351)	-0.332 *** (0.091)
FIREER (t-1)	-0.192 * (0.101)	0.025 *** (0.008)	0.715 *** (0.142)
RS (t-1)	-0.102 ** (0.049)	22.548 *** (2.059)	-0.328 *** (0.031)
ER (t-2)	0.347 ** (0.125)	-0.352 (2.614)	-0.293 *** (0.089)

续表

变量	(1) ER (t)	(2) FIREER (t)	(3) RS (t)
FIREER (t-2)	-0.192 (0.153)	0.026** (0.013)	0.243** (0.127)
RS (t-2)	-0.045*** (0.016)	5.673*** (1.411)	0.101** (0.058)
ER (t-3)	0.298** (0.142)	-0.028 (0.471)	-0.198 (1.556)
FIREER (t-3)	-0.491 (0.642)	-0.958 (0.134)	0.201* (0.114)
RS (t-3)	-0.007*** (0.003)	4.181** (2.101)	0.189* (0.096)

注：括号中为标准差，***、**、*分别表示在1%、5%和10%的水平下显著。
资料来源：根据STATA检验结果，作者手工整理所得。

根据表4-8的检验结果，可以发现收益率宽幅RS对创新活动预期收益ER和金融投资预期收益FIREER的影响显著。就RS与ER的关系而言，依据第（1）列的结果，RS的一、二、三阶滞后项分别在5%、1%、1%的水平下对创新预期收益ER产生显著的负向影响。从而，验证了收益率宽幅降低了企业创新预期收益。而ER的一、二阶滞后项对RS也产生显著的负向影响，但是ER的三阶滞后项对RS的影响不显著，说明创新预期收益的提高也有利于收窄实体企业收益率宽幅现象。但是二者保持非对称的双向关系。

结合第（2）列的检验结果，RS的一、二、三阶滞后项分别在1%、1%、5%的水平下对金融投资预期收益FIREER产生显著的正向影响。从而，验证了收益率宽幅提高了企业金融投资预期收益。而FIREER的一、二、三阶滞后项对RS也产生显著的正向影响，说明金融投资预期收益的提高也导致实体企业收益率宽幅现象显著上涨。二者为对称的双向关系。PVAR 模型检验结果显示 H1 成立。

4.2.3　脉冲响应函数分析

为了进一步检验各变量之间的动态关系，通过给予变量一个标准差的冲击，模拟了各变量之间的脉冲响应函数，结果如图 4－1 所示。

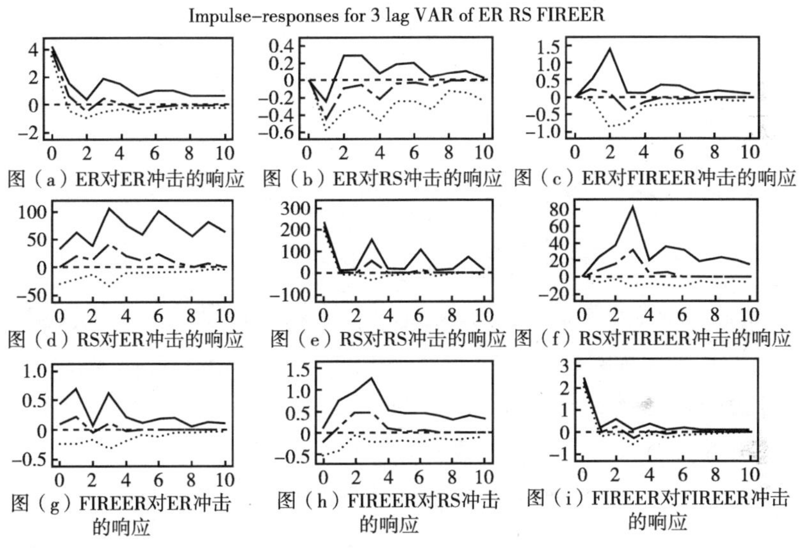

图 4－1　脉冲响应图

注：横轴代表冲击反应的滞后期数（10 期），纵轴代表内生变量对冲击的响应程度，中间曲线对脉冲响应函数曲线，两侧为 95% 的置信区间，使用 Monte－Carlo 模拟 200 次得到。

数据来源：STATA 软件生成。

根据图 4－1 脉冲响应图，可以得出以下结论：

①如图 4－1（b）所示，给收益率宽幅 RS 一个标准差的冲击，创新活动预期收益 ER 产生明显的反向响应，第 2 期影响减小趋向

于0。但是第4期开始再次明显下行并持续至第5期后逐渐趋于0。导致受到RS正向冲击后，创新活动预期收益呈现“W”形变动。说明收益率宽幅增加会降低创新预期收益，并保持一定的长期效应。

②如图4－1（h）所示，给收益率宽幅RS一个标准差的冲击，金融投资预期收益FIREER会产生明显的正向响应，并持续至第3期后逐渐趋于0。说明收益率宽幅增加会提高金融投资预期收益，并保持一定的长期效应。

综上所述，收益率宽幅的持续拉大将降低企业对创新活动未来收益的预期，提高企业对金融投资未来收益的预期。再次验证H1成立。

4.2.4 方差分解

根据PVAR模型以及脉冲响应分析结果，可以看出收益率宽幅RS会显著降低投资者对未来期间创新活动的预期收益，提高对金融投资未来收益的预期。但是PVAR模型也发现创新和金融投资本身也会影响自身下一期的预期收益。因此，本书进一步通过方差分解分析各变量之间的影响程度。

表4－9显示了创新活动预期收益ER的方差分解结果。从分解结果看，导致创新活动预期收益ER变化的因素中，ER自身的份额较大。但是收益率宽幅RS的份额在逐渐增加，并持续到第10期一直保持20%以上的影响程度。说明从动态过程看，收益率宽幅RS对创新活动预期收益ER的影响是显著的。

表4－9　创新活动预期收益ER方差分解结果

变量	期数	ER	RS
ER	1	1.000	0.000
ER	2	0.802	0.198

续表

变量	期数	ER	RS
ER	3	0. 800	0. 200
ER	4	0. 793	0. 207
ER	5	0. 792	0. 208
ER	6	0. 791	0. 209
ER	7	0. 791	0. 209
ER	8	0. 791	0. 209
ER	9	0. 791	0. 209
ER	10	0. 791	0. 209

资料来源：根据 STATA 检验结果，作者手工整理所得。

表4－10 显示了金融投资预期收益 FIREER 的方差分解结果。从分解结果看，在前五期，导致金融投资预期收益 FIREER 变化的因素中，FIREER 自身的份额较大。但是从第 6 期开始，收益率宽幅 RS 的份额就超过金融投资预期收益 FIREER 本身。说明从动态过程看，收益率宽幅 RS 对金融投资预期收益 FIREER 的推动是显著的。

表 4－10　　金融投资预期收益 FIREER 方差分解结果

变量	期数	ER	RS
FIREER	1	1. 000	0. 000
FIREER	2	0. 837	0. 163
FIREER	3	0. 720	0. 280
FIREER	4	0. 603	0. 397
FIREER	5	0. 527	0. 473
FIREER	6	0. 470	0. 530
FIREER	7	0. 429	0. 571
FIREER	8	0. 397	0. 603
FIREER	9	0. 375	0. 625
FIREER	10	0. 359	0. 641

资料来源：根据 STATA 检验结果，作者手工整理所得。

4.2.5 研究结论

通过构建 PVAR 模型以及脉冲响应分析，验证收益率宽幅的提高会导致投资者对创新活动未来预期收益的下降。而收益率宽幅的提高会导致投资者对金融投资未来预期收益的上升，并且该影响能保持较长时间；进一步通过方差分解，分析了收益率宽幅对创新活动预期收益以及金融投资预期收益的影响程度。研究发现，收益率宽幅对创新活动预期收益的影响份额在逐渐增加，并一直持续到第 10 期；收益率宽幅对金融投资预期收益的影响程度更加重要。从第 6 期开始，收益率宽幅对金融投资预期收益的影响份额就超过金融投资预期收益本身。说明从动态过程看，收益率宽幅对创新活动预期收益的抑制以及对金融投资预期收益的推动是显著的。H1 成立。

4.3 收益率宽幅抑制实体企业创新的检验结果

实体企业中，投资性房地产等金融资产高收益率与经营资产低收益率之间持续拉大的收益率宽幅现象降低了企业对未来创新收益的预期，将改变我国企业投资行为，降低创新意愿，显著抑制企业的创新能力。

4.3.1 多元回归模型的检验结果

表 4－11 中第（1）列至第（4）列分别为共同控制行业和年度固定效应、仅控制年度固定效应、仅控制行业固定效应以及未控制时，收益率宽幅（RS）对企业下一期创新能力 Innovation 影响的回归结果。结果显示，在控制年度和行业固定效应后，收益率宽幅（RS）的系数在 5% 的水平下显著为负，说明收益率宽幅显著抑制

了企业创新。H2 成立。

表 4 – 11　　收益率宽幅对企业创新影响的回归结果

变量	(1) $Innovation_{i,t+1}$	(2) $Innovation_{i,t+1}$	(3) $Innovation_{i,t+1}$	(4) $Innovation_{i,t+1}$
$RS_{i,t}$	-0.595** (0.293)	-0.580* (0.297)	-0.596** (0.292)	-0.580* (0.297)
Lasset	68.892*** (20.489)	65.672*** (19.986)	69.334*** (20.205)	66.201*** (19.727)
KZ	-48.031* (28.752)	-49.201* (28.753)	-46.895 (28.630)	-48.016* (28.631)
Age	23.895** (9.345)	23.758** (9.308)	4.094 (3.214)	4.460 (3.161)
TAN	-68.279** (33.262)	-58.269* (32.497)	-66.168** (32.970)	-56.411* (32.248)
Growth	-0.621*** (0.045)	-0.606*** (0.044)	-0.617*** (0.044)	-0.603*** (0.043)
ROA	1.389*** (0.180)	1.377*** (0.181)	0.075*** (0.014)	0.398*** (0.181)
Year	Yes	Yes	No	No
Ind	Yes	No	Yes	No
Constant	-887.378* (512.697)	-831.738* (505.170)	-1380.411*** (417.879)	-1330.430*** (411.011)
R^2_adj	0.086	0.084	0.085	0.083
F	12.121***	1.811***	28.622***	24.927***
Obs	5894	5894	5894	5894

注：括号内为 Robust 修正后的标准差，***、**、* 分别在 1%、5%、10% 统计意义上显著。下同。

资料来源：根据 STATA 检验结果，作者手工整理所得。

从控制变量分析可以看出，企业资产规模（Lasset）与企业创新正相关，这与张杰等（2011）、余明桂等（2019）等研究成果一致。企业规模越大，抗风险程度越高，越愿意从事高风险的创新项目。并且规模越大的企业一般进入成熟期，前期技术投入和经验积累较多。因此，创新能力与企业规模正相关；融资约束越大，企业资金不足，导致创新投入减少，创新水平下降；企业年龄（Age）与创新正相关，这与夏清华等（2015）的研究成果相一致。企业成立时间越长，风险承受能力越强，对于高风险的创新活动的容忍度越高，创新动力和能力越强；企业资产结构（TAN）与创新负相关，说明流动资产占总资产比例越大的企业，创新能力越低。企业持有的固定资产、无形资产等生产性资源越多，越依赖于科技创新技术的提高，创新动力和能力越强；企业成长性（Growth）与创新显著负相关，主要是由于成长性较快的企业一般处于生命周期的发展和成长期，此时，企业成立时间较短，前期技术投入和成果积累较少，创新水平较弱；企业盈利能力（ROA）与创新正相关，这也与大部分学者的研究成果一致。盈利能力越高的企业，越有能力进行科技创新活动，创新水平越高。

表4－12报告了主营业务盈利能力调节效应的回归结果。第（1）列至第（4）列分别为共同控制行业和年度固定效应、仅控制年度固定效应、仅控制行业固定效应以及未控制时，盈利能力影响收益率宽幅对企业创新抑制效应的回归结果。结果显示，在控制行业和年度固定效应时，收益率宽幅（RS）的回归系数在5%的水平下显著为负，盈利能力（Profit）以及二者的交叉项（RS × Profit）分别在1%和5%的水平下显著为正。说明收益率宽幅显著抑制了企业创新，但是主业盈利能力的上升可以有效缓解收益率宽幅对创新的抑制效应。盈利能力较高的企业受收益率宽幅影响而无心主业的可能性较小，因此，减少创新投入的可能性较低，企业创新能力不会显著下降。初步验证了H6成立。

表 4－12 盈利能力调节效果的回归结果

VARIABLES	(1) $Innovation_{i,t+1}$	(2) $Innovation_{i,t+1}$	(3) $Innovation_{i,t+1}$	(4) $Innovation_{i,t+1}$
$RS_{i,t}$	−1.926 ** (0.894)	−2.107 ** (0.946)	−0.078 *** (0.012)	−0.078 *** (0.013)
Profit	0.204 *** (0.039)	0.219 *** (0.040)	0.052 ** (0.026)	0.060 ** (0.027)
$RS_{i,t}$ × Profit	1.832 ** (0.894)	2.018 ** (0.947)	4.066 *** (1.049)	2.667 ** (1.142)
Lasset	−0.753 *** (0.103)	−0.771 *** (0.107)	0.626 *** (0.042)	0.588 *** (0.045)
KZ	−3.039 *** (0.762)	−3.276 *** (0.771)	−1.053 ** (0.496)	−1.187 ** (0.486)
Age	0.187 *** (0.020)	0.145 *** (0.016)	0.067 *** (0.011)	0.057 *** (0.008)
TAN	−0.935 *** (0.190)	−1.073 *** (0.185)	−0.318 *** (0.093)	−0.368 *** (0.094)
Growth	−0.190 *** (0.040)	−0.194 *** (0.040)	−0.088 *** (0.021)	−0.074 *** (0.021)
Constant	28.174 *** (3.353)	29.311 *** (3.450)	−7.877 *** (1.835)	−6.027 *** (1.840)
Year	Yes	Yes	No	No
Ind	Yes	No	Yes	No
R^2 − adj	0.124	0.0974	0.223	0.202
F	18.192 ***	34.504 ***	87.304 ***	122.107 ***
Observations	5894	5894	5894	5894

资料来源：根据 STATA 检验结果，作者手工整理所得。

表4－13报告了股权性质调节效应的回归结果。第（1）列至第（4）列分别为共同控制行业和年度固定效应、仅控制年度固定效应、仅控制行业固定效应以及未控制时，股权性质（Gov）影响收益率宽幅与企业创新之间关系的回归结果。结果显示，在控制年度和行业固定效应时，收益率宽幅（RS）的回归系数在1%的水平下显著为负，股权性质与收益率宽幅的交叉项（RS×Gov）在1%的水平下显著为负。说明国有企业中，收益率宽幅对企业创新的抑制效应更强烈。国有企业更加重视短期收益，受收益率宽幅的影响，企业自主创新动机弱化，创新投入减少，创新能力下降。而非国有企业由于不容易获得政府支持，自主性创新动机更强烈，因此，受收益率宽幅影响较小，创新能力高于国有企业。初步验证了H7成立。

表4－13　　股权性质调节效果的回归结果

VARIABLES	(1) $Innovation_{i,t+1}$	(2) $Innovation_{i,t+1}$	(3) $Innovation_{i,t+1}$	(4) $Innovation_{i,t+1}$
$RS_{i,t}$	−0.061*** (0.021)	−0.054*** (0.016)	−0.079*** (0.018)	−0.081*** (0.020)
Gov	−0.083 (0.162)	−0.237 (0.216)	0.007 (0.126)	−0.004 (0.125)
$RS_{i,t}$ × Gov	−2.230*** (0.713)	−2.415*** (0.756)	0.011 (0.020)	0.016 (0.022)
Lasset	−0.768*** (0.103)	−0.785*** (0.106)	0.622*** (0.042)	0.583*** (0.045)
KZ	−3.240*** (0.788)	−3.562*** (0.793)	−1.095** (0.499)	−1.251** (0.490)
Age	0.190*** (0.020)	0.147*** (0.016)	0.067*** (0.011)	0.058*** (0.008)
TAN	−0.869*** (0.194)	−1.004*** (0.189)	−0.303*** (0.093)	−0.349*** (0.094)

续表

VARIABLES	(1) $Innovation_{i,t+1}$	(2) $Innovation_{i,t+1}$	(3) $Innovation_{i,t+1}$	(4) $Innovation_{i,t+1}$
Growth	-0.197 *** (0.040)	-0.201 *** (0.040)	-0.090 *** (0.022)	-0.076 *** (0.021)
ROA	0.504 (0.533)	0.419 (0.527)	0.145 (0.210)	0.104 (0.211)
Constant	29.298 *** (3.418)	30.703 *** (3.496)	-7.610 *** (1.840)	-5.694 *** (1.850)
year	Yes	Yes	No	No
Ind	Yes	No	Yes	No
R^2 - adj	0.128	0.094	0.222	0.202
F	16.371 ***	26.093 ***	68.902 ***	109.425 ***
Observations	5894	5894	5894	5894

资料来源：根据 STATA 检验结果，作者手工整理所得。

表 4 - 14 报告了高新技术企业资质认定调节效果的回归结果。第（1）列至第（4）列分别为共同控制行业和年度固定效应、仅控制年度固定效应、仅控制行业固定效应以及未控制时，高新技术企业资质认定（Tech）对收益率宽幅与创新之间关系进行调节的回归结果。结果显示，在控制行业和年度固定效应时，收益率宽幅（RS）的回归系数在 5% 的水平下显著为负，高新技术企业资质认定（Tech）以及二者的交叉项（RS × Tech）分别在 10% 和 5% 的水平下显著为正。说明高新技术企业中收益率宽幅对企业创新能力的抑制效应要小于非高新技术企业。高新技术企业更加注重技术创新，收益率宽幅导致创新能力下降的可能性较低。初步验证了 H8 成立。

表 4-14　是否高新技术企业对创新能力影响的回归结果

VARIABLES	(1) $Innovation_{i,t+1}$	(2) $Innovation_{i,t+1}$	(3) $Innovation_{i,t+1}$	(4) $Innovation_{i,t+1}$
$RS_{i,t}$	-1.648** (0.689)	-1.914*** (0.696)	-0.069* (0.040)	-0.067* (0.039)
Tech	0.056* (0.032)	0.094*** (0.029)	0.037** (0.018)	0.094*** (0.016)
$RS_{i,t} \times Tech$	1.560** (0.699)	1.835*** (0.706)	0.009* (0.006)	0.014* (0.008)
Lasset	-0.769*** (0.047)	-0.781*** (0.046)	0.618*** (0.026)	0.586*** (0.025)
KZ	-3.234*** (0.651)	-3.463*** (0.647)	-1.135*** (0.354)	-1.146*** (0.353)
Age	0.191*** (0.012)	0.153*** (0.009)	0.067*** (0.007)	0.062*** (0.005)
TAN	-0.865*** (0.120)	-0.978*** (0.119)	-0.310*** (0.066)	-0.324*** (0.066)
Growth	-0.199*** (0.030)	-0.206*** (0.029)	-0.090*** (0.017)	-0.080*** (0.017)
ROA	0.509** (0.257)	0.449* (0.257)	0.158 (0.153)	0.138 (0.154)
Constant	29.272*** (2.879)	30.062*** (2.362)	-7.355*** (1.591)	-6.249*** (1.296)
year	Yes	Yes	No	No
Ind	Yes	No	Yes	No
R^2-adj	0.127	0.094	0.225	0.205
F	11.982***	71.054***	40.064***	301.723***
Observations	5894	5894	5894	5894

资料来源：根据 STATA 检验结果，作者手工整理所得。

4.3.2 稳健性检验

本书采用了如下稳健性检验：①以企业当年 R&D 投入占营业收入比重计算 R&D 投入强度指标，代替创新能力指数 Innovation，重新建立固定效应模型验证；②以企业专利申请数量对数作为创新能力指数 Innovation 的替代变量，重新建立固定效应模型验证；③分组分别检验盈利能力、股权性质以及是否高新技术企业对收益率宽幅与企业创新能力之间关系的调节效应，并采用 Fisher's Permutation 检验分组是否存在显著差异。上述检验结果与本节研究假设基本一致。

4.3.3 研究结论

实证结果验证了不同资产间的收益率宽幅影响企业对创新活动预期收益的判断，是影响企业创新能力的重要原因。刺激经济增长的货币政策导致资产价格上涨，在实体企业形成的投资性房地产等金融资产高收益率与经营资产低收益之间差异持续拉大的收益率宽幅现象，导致与金融资产的高收益率相比，企业创新活动的预期收益率较低，与投资者要求的最低报酬率的差距缩小，甚至低于投资者要求的最低报酬率。受资本逐利性以及利润最大化目标影响，创新活动的低预期收益率导致创新对投资者的吸引力下降，最终导致企业创新意愿下降，创新能力降低。H2 成立。

进一步分析企业异质性对收益率宽幅与企业创新能力关系的调节作用后发现，初步验证了主业盈利能力、股权性质以及是否高新技术企业可以调节收益率宽幅与企业创新之间的关系。H6、H7、H8 初步得到验证。

4.4 收益率宽幅抑制实体企业创新的内生性检验

近年来内生性问题受到越来越多管理学者的关注和重视

(Hamilton et al., 2003; Semadeni et al., 2014)。内生性问题是指在回归分析中，解释变量和误差项存在相关关系（Wooldridge, 2014)。在管理学研究中，内生性问题广泛存在，并可能导致研究成果存在严重偏差（王宇等，2017)。因此，本书进一步对收益率宽幅与企业创新能力之间的关系进行内生性检验。

由于选取样本时，仅考虑了当年发生 R&D 投入以及当年公布专利数据的企业为样本建立模型，以检验收益率宽幅对企业创新能力的影响。模型未选择全部上市公司作为样本，因此，可能存在样本自选择偏差，需要采用 Heckman 两阶段模型进行内生性检验（Heckman, 1990; Kapoor et al., 2013; Certo et al., 2016)；由于影响企业创新能力的因素很多，本书建立的模型不可能囊括所有的可能影响因素。导致模型可能存在遗漏变量偏差以及测量误差等问题，需要采用工具变量法进行衡量（Wooldridge, 2006；王宇、李海洋，2017)。因此，本书选择工具变量法、Heckman 两阶段模型检验收益率宽幅对企业创新影响的内生性问题。

4.4.1 工具变量法对内生性的检验

工具变量法（Larcker et al., 2010; Wooldridge, 2006）的实质是通过工具变量将存在内生性问题的解释变量分成外生部分和内生部分。工具变量法可以有效解决遗漏变量偏差、双向因果、动态面板偏差以及测量误差等因素引起的内生性问题（Wooldridge, 2006; Bascle, 2008)。

(1) 工具变量选择

工具变量法要求选择与内生变量相关，与扰动项不相关的外生变量作为工具变量。本书选择了 3 个工具变量：HRS、Wage 和 Employment，以替换解释变量收益率宽幅。HRS 为样本企业所在省份房地产投资收益率与该省样本企业所在行业的平均收益率的差额。其中，样本企业所在省份房地产投资收益率以该省当年商品房平均价格比上年价格的上涨率表示；样本企业所在行业的平均收益率以该省所有属于该行业的上市公司的平均营业利润率表示；Wage 为样本企业所在省金融行业从业人员平均工资与制造业从业人员平均工资的差额。Wage 越大，金融行业从业人员平均工资越高于制造业，说明金融企业的效益与制造业企业的差距越大，金融企业的收益率高于制造业企业的收益率；Employment 为样本企业所在省金融行业新增从业人员数量与制造业新增从业人员数量的差额。某行业新增从业人员越多，可以从侧面说明该行业较景气，行业效益较高。由于收益率宽幅影响了企业对于创新活动未来收益的预期，因此，同样以下一年度的创新能力指数衡量企业的创新能力。为了保持一致性，本书选取的工具变量也以滞后一期的数据衡量。

（2）模型检验

由于估计方法的不同、工具变量选择的不同对估计结果影响很大（王美今等，2012）。因此，本书首先需要进行多步骤检验，以明确合适的估计方法，以及甄别所选择工具变量是否合理。

第1步，进行第一阶段回归的球形扰动项检验。通过 White 检验发现，P 值小于 0.01，检验结果拒绝同方差的假定，从而验证数据扰动项存在异方差情况。因此，采用面板 IV－GMM 方法进行内生性问题修正。

第2步，根据第一步的方差检验结果，需要使用 K－P 的秩检验法进行不可识别检验，以验证选取的工具变量与内生解释变量是否相关。检验结果显示，模型拒绝了不可识别的原假设，说明选取的工具变量 HRS、Wage 和 Employment 与内生变量收益率宽幅相关。

第3步，采用 Stock－Yogo 弱工具变量检验法进行弱识别检验，以验证工具变量与内生变量相关的程度（Stock et al.，2005；郭冬梅等，2014）。检验结果显示，模型的弱识别 F 统计量的值高于 5% 的最大相对偏差的临界值，说明选取的工具变量与内生变量的相关性较高。

第4步，由于第一步检验显示扰动项异方差，因此，根据 Hansen－J 检验进行过度识别检验，以研究工具变量与扰动项是否相关。结果显示，P 值大于0.05，不能拒绝工具变量与扰动项不相关的原假设，选取的工具变量为外生变量。

第5步，由于工具变量个数大于内生解释变量的个数，因此需要进行冗余性检验，以检验是否存在“多余”的工具变量。结果显示，在5%的显著性水平下，不能拒绝 Employment 变量为冗余变量的假定，但是拒绝了 HRS、Wage 为冗余变量的原假定。因此，工具变量应该为 HRS 和 Wage 两项，Employment 变量为多余的工具变量。

第6步，内生性检验以判断模型是否存在内生性问题。连玉君（2008）提出应该先进行内生性检验，这是进行工具变量检验的前提。但是，Hausman 内生性检验的前提要求所选取的工具变量是可识别的、不是弱工具变量且是外生的工具变量。只有满足上述条件才能进行 Hausman 内生性检验，否则无法得到准确的结果（郭冬梅等，2014）。因此，本书在上述5步完成之后进行 Hausman 内生性检验。结果显示，在10%的显著性水平下，模型存在内生性问题。

经过上述6步检验，可以明确，模型存在内生性问题。可以采用 HRS 以及 Wage 两个变量为工具变量，采用 GMM 估计方法进行重新验证，以得到更准确的估计结果。从而，得到检验模型如（4－3）所示。模型中被解释变量 Innovation、解释变量收益率宽幅 *RS*、调节变量 *X* 的含义与衡量，以及控制变量的选取与上节一致。

$$Innovation_{i,t+1} = \beta_0 + \beta_1 RS_{i,t} + \beta_2 X + \beta_3 Lasset + \beta_4 KZ + \beta_5 Age + \beta_6 TAN + \beta_7 Growth + \beta_8 ROA + Ind + year + \varepsilon \quad (4-3)$$

（3）实证检验结果

表4－15显示了收益率宽幅对企业创新影响的工具变量检验结果。

表4-15 收益率宽幅影响实体企业创新的内生性检验结果

变量	fe $Innovation_{i,t+1}$	IV-GMM $Innovation_{i,t+1}$
$RS_{i,t}$	-0.595** (0.293)	-0.775* (0.468)
Lasset	68.892*** (20.489)	-0.630*** (0.052)
KZ	-48.031* (28.752)	-3.097*** (0.759)
Age	23.895** (9.345)	0.112*** (0.011)
TAN	-68.279** (33.262)	-0.657*** (0.133)
Growth	-0.621*** (0.045)	-0.326*** (0.042)
ROA	1.389*** (0.180)	0.458** (0.213)
Constant	-887.378* (512.697)	
Year/Ind	Yes	No
Observations	5894	5894
R-squared	0.086	0.061
F	12.121***	57.53***
K-P LM 检验		203.111***
Stock-Yogo 检验:		
CDW F 值		70.311
5%最大相对偏差临界值		13.91
Hansen-J 检验		4.092
Hausman 内生性检验		5.409**
工具变量 IV		HRS、Wage

资料来源：根据STATA检验结果，作者手工整理所得。

表4－15第（1）列为固定效应模型检验结果；第（2）列为工具变量法检验结果。K－P LM秩检验、Stock－Yogo检验结果以及Hansen－J检验结果显示HRS、Wage工具变量较合适。Hausman内生性检验结果在5%的水平下显著，说明原模型存在内生性问题，应该以GMM结果为准。如第（2）列所示，收益率宽幅RS系数在10%的水平下显著为负，说明收益率宽幅显著抑制了企业创新能力，再次验证了H2成立。收益率宽幅每增加1个百分点，企业创新能力将减少0.775个百分点。

表4－16显示了针对不同主业盈利能力企业，收益率宽幅对企业创新影响的工具变量检验结果。第（1）列、第（2）列分别为高盈利能力企业中固定效应模型和工具变量法下收益率宽幅抑制企业创的检验结果，第（3）列、第（4）列分别为低盈利能力企业中固定效应模型和工具变量法下收益率宽幅对企业创新影响的检验结果。如第（2）列所示，K－P LM秩检验、Stock－Yogo检验以及Hansen－J检验结果显示HRS、Wage工具变量较合适。并且Hausman内生性检验结果在10%的水平下显著，说明原模型存在内生性问题，应该以GMM结果为准。内生性问题修正后，收益率宽幅RS系数不显著，说明高盈利企业中收益率宽幅对企业创新能力影响较小。

第（4）列为低盈利能力企业中，工具变量法对收益率宽幅与企业创新关系的检验结果。K－P LM秩检验、Stock－Yogo检验以及Hansen－J检验结果显示，HRS、Wage工具变量较合适。但是Hausman内生性检验结果不显著，说明原模型不存在严重的内生性问题。此时，OLS估计和IV估计均是一致估计，但OLS估计更有效（王美今、林建浩，2012）。因此，应该以第（3）列中固定效应检验结果为准检验收益率宽幅对企业创新能力的关系。如第（3）列所示，低盈利能力企业中，收益率宽幅RS系数在10%水平下显著为负，说明低盈利能力企业中，收益率宽幅显著抑制了企业

创新能力。并且，收益率宽幅每增加1个百分点，企业创新能力将下降0.05个百分点。再次验证了主营业务盈利能力可以有效调节收益率宽幅对企业创新的抑制效应，H6成立。

表4-16　不同盈利能力企业收益率宽幅影响企业创新的内生性检验结果

变量	Profit（H）		Profit（L）	
	$Innovation_{i,t+1}$	$Innovation_{i,t+1}$	$Innovation_{i,t+1}$	$Innovation_{i,t+1}$
$RS_{i,t}$	-0.084 (0.066)	-2.530 (2.651)	-0.050* (0.029)	-0.383 (0.656)
Lasset	-0.531*** (0.117)	-0.812*** (0.096)	-0.807*** (0.152)	-0.480*** (0.073)
KZ	-3.457*** (1.091)	-4.445*** (0.958)	-1.579* (0.865)	-0.096 (1.438)
Age	0.168*** (0.027)	0.202*** (0.018)	0.231*** (0.028)	0.052*** (0.015)
TAN	-0.686*** (0.244)	-1.225*** (0.211)	-1.207*** (0.270)	-0.711*** (0.198)
Growth	-0.232*** (0.046)	-0.557*** (0.090)	-0.185** (0.073)	-0.354*** (0.056)
ROA	-0.096 (0.632)	1.167** (0.456)	1.822** (0.910)	-0.164 (0.276)
Constant	22.647*** (4.553)		25.587*** (4.474)	
Year/Ind	Yes	No	Yes	No
Observations	2756	2756	3138	3138
R-squared	0.130	0.143	0.110	0.053
F	9.16***	43.43***	7.16***	22.23***
K-P LM检验		419.906***		113.277***

续表

变量	Profit（H）		Profit（L）	
	$Innovation_{i,t+1}$	$Innovation_{i,t+1}$	$Innovation_{i,t+1}$	$Innovation_{i,t+1}$
Stock－Yogo 检验：				
CDW F 值		181.106		39.327
5%最大相对偏差临界值		13.91		13.91
Hansen－J 检验		3.017		0.295
Hausman 内生性检验		4.945*		0.358
工具变量 IV		HRS、Wage		HRS、Wage

资料来源：根据 STATA 检验结果，作者手工整理所得。

表 4－17 显示了针对不同股权性质企业，收益率宽幅对企业创新影响的工具变量检验结果。第（1）列、第（2）列分别为国有企业中，固定效应模型和工具变量法收益率宽幅对企业创新的影响。第（3）列、第（4）列为非国有企业中，固定效应模型和工具变量法下收益率宽幅对企业创新的影响。修正内生性问题后，发现国有企业中收益率宽幅 RS 系数在 10%的水平下显著为负，说明收益率宽幅显著抑制了企业创新；非国有企业中收益率宽幅 RS 系数不显著，说明非国有企业中收益率宽幅对企业创新的影响较小。再次验证了股权性质差异可以有效调节收益率宽幅对企业创新的抑制效应，H7 成立。

表 4－17　　不同股权性质下收益率宽幅影响企业创新的内生性检验结果

变量	Equity（1）		Equity（0）	
	$Innovation_{i,t+1}$	$Innovation_{i,t+1}$	$Innovation_{i,t+1}$	$Innovation_{i,t+1}$
$RS_{i,t}$	－0.061*** （0.023）	－1.020* （0.550）	－0.084 （0.070）	－0.435 （0.752）

续表

变量	Equity（1）		Equity（0）	
	$Innovation_{i,t+1}$	$Innovation_{i,t+1}$	$Innovation_{i,t+1}$	$Innovation_{i,t+1}$
Lasset	-0.618*** (0.184)	-0.688*** (0.122)	-0.691*** (0.096)	-0.563*** (0.058)
KZ	-1.637 (1.170)	-2.112 (1.653)	-3.746*** (0.867)	-3.555*** (0.856)
Age	0.181*** (0.035)	0.100*** (0.020)	0.176*** (0.023)	0.114*** (0.013)
TAN	-1.397*** (0.391)	-1.728*** (0.296)	-0.549*** (0.201)	-0.357** (0.154)
Growth	-0.251** (0.116)	-0.190** (0.083)	-0.218*** (0.038)	-0.391*** (0.048)
ROA	0.976* (0.519)	0.464 (0.468)	0.523 (0.421)	0.483** (0.238)
Constant	20.960*** (5.746)		29.332*** (3.490)	
Year/Ind	Yes	No	Yes	No
Observations	3930	3930	1964	1964
R-squared	0.134	0.030	0.118	0.079
F	7.00***	15.18***	11.11***	45.48***
K-P LM 检验		91.956***		104.176***
Stock-Yogo 检验：				
CDW F 值		32.394		35.659
5%最大相对偏差临界		13.91		13.91
Hansen-J 检验		3.664		2.743
Hausman 内生性检验		3.661*		5.018*
工具变量 IV		HRS、Wage		HRS、Wage

资料来源：根据 STATA 检验结果，作者手工整理所得。

表4－18显示了针对是否认定为高新技术企业，收益率宽幅对企业创新影响的工具变量检验结果。第（1）列、第（2）列分别为高新技术企业中，固定效应模型和工具变量法收益率宽幅对企业创新的影响。第（3）列、第（4）列为非高新技术企业中，固定效应模型和工具变量法下，收益率宽幅对企业创新的影响。修正内生性问题后，发现高新技术企业中收益率宽幅RS系数不显著，说明收益率宽幅对企业创新能力的影响较小；非高新技术企业中收益率宽幅RS系数在10%水平下显著为负，说明收益率宽幅显著抑制了企业创新。再次验证了高新技术企业资质认定可以有效调节收益率宽幅对企业创新的抑制效应，H8成立。

表4－18　是否高新技术企业下收益率宽幅影响企业创新的内生性检验结果

变量	Tech（1）		Tech（0）	
	$Innovation_{i,t+1}$	$Innovation_{i,t+1}$	$Innovation_{i,t+1}$	$Innovation_{i,t+1}$
$RS_{i,t}$	−0.032 (0.045)	−151.553 (160.867)	−0.053*** (0.015)	−25.238* (13.125)
Lasset	−0.588*** (0.085)	0.148 (0.548)	−0.977*** (0.209)	−0.064 (0.131)
KZ	−2.996*** (0.742)	−13.607 (20.019)	−3.239* (1.878)	−2.346 (5.499)
Age	0.166*** (0.019)	−0.050 (0.079)	0.374*** (0.111)	−0.002 (0.024)
TAN	−0.702*** (0.204)	−1.888 (2.771)	−1.087*** (0.313)	−2.453*** (0.902)
Growth	−0.177*** (0.044)	−0.097 (0.743)	−0.393*** (0.100)	−0.728** (0.354)
ROA	0.783*** (0.294)	1.357 (3.684)	0.397 (1.184)	8.842*** (2.513)

续表

变量	Tech (1)		Tech (0)	
	$Innovation_{i,t+1}$	$Innovation_{i,t+1}$	$Innovation_{i,t+1}$	$Innovation_{i,t+1}$
Constant	31.760 *** (7.633)		25.779 *** (3.065)	
Year/Ind	Yes	No	Yes	No
Observations	3902	3902	1992	1992
R - squared	0.157	0.158	0.104	0.052
F	6.77 ***	26.70 ***	8.37 ***	26.20 ***
K - P LM 检验		193.666 ***		108.205 ***
Stock - Yogo 检验：				
CDW F 值		79.735		37.247
5% 最大相对偏差临界		13.91		13.91
Hansen - J 检验		0.906		0.318
Hausman 内生性检验		0.852		8.725 **
工具变量 IV		HRS、Wage		HRS、Wage

资料来源：根据 STATA 检验结果，作者手工整理所得。

4.4.2　Heckman 两阶段模型对内生性的检验

Heckman 两阶段模型主要是用来修正由于自选择偏差和样本选择偏差造成的内生性问题（Heckman，1990）。该检验方法一般分为两阶段：第一阶段为概率模型，用以估计存在自选择偏差变量发生的可能性，并从中得到逆米尔斯比率（Inverse Mills Ratios）加入第二阶段模型中，用以修正自选择偏差。在前面一节建立的模型中，以当年发生 R&D 投入以及公布专利数据的企业为样本，检验收益率宽幅对企业创新的影响。忽略了当年未发生创新投入和未公布专利数据的上市公司。因此，前一节建立的模型存在样本选择偏差。

（1）模型设定

第一阶段需要计算企业发生 R&D 投入的概率，以得到各样本的 *IMR*1 值。针对所有上市实体企业，包括发生 R&D 投入以及未发生的所有企业，估计企业发生 R&D 投入的影响因素，并据此建立 probit 模型［如公式（4－4）所示］。同样，需要计算企业出现创新产出的概率，以得到各样本的 *IMR*2 值。针对所有上市实体企业，包括公布专利数据以及未公布的所有企业，估计企业是否存在专利产出的影响因素，并据此建立 probit 公式（4－5）。

$$Enter1_{i,t} = \beta_0 + \beta_1 Lasset + \beta_2 KZ + \beta_3 Age + \beta_4 TAN + \beta_5 Growth + \beta_6 ROA + \varepsilon \tag{4-4}$$

$$Enter2_{i,t+1} = \beta_0 + \beta_1 Enter1_{i,t} + \beta_2 Lasset + \beta_3 KZ_{i,t} + \beta_4 Age + \beta_5 TAN + \beta_6 Growth + \beta_7 ROA + \varepsilon \tag{4-5}$$

*Enter*1 代表企业当年是否发生 R&D 投入的虚拟变量，若企业当年发生了 R&D 投入，则 *Enter*1 取 1；反之，则 *Enter*1 取 0。*Enter*2代表企业当年是否存在专利申请的虚拟变量，若企业当年专利申请数量大于 0，则 *Enter*2 取 1；反之，则 *Enter*2 取 0。在考虑 *Enter*2 的影响因素时，上一期是否发生创新投入也会影响企业的创新产出，因此，加入了 *Enter*1 滞后一期的数据。其他控制变量含义与前文一致。

分别根据公式（4－4）和公式（4－5）的检验结果，得到逆米尔斯比率 *IMR*1 和 *IMR*2。*IMR*1 代表企业发生 R&D 投入的概率，*IMR*2 代表企业产生创新专利产出的概率。将 *IMR*1 和 *IMR*2 共同代入检验收益率宽幅与企业创新能力关系的模型中，得到公式（4－6）。被解释变量 Innovation、解释变量 *RS* 以及控制变量选取与前两节一致。

$$Innovation_{i,t+1} = \beta_0 + \beta_1 IMR_1 + \beta_2 IMR_2 + \beta_3 RS_{i,t} + \beta_4 X + \beta_5 RS_{i,t} \times X + ctrls + \varepsilon \tag{4-6}$$

（2）实证检验结果

表 4－19 显示了收益率宽幅对企业创新能力影响的 Heckman

检验结果。第（1）列、第（2）列为 Heckman 检验第一阶段 Probit 模型的检验结果。根据模型回归结果得到各样本的 IMR 值，代入模型（4-9）中，得到 Heckman 检验第二阶段模型的检验结果。第（3）列、第（4）列分别为固定效应模型以及 Heckman 二阶段模型，收益率宽幅影响企业创新的回归结果。如第（4）列所示，*IMR*1 系数在 5% 的水平下显著，*IMR*2 系数在 10% 的水平下显著，说明原模型存在较严重的样本选择偏差。第（4）列为对偏差进行修正后的结果。此时，收益率宽幅 RS 的系数在 10% 的水平下显著为负，再次验证收益率宽幅显著抑制了企业创新。

表 4-19 收益率宽幅对企业创新能力影响的 Heckman 检验结果

VARIABLES	一阶段		fe	Heckman
	$Enter1_{i,t+1}$	$Enter2_{i,t+1}$	$Innovation_{i,t+1}$	$Innovation_{i,t+1}$
$RS_{i,t}$			-0.074* (0.039)	-0.066* (0.038)
IMR1				-8.063** (3.233)
IMR2				-0.328* (0.192)
$Enter1_{i,t}$		0.645*** (0.019)		
SIZE	0.047*** (0.007)	0.090*** (0.008)	-0.782*** (0.097)	-0.827*** (0.099)
KZ	1.525*** (0.242)	-0.239* (0.143)	-3.446*** (0.771)	-5.039*** (1.052)
Age	-0.023*** (0.001)	-0.049*** (0.002)	0.201*** (0.021)	0.227*** (0.023)
TAN	1.078*** (0.040)	0.402*** (0.046)	-0.745*** (0.187)	-2.264*** (0.644)

续表

VARIABLES	一阶段		fe	Heckman
	$Enter1_{i,t+1}$	$Enter2_{i,t+1}$	$Innovation_{i,t+1}$	$Innovation_{i,t+1}$
Growth	-0.013 *** (0.002)	0.118 *** (0.023)	-0.216 *** (0.040)	-0.201 *** (0.041)
ROA	0.008 (0.009)	0.226 *** (0.057)	0.822 ** (0.336)	0.815 ** (0.335)
Constant	-6.345 *** (0.886)	-0.535 (0.539)	30.758 *** (3.245)	41.524 *** (5.685)
Observations	5894	5894	5894	5894
R^2_a	0.039	0.094	0.106	0.108
F	16.375 ***	16.271 ***	18.874 ***	18.961 ***
Log likelihood	-15839.427	-12323.471		
LR chi2	1286.88 ***	2540.94 ***		

资料来源：根据 STATA 检验结果，作者手工整理所得。

表 4-20 显示了主业盈利能力、股权性质以及高新技术企业资质认定影响收益率宽幅与企业创新能力之间关系的 Heckman 检验结果。

表 4-20　不同类型企业调节结果的 Heckman 检验结果

VARIABLES	盈利能力调节 $Innovation_{i,t+1}$	股权性质调节 $Innovation_{i,t+1}$	资质认定调节 $Innovation_{i,t+1}$
IMR1	-8.516 *** (3.223)	-7.977 ** (3.224)	-8.012 *** (1.659)
IMR2	-0.295 ** (0.132)	-0.328 * (0.192)	-0.308 * (0.177)
$RS_{i,t}$	-0.060 ** (0.029)	-0.057 ** (0.027)	-0.049 *** (0.014)

续表

VARIABLES	盈利能力调节 $Innovation_{i,t+1}$	股权性质调节 $Innovation_{i,t+1}$	资质认定调节 $Innovation_{i,t+1}$
Profit	0. 218 *** (0. 043)		
Profit × $RS_{i,t}$	0. 026 ** (0. 008)		
Equity		-0. 150 (0. 145)	
Equity × $RS_{i,t}$		-0. 018 * (0. 010)	
Tech			0. 092 *** (0. 026)
Teck × $RS_{i,t}$			0. 036 ** (0. 018)
Lasset	-0. 808 *** (0. 100)	-0. 826 *** (0. 099)	-0. 826 *** (0. 036)
KZ	-5. 016 *** (1. 040)	-5. 045 *** (1. 049)	-5. 009 *** (0. 592)
Age	0. 227 *** (0. 023)	0. 227 *** (0. 023)	0. 227 *** (0. 012)
TAN	-2. 396 *** (0. 643)	-2. 248 *** (0. 643)	-2. 247 *** (0. 326)
Growth	-0. 193 *** -0. 808 ***	-0. 202 *** (0. 041)	-0. 204 *** (0. 023)
ROA		0. 812 ** (0. 335)	0. 823 *** (0. 210)

续表

VARIABLES	盈利能力调节 $Innovation_{i,t+1}$	股权性质调节 $Innovation_{i,t+1}$	资质认定调节 $Innovation_{i,t+1}$
Constant	41.251*** (5.663)	41.537*** (5.669)	41.380*** (2.940)
Year/Ind	Yes	Yes	Yes
Observations	5894	5894	5894
R^2_a	0.116	0.108	0.114
F	23.593***	17.732***	18.66***

资料来源：根据 STATA 检验结果，作者手工整理所得。

第（1）列为在异方差稳健、控制行业和年度固定效应下，主业盈利能力调节作用的检验结果。*IMR*1、*IMR*2 系数分别在 1% 和 5% 的水平下显著，说明原模型存在较严重的样本选择偏差。对偏差进行修正后，收益率宽幅 RS 的系数在 5% 的水平下显著为负，主业盈利能力 Profit 以及二者的交叉项（Profit × RS）分别在 1% 和 5% 的水平下显著为正，说明主业盈利能力能够有效缓解收益率宽幅对企业创新的抑制。

第（2）列为在异方差稳健、控制行业和年度固定效应下，产权性质调节作用的检验结果。*IMR*1、*IMR*2 系数分别在 5% 和 10% 的水平下显著，说明原模型存在较严重的样本选择偏差。对偏差进行修正后，产权性质 Equity 和收益率宽幅 RS 的交叉项（Equity × RS）在 10% 的水平下显著为负，说明国有企业中收益率宽幅对企业创新能力的抑制效应更严重。

第（3）列为在异方差稳健、控制行业和年度固定效应下，高新技术企业资质认定调节作用的检验结果。*IMR*1、*IMR*2 系数分别在 1% 和 10% 的水平下显著，说明原模型存在较严重的样本选择偏差。对偏差进行修正后，收益率宽幅 RS 的系数在 1% 的水平下显著为负，是否高新技术企业 Tech 以及二者的交叉项（Teck × RS）

分别在1%和5%的水平下显著为正，说明非高新技术企业中收益率宽幅对企业创新能力的抑制效应更严重。高新技术企业认定能够有效减少收益率宽幅对企业创新的抑制。

4.4.3 研究结论

由于前两节建立的模型中，可能遗漏其他控制变量；并且企业创新能力的变化会影响企业主营业务利润率，进而影响企业经营资产收益率和收益率宽幅的大小，因此，本节采用工具变量法进行内生性验证。通过一系列检验后，选取样本企业所在省房地产投资收益率与企业所在行业主营业务利润率的差额HRS以及所在省份金融行业与制造行业从业人员平均工资的差额Wage两个变量作为工具变量，运用面板GMM方法对前两节的模型重新进行验证。收益率宽幅会显著抑制企业创新；主业盈利能力、产权性质以及高新技术企业资质认定可以有效调节收益率宽幅与企业创新之间的关系。

由于前两节建立的模型中，仅考虑了发生R&D投入以及公布专利数据的企业作为衡量收益率宽幅对企业创新影响的样本，可能存在样本自选择偏差，引起内生性问题。因此，本节采用Heckman两阶段模型对样本选择偏差进行修正。修正后的检验结果与上节结论基本一致。

4.5 本章小结

本章验证了收益率宽幅对实体企业创新的抑制效果。首先，分别构建了PVAR模型以及多元回归模型，以检验收益率宽幅对企业创新预期收益的影响以及收益率宽幅对企业创新的影响。其次，报告了PVAR模型的检验结果。验证了收益率宽幅降低了实体企业对创新活动未来收益的预期，同时导致企业对金融投资预期收益提高。H1 成立。再次，汇报了多元回归模型的检验结果。验证了收益率宽幅对实体企业创新存在显著的抑制效应，H2 成立。但是在主营业务盈利能力较高的企业、非国有企业以及高新技术企业中，该抑制效应不显著。说明企业异质性可以有效调节收益率宽幅对企业创新的影响，初步验证了 H6 ~ H8 成立。最后，为了保证检验结果的准确性，本书采用 IV – GMM 工具变量法以及 Heckman 两阶段法对抑制效应进行了内生性检验。验证结果与上述结论基本一致。

收益率宽幅抑制实体企业创新的影响路径分析

通过理论分析以及实证检验，验证了投资性房地产等金融资产高收益率与经营资产低收益率之间持续拉大的收益率宽幅现象，对企业创新存在明显的抑制效应，解决了“是否影响”的问题。那么，“收益率宽幅是怎样影响企业创新的?”。第 2 章 2.2 针对该问题进行了理论分析，提出收益率宽幅从投资行为和筹资来源两条路径影响企业创新。认为收益率宽幅通过“收益率宽幅——企业投资行为金融化——创新”以及“收益率宽幅——融资约束——创新”两条中介路径影响实体企业创新，并提出了相应假设。本章对相关假设进行验证，探讨收益率宽幅对企业创新产生抑制效应的传递路径和影响机制。

5.1　影响路径模型的构建

首先构建了中介效应模型，结合 Sobel 检验以及 Bootstrap 检验，判断收益率宽幅影响企业创新的两条中介路径是否存在，并对 H3 和 H4 进行验证。由于两条中介路径可能存在从两个不同方向影响企业创新的情况，需要进一步构建结构方程模型比较两条中介路径对企业创新的影响程度，并检验 H5a 和 H5b 两个假设中，哪个假设成立。

5.1.1 中介模型的构建

为了检验收益率宽幅对创新的传导机制，借鉴温忠麟等（2014）提出的中介效应分析方法，以检验“收益率宽幅——投资行为金融化——创新”中介路径以及“收益率宽幅——融资约束——创新”中介路径是否存在。

（1）模型构建

中介效应的具体检验程序如下：检验收益率宽幅对创新的影响，观察公式（5-1）中回归系数 β_1；检验收益率宽幅对中介变量的影响，观察公式（5-2）中的回归系数 α_1；同时检查收益率宽幅、中介变量对创新的影响，观察公式（5-3）中的回归系数 φ_1、φ_2。中介效应应满足以下条件：①β_1 在统计上显著；②α_1、φ_2 均显著，则中介效应显著。此时，若 φ_2 不显著，则为完全中介效应；若 φ_2 显著，且 $\alpha_1 \times \varphi_2$ 和 β_1 同符号，则属于部分中介效应。此时，收益率宽幅会通过中介变量而抑制企业创新；若 φ_2 显著，且 $\alpha_1 \times \varphi_2$ 和 β_1 异号，则属于遮掩效应。此时，收益率宽幅会通过中介变量而促进企业创新；③若 α1、φ2 至少有一个不显著，则需要进行 Sobel 检验或者 Bootstrap 检验判断是否存在中介效应。

$$Innovation_{i,t+1} = \beta_0 + \beta_1 RS_{i,t} + ctrls + Ind_y + Year_t + \varepsilon_{i,t} \tag{5-1}$$

$$X_{i,t+1} = \alpha_0 + \alpha_1 RS_{i,t} + ctrls + Ind_y + Year_t + \varepsilon_{i,t} \tag{5-2}$$

$$Innovation_{i,t+1} = \varphi_0 + \varphi_1 RS_{i,t} + \varphi_2 X_{i,t+1} + ctrls + Ind_y + Year_t + \varepsilon_{i,t} \tag{5-3}$$

模型中主要被解释变量 *Innovation*、解释变量 *RS* 含义以及控制变量的选取与上文一致。中介变量 *X* 包括投资行为金融化 *FIN* 以及融资约束 *KZ* 两个中介变量。

（2）变量选取

投资行为金融化 *FIN* 以企业金融化程度衡量，以反映企业投资行为的变化。借鉴宋军等（2015）、杜勇等（2017）的研究成果，金融化程度指标（*FIN*）以企业金融资产占总资产比重衡量。其中，金融资产包括交易性金融资产、衍生金融资产、发放贷款及垫款净额、可供出售金融资产、持有至到期投资净额、投资性房地产6项（见表5－1）。

表5－1　变量定义

变量名称	变量符号	计算方法
被解释变量	Innovation	创新能力指数，采用因子分析法核算得出
解释变量	RS	收益率宽幅，投资性房地产等金融资产收益率与经营资产收益率的差额
中介变量	FIN	金融资产占总资产比重
	KZ	企业面临的融资约束，依据 Kaplan et al.（1997）提出的方法构建
控制变量	Lasset	企业规模，期末总资产的对数
	TAN	流动资产占总资产比重
	ROA	资产收益率，衡量企业盈利能力
	Age	企业年龄
	Growth	总资产增长率

资料来源：作者手工整理所得。

中介变量 *KZ* 反映企业的融资约束程度。借鉴 Kaplan et al.（1997）的研究方法，采用经营性净现金流/上期总资产（*X*1）、现金股利/上期总资产（*X*2）、现金持有/上期总资产（*X*3）、资产负债率（*X*4）和 Tobin's Q（*X*5）5个指标，构建 *KZ* 指数。首先，分别基于上述五个指标对样本企业进行分组，并建立虚拟变量 $kz1 \sim kz5$。若某样本企业 j 的指标 X_i 低于同时期所有样本该指标的中位数，则 kz_{ij} 取1，否则 kz_{ij} 取0。其中：i 的取值范围为1～5；其次，计算各样本企业的 *KZ* 指数。其中，$KZ_j = kz_{1j} + kz_{2j} + kz_{3j} + kz_{4j} + kz_{5j}$；最后，采用排序逻辑回归方法，将 *KZ* 指数作为因变量对 *X*1 ~ *X*5 五个指标进行回归，估计出各变量的回归系数，重新建立 *KZ* 指数模型，并计算各样本的 *KZ* 值，以衡量样本企业的融资约束程度。*KZ* 越大，说明企业融资约束程度越高。

（3）描述性统计

仍然采用上一章选定的5894 家 A 股上市实体企业作为研究样本，分析样本数据特征。对主要变量的描述性统计结果发现，收益率宽幅的平均值为 5.34%，说明投资性房地产等金融资产收益率平均高于经营资产 5.34 个百分点。金融化程度（FIN）的平均值为 2.07%，中位数为 0.12%，说明至少一半以上的企业持有投资性房地产等金融资产。企业创新能力指数 Innovation 的平均值为 18.792（见表 5 -2）。

表 5 -2　　描述性统计表

变量	样本量	平均值	中位数	标准差	最小值	最大值
RS（%）	5894	5.291	0.029	21.908	-1.465	168.63
Innovation	5894	18.792	9.525	30.688	-1.004	66.563
FIN（%）	5894	2.069	0.119	5.035	0	25.917
KZ	5894	3.475	3.477	0.028	2.934	3.749

资料来源：CSMAR 数据库。

5.1.2　结构方程模型的构建

当"收益率宽幅——投资行为金融化——创新"中介路径以及"收益率宽幅——融资约束——创新"中介路径对企业创新的影响方向相反时，需要构建收益率宽幅对企业创新影响的结构方程模型。以比较两条路径的影响程度，并明确收益率宽幅对企业创新的最终影响方向。

（1）模型构建

线性回归分析只能分析一个自变量与多个因变量之间的相互关系，无法比较投资行为金融化和融资约束两条中介路径之间的重要程度。而结构方程由于可以解释多个自变量和因变量之间的关系，能够解决上述问题。因此，构建结构方程模型对收益率宽幅、企业投资行为、融资约束与创新之间的关系进行判断。

基于研究目的，本书设定了收益率宽幅 Return Spread、企业投资行为 Invest、融资约束 KZ 对创新能力影响的模型构架。如图 5－1 所示。由于第 3 章构建的实体企业创新指数中包含创新投入和创新产出两个因子，从两个不同方面反映企业的创新动力和能力。因此，本节也设置了实体企业创新投入 Input 和实体企业创新产出 Output 两个潜变量，反映实体企业创新水平。构建本模型旨在比较"收益率宽幅 Return Spread——投资行为金融化 Invest——创新投入 Input/创新产出 Output"路径以及"收益率宽幅 Return Spread——融资约束 KZ——创新投入 Input/创新产出 Output"路径对企业创新的影响程度。

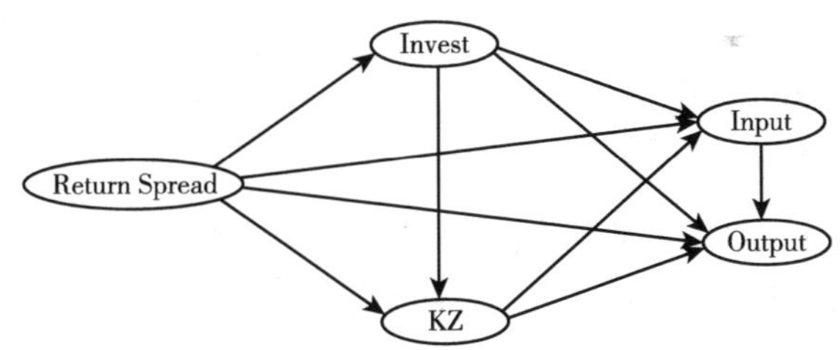

图 5－1　研究架构图

资料来源：作者手工整理所得。

（2）研究思路

首先，验证结构方程模型中各中介路径是否存在，并得到每条路径的路径系数，以反映各条路径对创新的影响程度。对模型中介路径进行检验时，采用了 Baron et al.（1986）提出的三步法、

Sobel检验以及 Bootstrap 检验三种方法。

按照 Baron et al.（1986）提出的三步法，依据两变量之间$X \rightarrow M$以及$M \rightarrow Y$两条路径的显著性，验证$X \rightarrow M \rightarrow Y$中介效应是否存在；Sobel（1990）认为 Baron 的三步法具有一定的片面性，还需要进行进一步检验$X \rightarrow M$以及$M \rightarrow Y$两条路径系数乘积是否显著，从而，提出 Sobel 检验（Soble，1982）；Hayes（2009）进一步提出 Sobel 检验也存在缺陷，Sobel 检验中$X \rightarrow M$以及$M \rightarrow Y$两条路径系数的乘积不符合正态分布，导致 Sobel Z 值不准确。而 Bootstrap 中介检验（Russell et al.，2008；Preacher & Hayes，2004）可以很好地解决这个问题。因此，本书采用 Baron 的三步法、Sobel 检验和 Bootstrap 检验三种方法进行中介路径检验。

最后，由于存在收益率宽幅 Return Spread——投资行为金融化 Invest——融资约束 KZ——创新投入 Input/创新产出 Output 等远程路径，投资行为金融化会对融资约束产生影响，无法直接得出两个中介变量对创新的影响程度。还需要根据 Bootstrap 检验中各中介路径点估计值占总中介效果的比重，得出两个中介变量对创新的影响程度。以比较投资行为路径对创新的挤出效应和融资约束路径对创新的促进效应的影响程度大小，并判断收益率宽幅整体对创新的影响。

（3）观测变量定义

①收益率宽幅的度量指标。与第 4 章相同，收益率宽幅 RS（Return Spread）是实体企业投资性房地产等金融资产收益率与经营资产收益率的差额。

②企业创新投入潜变量的度量指标。与第 3 章构建实体企业创新指数采用相同的企业创新投入指标，具体包括企业 R&D 投入强度（Input1）、研发人员占全部职工的比例（Input2）、资本化率（Input3）以及无形资产占总资产比重（Input4）四个衡量指标。

③企业创新产出潜变量的度量指标。与第 3 章构建实体企业创新指数采用相同的企业创新产出指标，包括专利授权数量对数

(Output1)、发明专利申请量占专利总申请量的比重（Output2)、专利授权数量占专利申请数量的比重（Output3）以及每百人研发人员专利拥有量（Output4）四个指标。

④企业投资行为潜变量的度量指标。投资性房地产等金融资产高收益率与经营资产低收益率之间的收益率宽幅现象，导致企业创新活动的预期收益低于金融资产收益率，吸引企业投资行为发生变化，将大量资源配置于金融资产。因此，本书用企业投资于金融资产的资源变化情况来说明企业投资行为的变化，并分别从金融化程度以及金融化增长速度两个方面研究企业投资行为。

金融化程度方面，采用金融资产占总资产比重（INV1）以及金融资产收益率占总利润的比重（INV2）两个指标衡量。两个指标越大，说明企业持有的金融资产越多，企业金融化程度越高；金融化增长速度方面，采用金融资产增长率（INV3）以及金融资产收益率增长率（INV4）两个指标衡量。两个指标越大，说明金融资产持有量增加更迅速，金融资产对企业更加重要，企业金融化程度更严重。

⑤企业融资约束潜变量的度量指标。借鉴 Kaplanet al.（1997）构建 KZ 指数的方法，以经营性净现金流/上期总资产、现金股利/上期总资产、现金持有量/上期总资产、资产负债率和 Tobin's Q 五个指标为基准衡量企业面临的融资约束程度。因此，在构建企业融资约束潜变量时，以上述五个指标为基础建立了五个具体度量指标。

以样本企业经营性净现金流/上期总资产数值，得到指标 KZ1；以样本企业现金股利/上期总资产数值，得到指标 KZ2；以样本企业现金持有量/上期总资产数值，得到指标 KZ3；以样本企业资产负债率得到指标 KZ4；以样本企业 Tobin's Q 数值，得到指标 KZ5。KZ1 ~ KZ5 五个指标均能反映企业资金充裕程度。指标值越大，说明该样本企业能够筹措到的资金越多，融资约束程度越小。

（4）研究样本及描述性分析

由于结构方程更适用于截面数据，因此，本书选取 2018 年的上市实体企业为样本，剔除没有发生或者没有公布 R&D 投入和专利申请数据的公司；剔除没有持有投资性房地产等金融资产的企业；剔除没有公布研发人员数据、没有公布企业资本化率情况的样本；剔除没有公布专利数量以及专利类别以及其他数据不全面的样本；并剔除异常值后，得到 487 个样本进行结构方程的验证。结构方程最佳样本量在 200 ~ 500，数据量过大和过小均影响结果的准确性（Loehlin，1992；Hair et al.，2013）；并且样本量应该为观测变量的 10 倍以上。模型共选取 19 个观测变量，487 个样本量满足观测变量个数 10 倍以上的条件。因此，选取的样本量符合结构方程的样本要求（见表 5 -3）。

表 5 -3　各变量描述性分析表

变量	指标编号	平均数	标准差	偏斜度	峰度
收益率宽幅（RS）	RS1	5.637	0.036	1.241	0.535
投资行为（Invest）	INV1	4.082	0.954	0.491	-1.288
	INV2	0.208	1.627	0.149	-0.215
	INV3	12.101	7.583	-0.840	-1.035
	INV4	2.269	3.999	1.412	5.958
融资约束（KZ）	KZ1	4.135	1.078	0.143	-0.558
	KZ2	3.509	1.264	-0.474	-0.403
	KZ3	1.097	0.549	1.612	2.984
	KZ4	12.478	7.794	1.083	0.978
	KZ5	1.999	1.507	0.600	-0.888
创新投入（Input）	Input1	3.285	3.846	0.256	-0.377
	Input2	18.004	14.478	-0.041	-1.159
	Input3	9.128	8.207	0.582	-0.736
	Input4	1.955	2.762	1.407	-4.000
创新产出（Output）	Output1	14.600	13.189	0.051	-1.126
	Output2	46.756	8.844	-0.110	-1.055
	Output3	62.528	7.791	0.558	-0.794
	Output4	2.986	1.545	0.750	-0.463

资料来源：CSMAR 数据库。

表 5－3 显示了各观测变量的分布特征。借鉴 Kline（2005）的研究成果，偏斜度（skew）绝对值小于 2、峰度（kurtosis）绝对值小于 7 时，单变量正态分布。可以看出，所有变量指标样本数据较为平稳。样本检验结果显示，每个变量偏斜度绝对值均小于 2，峰度绝对值均小于 7，可以判断出各单变量样本数据符合正态分布。

（5）探索性因子分析

在构建结构方程模型之间，需要通过探索性因子分析验证所选取的观测变量是否能够衡量和反映各潜变量。采用 AMOS 软件测量各潜变量的单因子模型，根据各观测变量标准化载荷系数以及模型配适度验证选取的指标是否合适。检验结果如表 5－4 所示。

表 5－4　　　各潜变量探索性因子分析结果

潜变量	观测变量	标准化载荷	S. E.	C. R.	P
创新投入 Input	Input 1	0. 857			
	Input 2	0. 908	0. 223	26. 909	***
	Input 3	0. 776	0. 039	21. 444	***
	Input 4	0. 906	0. 432	28. 568	***
创新产出 Output	Output 1	0. 821			
	Output 2	0. 890	0. 037	29. 969	***
	Output 3	0. 867	0. 034	29. 213	***
	Output 4	0. 858	0. 038	26. 277	***
投资行为 Invest	INV1	0. 888			
	INV2	0. 786	0. 008	19. 476	***
	INV3	0. 798	0. 037	19. 826	***
	INV4	0. 540	0. 022	12. 166	***
融资约束 KZ	KZ1	0. 680			
	KZ2	0. 867	0. 093	15. 987	***
	KZ3	0. 897	0. 040	16. 597	***
	KZ4	0. 311	0. 052	6. 335	***
	KZ5	0. 083	0. 099	1. 717	0. 086

资料来源：根据 AMOS 软件检验结果，作者手工整理所得。

①创新投入潜变量的探索性因子分析。创新投入潜变量 Input 包含的各观测变量的标准化载荷系数值均大于0.7，说明四个观测变量均能很好地解释企业创新投入。因此，采用 Input1 至 Input4 四个指标衡量创新投入。采用 SPSS 软件对单因子测量模型进行 KMO 值和 Bartlett 球形检验，得到 KMO 值为0.791，大于0.7。采用 AMOS 软件对单因子测量模型进行配适度检验，卡方值为3.984，自由度（DF）2，χ^2/DF 值为 1.992。按照温忠麟等（2004）的研究成果，χ^2/DF 值的合理范围区间为1～3，说明模型拟合度较好。近似误差均方根（RMSEA）为0.045，SRMA 为0.053，均达到小于0.08 的合理区间；拟合优度指数（GFI）为0.974，调整后的拟合优度指数（AGFI）为1.009，比较拟合指数（CFI）为0.987，均达到大于0.9 的理想水平。说明创新投入潜变量的单因子模型配适度良好。

②创新产出 Output 潜变量的探索性因子分析。创新产出 Output 潜变量所包含的观测变量的标准化载荷系数值均大于0.7，说明四个观测变量均能很好地解释企业创新产出。采用 SPSS 软件对单因子测量模型进行 KMO 值和 Bartlett 球形检验，得到 KMO 值为0.704，大于0.7。采用 AMOS 软件对单因子测量模型进行配适度检验，卡方值为4.806，自由度（DF）2，χ^2/DF 值为2.043。近似误差均方根（RMSEA）为0.046，SRMA 为0.054，均达到小于0.08 的合理区间；拟合优度指数（GFI）为0.998，调整后的拟合优度指数（AGFI）为1.001，比较拟合指数（CFI）为0.999，均达到大于0.9 的理想水平。说明创新产出潜变量的单因子模型配适度良好。

③投资行为 Invest 潜变量的探索性因子分析。投资行为 Invest 潜变量包含的观测变量 INV4 的标准化载荷系数为0.54，小于0.7 的临界值，说明 INV4 对投资行为的解释程度较低。因此，应该删去 INV4 观测变量，选取 INV1 至 INV3 三个观测变量衡量企业投资行为。剔除 INV4 指标后，由于 AMOS 软件无法测量三变量模型的

配适度，因此，仅采用SPSS软件对单因子测量模型进行KMO值和Bartlett球形检验，得到KMO值为0.726，大于0.7，说明模型配适度较好。

④融资约束KZ潜变量的探索性因子分析。融资约束KZ潜变量包含的观测变量KZ4的标准化载荷系数为0.311、KZ5的标准化载荷系数为0.083，载荷量均较低，说明这两个观测变量对融资约束的解释程度较低。因此，应该删去KZ4、KZ5两个指标，选取KZ1至KZ3三个观测变量衡量企业融资约束程度。采用SPSS软件对单因子测量模型进行KMO值和Bartlett球形检验，得到KMO值为0.671，说明模型配适度可以接受。

（6）信度及效度检验

在构建收益率宽幅对实体企业创新影响的结构方程之前，需要检验数据变量的信度和效度。只有符合要求的样本，才能构建可靠的结构方程模型。

①信度检验。信度表示同一潜变量下各观测变量之间的相关性，主要是用于评价观测变量的可靠性、一致性和稳定性。一般包括个体信度检验和组合信度检验。个体信度用于检测潜变量对观测变量的解释能力，反映某一具体观测变量的可信性，一般以因子载荷量以及题目信度系数（SMC）两个指标衡量。因子载荷量为潜变量到观测变量的标准化回归系数，因子载荷量越大，代表潜变量对观测变量的解释能力越强，指标值应超过0.6，小于0.95，并且达到显著性水平（Bagozzi, et al., 1991）；题目信度是因子载荷量的平方，该数值应大于0.5，最低应大于0.36，说明该观测变量可以有效反映潜变量。组合信度主要包括Cronbach's α系数和组合信度系数（C.R.）两个评价指标，用于评估每一个潜变量所包含所有观测变量是否存在内部一致性。Cronbach's α系数是所有项目折半信度系数的平均值，通常数值在0~1的区间内。一般数值大于0.6时，说明潜变量具有信度。组合信度系数（C.R.）数值大于0.7时，说明潜变量具

有可靠性（Bagozzi et al. , 1988）。检验结果如表 5 -5 所示。

表 5 -5 模型信度检验结果

题目		参数显著性估计				因子载荷量	题目信度 SMC	Cronbach's α 系数	组合信度 C. R.
		Unstd.	S. E.	t - value	P				
RS	RS1	1				0. 894	0. 799		0. 761
投资行为 Invest	INV1	1. 000				0. 894	0. 799	0. 724	0. 838
	INV2	0. 147	0. 008	19. 547	***	0. 766	0. 587		
	INV3	0. 668	0. 039	17. 125	***	0. 720	0. 518		
融资约束 KZ	KZ1	1. 000				0. 644	0. 415	0. 786	0. 761
	KZ2	1. 241	0. 103	12. 032	***	0. 776	0. 602		
	KZ3	0. 692	0. 060	11. 556	***	0. 729	0. 531		
创新投入 Input	Input1	1. 000				0. 615	0. 378	0. 670	0. 845
	Input2	6. 531	0. 505	12. 924	***	0. 753	0. 567		
	Input3	1. 168	0. 084	13. 970	***	0. 810	0. 656		
	Input4	15. 167	1. 102	13. 768	***	0. 848	0. 719		
创新产出 Output	Output1	1. 000				0. 893	0. 797	0. 934	0. 904
	Output2	1. 101	0. 043	25. 597	***	0. 853	0. 728		
	Output3	0. 969	0. 042	23. 293	***	0. 813	0. 661		
	Output4	0. 941	0. 044	21. 500	***	0. 792	0. 627		

资料来源：根据 AMOS 软件检验结果，作者手工整理所得。

如表 5 -5 所示，每个观测变量的因子载荷量均大于 0. 6，小于 0. 95，并且均在 1% 的水平下显著；除 KZ1 的题目信度略低于 0. 5 外，每个观测变量的题目信度（SMC）均大于 0. 5。说明每个观测变量均能很好地解释潜变量，数据具有可信性。

从组合信度角度分析，收益率宽幅 RS 由于只有一个观测变量，无法计算 Cronbach's α 系数。其余四个潜变量的 Cronbach's α 系数分别为 0. 724、0. 786、0. 670、0. 834，均大于 0. 6 的标准值；五个潜变量的组合信度（C. R. ）均大于 0. 7。说明每个潜变量具有较高的可靠性，可信度较高。

②效度分析。效度表示潜变量之间的区分性，包括收敛效度和区别效度两项。收敛效度是指同一潜变量所包含的所有观测变量之间的相关度。一般以 AVE 指标衡量，表示潜变量内部数据的相关系数。该指标越高，说明观测变量表现潜变量性质的能力也越强，指标越有效。AVE 值大于 0.5 时，说明收敛效度较好（Bagozzi et al.，1991）。区别效度是指属于不同潜变量的观测变量之间的相关度，一般以 AVE 算术平方根值衡量。根据 Fornell et al.（1981）的研究成果，如果 AVE 算术平方根大于潜变量之间相关系数绝对值，说明内部相关性要大于外部相关性。此时，潜变量之间存在区别，选取的指标有效。

表 5 -6 第 1 列为 5 个潜变量的收敛效度（AVE），该指标值均大于 0.5，说明 5 个潜变量均具有较好的收敛效度（Fornell et al.，1981）。第 2 列至第 6 列为 5 个潜变量的区别效度矩阵。每列对角线位置为该变量 AVE 指标的平方根，对角线下方的数值为两个不同潜变量之间的相关系数。可以看出，创新投入与投资行为 Invest 的相关系数 -0.732 以及创新投入与创新产出的相关系数 0.727，绝对值略大于创新投入潜变量 AVE 的平方根 0.718，但是属于可接受范围。其他每个潜变量 AVE 平方根均大于所在列下方以及所在行左边数值的绝对值，说明大部分潜变量的内部相关性大于外部相关性，模型区别效度较高。

表 5 -6　　收敛效度及区别效度矩阵

潜变量	AVE	RS	Invest	KZ	Input	Output
RS	0.799	0.894				
Invest	0.580	0.719	0.762			
KZ	0.703	0.454	0.429	0.838		
Input	0.516	-0.625	-0.732	-0.415	0.718	
Output	0.635	-0.622	-0.662	-0.344	0.727	0.797

资料来源：根据 AMOS 软件检验结果，作者手工整理所得。

采用 AMOS 软件对单因子测量模型进行配适度检验，卡方值为91.885，自由度（DF）81，χ^2/DF 值为1.134。近似误差均方根（RMSEA）为0.017，SRMA 为0.023，均达到小于0.08 的合理区间；拟合优度指数（GFI）为0.987，调整后的拟合优度指数（AGFI）为0.975，比较拟合指数（CFI）为0.998，基准拟合指数（NFI）为0.987，增量拟合指数（IFI）为0.998，Tucker - Lewis 系数（TLI）为0.997，均达到大于0.9 的理想水平。说明模型配适度良好。

（7）多重共线性检验

结构模型如果存在多重共线性问题，将导致较大的标准误（Jagpal，1982），使回归系数检定不显著，也可能导致共线的两个潜变量的方差会出现远大于其他潜变量间的估计值，造成模型卡方值上升。因此，需要对模型的共线性进行检验。Grewal et al.（2004）提出，检验模型的多重共线性可以依据各潜变量的相关系数。当两个潜变量的相关系数大于0.8 时，说明模型存在多重共线性。当时潜变量相关性过低，说明两个变量回归显著性可能会不显著。因此，各潜变量之间的相关系数应该在0.3 ~0.8。但是，有些对共线性容忍度较低的学者提出各潜变量之间的相关系数最好在0.3 ~0.7。

表5 -7 显示了各潜变量之间的 Pearson 相关系数。可以看出，创新投入 Input 与投资行为 Invest 的相关系数 -0.732 以及创新投入 Input 与创新产出 Output 的相关系数0.727，稍大于0.7。但是，低于 Grewal et al.（2004）提出的0.8 的临界值。并且，通过理论分析可以看出，投资行为指标是影响企业创新投入的关键变量，并且创新投入也会显著影响企业创新产出。因此，该两个潜变量相关系数略大，比较符合理论假设。企业其他潜变量之间的 Pearson 相关系数均大于0.3，小于0.7。说明模型不存在共线性问题。通过信度、效度以及多重共线性检验，验证了所构建模型的合理性。

表 5-7　各潜变量相关系数表

潜变量	RS	Invest	KZ	Input	Output
RS	1.000				
Invest	0.719	1.000			
KZ	0.454	0.429	1.000		
Input	-0.625	-0.732	-0.415	1.000	
Output	-0.622	-0.662	-0.344	0.727	1.000

资料来源：根据 AMOS 软件检验结果，作者手工整理所得。

5.2　投资行为中介路径的挤出效应分析

如第 2 章 2.2 分析，收益率宽幅现象的出现导致实体企业对创新未来收益的预期下降，而提高了对金融投资收益的预期。两种投资行为预期收益的差异将刺激企业增加金融资产的持有，推动实体企业金融化现象加剧，挤占企业创新资源，抑制企业创新。从而提出 H3。本节对上述假设进行验证。

5.2.1　投资行为中介路径的检验结果

（1）回归结果

表 5-8 报告了控制行业和年度固定效应后，“收益率宽幅——投资行为金融化——创新”中介路径的回归结果。第（1）列为不纳入中介因子的检验结果，收益率宽幅（RS）的回归系数显著为负。第（3）列为纳入中介因子 FIN 的检验结果，收益率宽幅（RS）与金融化（FIN）的系数均显著为负。第（2）列报告的是收益率宽幅（RS）对实体企业金融化（FIN）的影响程度，回归系数不显著。需要通过 Sobel 检验或 Bootstrap 检验验证中介效应的

存在。Sobel 检验结果显示，Z 统计量在 1% 的水平下显著。Bootstrap 检验中，间接效应 Z 值绝对值大于 1.96，95% 的置信区间不包括 0，P 值小于 5% 。Sobel 检验和 Bootstrap 检验结果均说明投资行为金融化中介路径的存在。并且收益率宽幅对企业创新影响的回归系数 β_1 为负，且收益率宽幅对企业金融化影响的回归系数 α_1 与金融化对创新影响的回归系数 φ_2 的乘积也为负。$\alpha_1 \times \varphi_2$ 和 β_1 同符号，说明 H3 成立，金融化对企业创新能力产生抑制效应。收益率宽幅吸引企业将资金大量配置于金融资产，挤占创新投入资金，抑制创新能力。“收益率宽幅——投资行为金融化——抑制创新”的中介路径存在。投资行为金融化对创新的挤出效应在总效应中的占比为 44.23% 。

表 5-8　投资行为中介路径检验结果

变量	(1) $Innovation_{i,t+1}$	(2) $FIN_{i,t+1}$	(3) $Innovation_{i,t+1}$
$RS_{i,t}$	-0.074* (0.039)	0.528 (1.910)	-0.074* (0.039)
$FIN_{i,t+1}$			-0.062* (0.034)
Lasset	-0.780*** (0.097)	-6.121*** (1.930)	-0.788*** (0.097)
KZ	-3.452*** (0.772)	-30.034* (17.070)	-3.491*** (0.772)
Age	0.200*** (0.021)	3.076*** (0.413)	0.204*** (0.021)
TAN	-0.745*** (0.187)	-21.018*** (4.187)	-0.773*** (0.188)
Growth	-0.217*** (0.040)	-1.745*** (0.611)	-0.219*** (0.040)

续表

变量	(1) Innovation$_{i,t+1}$	(2) FIN$_{i,t+1}$	(3) Innovation$_{i,t+1}$
ROA	0. 821 ** (0. 336)	-1. 723 (5. 877)	0. 818 ** (0. 339)
Constant	30. 773 *** (3. 252)	210. 311 *** (71. 051)	31. 049 *** (3. 241)
Year	Yes	Yes	Yes
Ind	Yes	Yes	Yes
Observations	5894	5894	5894
F	13. 452 ***	14. 213 ***	13. 386 ***
R^2 - adj	0. 106	0. 108	0. 106
Sobel 检验:			
Sobel Z			-2. 836 ***
中介效应占比			44. 23%
Bootstrap 检验:			
间接效应			-2. 00 **
直接效应			-1. 61

资料来源：根据 STATA 检验结果，作者手工整理所得。

（2）稳健性检验

本节采用了如下稳健性检验：以金融资产收益占当年总利润的比重衡量企业金融化程度，代替 FIN 指标，重新构建中介效应模型。以上稳健性测试的结果，与本节结论基本一致。

5. 2. 2　投资行为中介路径的内生性检验

考虑到模型仍然可能存在遗漏变量、双向因果以及样本选择偏差等内生性问题，因此，本节仍然采用工具变量法以及 Heckman 两阶段模型对内生性问题进行修正，以检验“收益率宽幅——投资行为金融化——抑制创新”中介路径是否存在。

（1）变量工具法的内生性检验

本节重新选取了样本企业所在省份金融行业经济增加值与制造业经济增加值的差额 Diff1，两个行业经济增加值上涨率的差额 Diff2，以及 Wage 作为工具变量。经过六步检验发现，模型误差项存在异方差情况，应该选择面板 GMM 方法进行验证；通过 K－P 检验、Stock－Yogo 弱工具变量检验以及 Hansen－J 检验方法，验证选取的 Diff1、Diff2 以及 Wage 三个工具变量与内生变量相关，不存在弱相关情况，并且与扰动项不相关。说明选取的工具变量比较合适。

表 5－9 显示了采用面板 GMM 方法，以 Diff1－2、Wage 三个外生变量为工具变量，检验收益率宽幅通过投资行为对企业创新能力影响的工具变量检验结果。

表 5－9　　投资行为中介路径的工具变量检验

变量	(1) $Innovation_{i,t+1}$	(2) $FIN_{i,t+1}$	(3) $Innovation_{i,t+1}$
$RS_{i,t}$	−80.261** (40.201)	1306.507** (656.537)	−83.337* (44.195)
$FIN_{i,t+1}$			−0.021 (0.034)
SIZE	−0.090 (0.175)	2.673 (2.860)	−0.085 (0.184)
KZ	−8.019 (7.633)	−128.446 (124.660)	−8.293 (8.062)
Age	−0.023 (0.030)	0.807* (0.482)	−0.020 (0.030)
TAN	−1.951 (1.236)	−61.200*** (20.190)	−2.138 (1.384)

续表

变量	(1) $Innovation_{i,t+1}$	(2) $FIN_{i,t+1}$	(3) $Innovation_{i,t+1}$
Growth	-0.361 (0.404)	-8.130 (6.605)	-0.388 (0.423)
ROA	3.540* (2.043)	19.859 (33.370)	3.607* (2.123)
Observations	5894	5894	5894
F	23.70***	29.84***	32.32***
R^2_a	0.140	0.108	0.210
K-P LM 检验	99.630***	103.111***	98.54***
Stock-Yogo 检验:			
CDW F 值	41.82	29.55	81.42
5%最大相对偏差临界值	19.93	19.93	19.93
Hansen-J 检验	0.942	1.496	5.651
Hausman 内生性检验	4.541**	9.734***	1.386
工具变量 IV	Diff1、Diff2、Wage		
Sobel 检验:			
Sobel Z			-2.352**
中介效应占比			32.92%
Bootstrap 检验:			
间接效应			-1.94*
直接效应			-14.97***

资料来源：根据 STATA 检验结果，作者手工整理所得。

表5-9第（1）列为不包括中介变量 FIN 的检验结果。K-P LM 秩检验、Stock-Yogo 检验以及 Hansen-J 检验结果显示 Diff1-2、Wage 工具变量较合适。并且 Hausman 内生性检验结果在5%的水平下显著，说明原模型存在内生性问题，应该以 GMM 结果为准。此时，收益率宽幅 RS 系数在5%的水平下显著为负，说明收益率宽幅显著抑制了企业创新。

第（2）列为收益率宽幅对中介变量金融化 FIN 影响的检验结果。修正内生性问题后，发现收益率宽幅 RS 系数在 5% 的水平下显著为正，说明收益率宽幅显著促进了企业投资行为金融化；第（3）列为加入中介变量 FIN 后，收益率宽幅对企业创新能力影响的检验结果。Hausman 内生性检验结果显示不显著，说明原模型不存在严重的内生性问题，应该以原固定效应结果为准检验收益率宽幅对中介变量的影响。初步证明，收益率宽幅——投资行为金融化——创新能力中介路径存在。

为了保证检验结果的可信性，进一步采用 Sobel 检验和 Bootstrap 检验方法验证中介路径的存在。以 Wage 滞后一期结果替代内生变量收益率宽幅，检验后发现，Sobel 检验结果显示，Z 统计量在 5% 的水平下显著。Bootstrap 检验中，间接效应 Z 值绝对值略小于 1.96，P 值小于 10% 。Sobel 检验和 Bootstrap 检验结果均说明中介路径存在。并且 $\alpha_1 \times \varphi_2$ 和 β_1 同符号，再次验证 H3 成立，“收益率宽幅——投资行为——抑制创新”路径存在。

（2）Heckman 两阶段模型的内生性检验

由于中介检验模型检验中，仅选择了发生创新投入以及公布专利数据的企业为样本，可能存在样本选择偏差导致的内生性问题。因此，本节采用 Heckman 两阶段模型对模型进行修正。将第 4 章计算的企业发生 R&D 投入的概率 IMR1 值以及企业存在专利申请的概率 IMR2 代入投资行为中介模型进行验证。实证检验结果如表 5 – 10 所示。

表 5 – 10　　投资行为中介路径 Heckman 检验结果

VARIABLES	(1) $Innovation_{i,t+1}$	(2) $FIN_{i,t+1}$	(3) $Innovation_{i,t+1}$
IMR1	–1.661*** (0.425)	–38.523*** (10.243)	–1.713* (0.951)

续表

VARIABLES	(1) $Innovation_{i,t+1}$	(2) $FIN_{i,t+1}$	(3) $Innovation_{i,t+1}$
IMR2	-0.328* (0.192)	-11.439* (6.079)	-0.343* (0.191)
$RS_{i,t}$	-0.074* (0.039)	0.517 (1.914)	-0.074* (0.039)
$FIN_{i,t+1}$			-0.001* (0.001)
SIZE	-0.794*** (0.104)	-6.371*** (2.248)	-0.802*** (0.104)
KZ	-3.894*** (1.461)	-40.838 (32.023)	-3.948*** (1.463)
Age	0.207*** (0.026)	3.217*** (0.578)	0.211*** (0.026)
TAN	-1.080 (0.855)	-28.796 (21.023)	-1.119 (0.857)
Growth	-0.210*** (0.045)	-1.613** (0.724)	-0.212*** (0.045)
ROA	0.817** (0.337)	-1.849 (5.883)	0.814** (0.339)
Constant	33.451*** (8.055)	273.896 (188.325)	33.813*** (8.051)
Year/Ind	Yes	Yes	Yes
Observations	5894	5894	5894
R^2_a	0.111	0.113	0.112
F	18.63***	19.05***	18.54***
Sobel 检验：			
Sobel Z		-2.868***	
中介效应占比		9.257%	
Bootstrap 检验：			
间接效应		-2.34**	
直接效应		1.46	

资料来源：根据 STATA 检验结果，作者手工整理所得。

表5-10第（1）列至第（3）列为“收益率宽幅——投资行为金融化——创新能力”中介路径Heckman检验结果。对模型内生性修正后，发现收益率宽幅（RS）的回归系数显著为负，收益率宽幅（RS）与金融化（FIN）的系数均显著为负。但是收益率宽幅（RS）对实体企业金融化（FIN）的回归系数不显著。需要通过Sobel检验或Bootstrap检验验证中介效应的存在。再加入IMR1、IMR2为控制变量后，Sobel检验结果显示，Z统计量在1%的水平下显著。Bootstrap检验中，间接效应Z值绝对值大于1.96，95%的置信区间不包括0，P值小于5%。Sobel检验和Bootstrap检验结果均验证了中介路径存在。并且$\alpha_1 \times \varphi_2$和$\beta_1$同符号，说明收益率宽幅吸引企业将资金大量配置于金融资产，显著抑制了企业创新。

5.2.3 研究结论

本节从会计收益的微观视角，研究不同资产间的收益率宽幅通过改变企业投资行为，最终抑制企业创新。本节通过“三步法”、Sobel检验以及Bootstrap检验方法，并通过工具变量法以及Heckman两阶段模型修正模型内生性后，验证了上述中介路径的存在。并且$\alpha_1 \times \varphi_2$和$\beta_1$同号，说明不同资产之间的收益率差异降低了企业对未来创新收益的预期，高估投资性房地产等金融资产的预期收益率。受资本逐利性和利润最大目标驱动，收益率宽幅将改变企业的投资行为，诱使企业将大量资金转投以公允价值计价的投资性房地产等金融资产，以获取高额会计收益。由于资源有限性，资源向金融投资的大量倾斜，必然挤占研发资源，导致创新投入减少，削弱企业的科技创新能力。因此，形成了“收益率宽幅——投资行为——抑制创新”的中介路径，H3成立。

5.3 融资约束中介路径的促进效应分析

收益率宽幅除了会通过改变企业投资行为影响企业创新之外，还会影响企业的筹资行为和资金来源。如第2章2.2所述，收益率宽幅可能由于提高企业账面收益而缓解企业融资约束（H4a），也可能由于向外界传递生产经营不善的信号等原因而加重企业融资约束（H4b）。从而，可能会对企业创新产生不同的影响。本节对上述假设进行验证，以判断收益率宽幅通过融资约束中介变量如何影响企业创新。

5.3.1 融资约束中介路径的检验结果

（1）融资约束中介路径的回归结果

表5-11报告了控制行业和年度固定效应后，“收益率宽幅——融资约束——企业创新”中介路径的回归结果。

第（1）列为不纳入中介因子的检验结果，收益率宽幅（RS）的回归系数在10%的水平下显著为负。第（3）列为纳入中介因子KZ的检验结果，收益率宽幅（RS）与融资约束（KZ）的系数分别在10%和1%的水平下显著为负。第（2）列报告的是收益率

表5-11　　融资约束中介路径的回归结果

变量	(1) $Innovation_{i,t+1}$	(2) $KZ_{i,t+1}$	(3) $Innovation_{i,t+1}$
$RS_{i,t}$	-0.070^{*} (0.038)	-0.058^{***} (0.004)	-0.074^{*} (0.039)
$KZ_{i,t+1}$			-0.345^{***} (0.077)

续表

变量	(1) $Innovation_{i,t+1}$	(2) $KZ_{i,t+1}$	(3) $Innovation_{i,t+1}$
Lasset	-0.795*** (0.097)	0.042*** (0.014)	-0.780*** (0.097)
Age	0.202*** (0.021)	-0.004 (0.003)	0.200*** (0.021)
TAN	-0.812*** (0.187)	0.193*** (0.032)	-0.745*** (0.187)
Growth	-0.209*** (0.040)	-0.024 (0.015)	-0.217*** (0.040)
ROA	0.904*** (0.336)	-0.243* (0.129)	0.821** (0.336)
Constant	19.212*** (1.990)	33.492*** (0.286)	30.773*** (3.252)
Year	Yes	Yes	Yes
Ind	Yes	Yes	Yes
Observations	5894	5894	5894
F	18.314***	8.312***	18.785***
R^2 - adj	0.102	0.046	0.106
Sobel 检验：			
Sobel Z	5.781***		
中介效应占比	27.041%		
Bootstrap 检验：			
间接效应	3.34***		
直接效应	1.19		

资料来源：根据 STATA 检验结果，作者手工整理所得。

宽幅（RS）对融资约束（KZ）的影响程度，回归系数在 5% 的水平下显著为负。进一步通过 Sobel 检验和 Bootstrap 检验发现，Sobel 检验 Z 值等于 5.78，Z 统计量在 1% 的水平下显著。Bootstrap 检验中，间接效应 Z 值绝对值大于 1.96，95% 的置信区间不包括 0，P 值小于 1%。Sobel 检验和 Bootstrap 检验结果均验证了融资约束是收益率宽幅影响企业创新的中介变量。同时，收益率宽幅对企业创新影响的回归系数 β_1 为负，且收益率宽幅对融资约束影响的回归系数 α_1 与融资约束对创新影响的回归系数 φ_2 的乘积为正。$\alpha_1 \times \varphi_2$ 和 β_1 异号，则该中介路径属于遮掩效应，说明 H4a 成立，存在“收益率宽幅——缓解融资约束——促进创新”中介路径。收益率宽幅缓解了企业融资约束程度，有利于促进企业创新，与投资行为金融化中介路径对创新的影响方向相反。

（2）融资约束中介路径的稳健性检验

本节采用了如下稳健性检验：以企业资产负债率代替融资约束指数 KZ，衡量企业融资约束程度，重新构建中介效应模型。以上稳健性测试的结果，与本节结论基本一致。

5.3.2　融资约束中介路径的内生性检验

考虑到模型仍然可能存在遗漏变量、双向因果以及样本选择偏差等内生性问题，因此，本节仍然采用工具变量法以及 Heckman 两阶段模型对内生性问题进行修正，以检验“收益率宽幅——融资约束——促进创新”中介路径是否存在。

（1）变量工具法的内生性检验

继续采用样本企业所在省份金融行业经济增加值与制造业经济增加值的差额 Diff1，两个行业经济增加值上涨率的差额 Diff2，以及 Wage 作为工具变量，对融资约束中介效应的内生性问题进行修正。表 5 - 12 显示了收益率宽幅通过融资约束对企业创新影响的工具变量检验结果。

表 5－12　　融资约束中介路径的工具变量检验

变量	(1) $Innovation_{i,t+1}$	(2) $KZ_{i,t+1}$	(3) $Innovation_{i,t+1}$
$RS_{i,t}$	－41. 546 *** (15. 591)	－1. 464 ** (0. 743)	－80. 458 ** (40. 345)
$KZ_{i,t+1}$			－0. 804 (0. 766)
Lasset	－0. 162 (0. 101)	－0. 062 *** (0. 005)	－0. 090 (0. 176)
Age	－0. 020 (0. 018)	0. 002 ** (0. 001)	－0. 023 (0. 030)
TAN	－1. 193 * (0. 634)	0. 034 (0. 030)	－1. 954 (1. 240)
Growth	－0. 338 (0. 234)	0. 080 *** (0. 011)	－0. 362 (0. 405)
ROA	4. 943 *** (1. 350)	－1. 194 *** (0. 064)	3. 541 * (2. 048)
Observations	5894	5894	5894
F	24. 35 ***	20. 00 ***	32. 32 ***
R^2_a	0. 054	0. 099	0. 210
K－P LM 检验	8. 099 **	12. 091 ***	8. 074 **
Stock－Yogo 检验：			
CDW F 值	27. 320	29. 55	22. 691
5% 最大相对偏差临界值	13. 91	13. 91	13. 91
Hansen－J 检验	1. 102	2. 649	1. 184
Hausman 内生性检验	9. 172 ***	0. 138	8. 763 ***
工具变量 IV	HRS、Wage、Diff1		
Sobel 检验：			
Sobel Z	2. 451 **		
中介效应占比	－4. 16%		
Bootstrap 检验：			
间接效应	2. 04 **		
直接效应	－14. 94 ***		

资料来源：根据 STATA 检验结果，作者手工整理所得。

表5-12第（1）列为不包括中介变量KZ的检验结果。进行内生性修正后，发现收益率宽幅RS在5%的水平下显著为负，说明收益率宽幅显著抑制了企业创新；第（2）列为收益率宽幅对中介变量融资约束影响的检验结果。Hausman内生性检验结果不显著，说明原模型不存在严重的内生性问题；第（3）列为加入中介变量后，收益率宽幅对企业创新能力的检验结果。进行内生性修正后，发现收益率宽幅RS在5%的水平下显著为负，但是融资约束KZ的系数不显著，需要进一步通过Sobel检验和Bootstrap检验验证中介路径的存在。Sobel检验结果显示，Z统计量为2.45，在5%的水平下显著。Bootstrap检验中，间接效应Z值绝对值大于1.96，P值小于5%。Sobel和Bootstrap检验均说明中介路径存在。并且$\alpha_1 \times \varphi_2$和$\beta_1$异号，说明H4a成立，“收益率宽幅——融资约束——促进创新”中介路径存在。

（2）Heckman两阶段模型

进一步采用Heckman两阶段模型修正样本选择偏差导致的内生性问题，实证检验结果如表5-13所示。第（1）列至第（3）列为“收益率宽幅——融资约束——创新能力”中介路径Heckman检验结果。第（1）列为不纳入中介因子的检验结果。对模型进行修正后，收益率宽幅（RS）的回归系数显著为负。第（3）列为纳入中介因子KZ的检验结果。对模型进行修正后，收益率宽幅（RS）与融资约束（KZ）的系数均显著为负。融资约束对企业创新能力产生促进效应。第（2）列报告的是收益率宽幅（RS）对融资约束（KZ）的影响程度。对模型进行修正后，回归系数不显著。进一步进行Sobel检验和Bootstrap检验，结果均证明融资约束中介路径的存在。并且$\alpha_1 \times \varphi_2$和$\beta_1$异号，说明收益率宽幅显著降低了企业的融资约束程度，为企业提高创新资源投入提供了可能，从而有助于促进企业创新。

表 5-13　　融资约束中介路径 Heckman 检验结果

VARIABLES	(1) $Innovation_{i,t+1}$	(2) $KZ_{i,t+1}$	(3) $Innovation_{i,t+1}$
IMR1	7.656*** (2.153)	-23.945*** (1.710)	-1.661* (0.856)
IMR2	2.522* (1.441)	-24.002*** (1.888)	-0.234 (2.598)
$RS_{i,t}$	-0.073* (0.038)	-0.017 (0.019)	-0.074* (0.039)
$KZ_{i,t+1}$			-0.389*** (0.146)
Lasset	-0.730*** (0.100)	-0.165*** (0.020)	-0.794*** (0.104)
KZ	0.172*** (0.022)	0.091*** (0.007)	0.207*** (0.026)
Age	0.772 (0.472)	-4.761*** (0.356)	-1.080 (0.855)
TAN	-0.243*** (0.042)	0.084*** (0.007)	-0.210*** (0.045)
Growth	0.879*** (0.335)	-0.159*** (0.046)	0.817** (0.337)
ROA	7.656*** (2.153)	-23.945*** (1.710)	-1.661 (4.251)
Constant	13.721*** (2.623)	50.682*** (1.266)	33.451*** (8.055)
Year/Ind	Yes	Yes	Yes
Observations	5894	5894	5894
R-squared	0.109	0.664	0.111
F	19.98***	19.98***	289.67***
R^2_a	0.106	0.108	0.107

续表

VARIABLES	(1) $Innovation_{i,t+1}$	(2) $KZ_{i,t+1}$	(3) $Innovation_{i,t+1}$
Sobel 检验:			
Sobel Z	6. 286 ***		
中介效应占比	8. 936%		
Bootstrap 检验:			
间接效应	2. 06 **		
直接效应	1. 34		

资料来源：根据 STATA 检验结果，作者手工整理所得。

5. 3. 3　研究结论

本节从会计收益的微观视角，研究不同资产间的收益率宽幅通过改变企业融资约束程度，最终影响企业创新。本节通过“三步法”、Sobel 检验以及 Bootstrap 检验方法，并通过 IV - GMM 工具变量法以及 Heckman 两阶段模型修正模型的内生性问题后，验证了上述中介路径的存在。并且由于 $\alpha_1 \times \varphi_2$ 和 β_1 异号，说明存在遮掩效应，H4a 成立。收益率宽幅现象的出现可以提高企业账面收益，美化企业财务报表，降低资产负债率。从而，能够以更低的筹资成本从银行取得更多的债务资金，缓解企业的融资约束程度。资金的充裕有利于企业创新意愿的提高。因此，出现“收益率宽幅——缓解融资约束——促进创新”的中介路径，H4a 成立。

5. 4　投资行为路径与融资约束路径的比较分析

前两节分析并验证了收益率宽幅通过投资行为、融资约束两条

路径影响企业创新，并且两条路径分别从两个不同方向影响企业创新。因此，需要比较两条路径的影响程度。以检验 H5a 和 H5b 是否成立。从而确定收益率宽幅对企业创新的间接影响。

5.4.1 结构方程模型及配适度检验

图 5－2 显示了收益率宽幅对企业创新影响的结构方程模型。

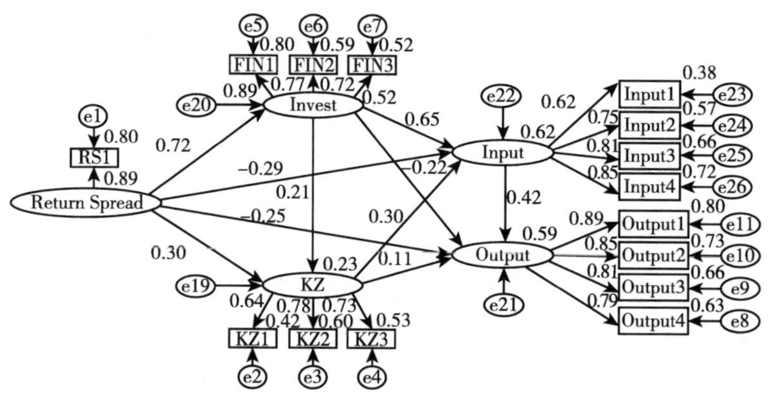

图 5－2 收益率宽幅对企业创新影响的中介效果模型图

资料来源：AMOS 软件生成。

初步进行配适度检验后，发现卡方值为 533.66，自由度（DF）81，χ^2/DF 值为 6.588，模型拟合度较差。近似误差均方根（RMSEA）为 0.107，未达到小于 0.08 的合理区间；但是 SRMA 为 0.051，达到小于 0.08 的合理区间；其他指标也未达到理想水平，说明模型配适度不好。但是按照 Bollen et al.（1992）、Fisher et al.（2010）等学者的研究成果，结构模型配适度较低可能由于两个原因导致：一是模型设置不合理；二是模型设置合理，但是由于样本量大，导致模型没有符合正态分布，从而降低了模型的配置度。判断是模型不合理还是样本量大造成的模型配适度低，可以通过 Bollen－Stine 配适度修正法方法进行验证。用 Bollen－Stine 方法进行 2000 次抽样后的卡方值，与最大似然法的卡方值比较后，发现

Bollen－Stine 的卡方值均好于最大似然法，下一次出现不合理模型的概率为 0，P 值小于 0.01。说明模型配适度较低是由于样本量大导致的，本书设计的结构模型比较合理。

采用 Bollen－Stine 方法修正后，模型的配适度如表 5－14 所示。Bollen－Stine 卡方值为 90.993，自由度（DF）81，χ^2/DF 值为 1.123。近似误差均方根（RMSEA）为 0.016，SRMA 为 0.051，均达到小于 0.08 的合理区间；拟合度指数（GFI）为 0.982，调整后的拟合优度指数（AGFI）为 0.964，比较拟合指数（CFI）为 0.998，基准拟合指数（NFI）为 0.982，增量拟合指数（IFI）为 0.998，Tucker－Lewis 系数（TLI）为 0.997，均达到大于 0.9 的理想水平。说明模型配适度良好。

表 5－14　模型配适度指标

配适度指标	理想要求标准	模型配适度	配适度指标	理想要求标准	模型配适度
Bollen－Stine χ^2	越小越好	90.993	NFI	>0.9	0.982
DF（自由度）	越大越好	81.000	IFI	>0.9	0.998
χ^2/DF	$1<\chi^2/DF<3$	1.123	TLI（NNFI）	>0.9	0.997
GFI	>0.9	0.982	CFI	>0.9	0.998
AGFI	>0.9	0.964	IFI	>0.9	0.998
RMSEA	<0.08	0.016	Hoelter's N（CN）	>200	434.401
SRMA	<0.08	0.051			

资料来源：根据 AMOS 软件检验结果，作者手工整理所得。

5.4.2　收益率宽幅影响企业创新的中介路径检验

采用 Baron 的三步法、Sobel 检验和 Bootstrap 检验三种方法进行中介路径检验。

（1）基本 Baron 三步法的中介路径检验

根据 AMOS 中各路径系数，得到各路径关系检验结果。如表 5－15 所示。

进行收益率宽幅 RS 对企业创新投入影响的直接效应检验，经检验 P 值小于 0.01，标准化路径系数为 －0.294，说明收益率宽幅显著抑制了企业创新投入；进行收益率宽幅 RS 对企业创新产出影响的直接效应检验，经检验 P 值小于 0.01，标准化路径系数为 －0.251，说明收益率宽幅同样显著抑制了企业创新产出。

表 5－15　　各路径关系检验结果

路径			非标准化路径系数	S. E.	C. R.	P	标准化路径系数
创新投入	←	收益率宽幅	－0.022	0.006	－3.998	0.000	－0.294
创新产出	←	收益率宽幅	－0.221	0.062	－3.578	0.000	－0.251
投资行为	←	收益率宽幅	0.666	0.043	15.387	0.000	0.719
融资约束	←	收益率宽幅	0.253	0.077	3.304	0.000	0.300
融资约束	←	投资行为	0.195	0.08	2.439	0.015	0.214
创新投入	←	投资行为	－0.053	0.007	－8.048	0.000	－0.648
创新投入	←	融资约束	0.027	0.005	5.300	0.000	0.296
创新产出	←	投资行为	－0.213	0.078	－2.717	0.007	－0.223
创新产出	←	融资约束	0.119	0.057	2.100	0.036	0.114
创新产出	←	创新投入	4.881	0.900	5.425	0.000	0.420

资料来源：根据 AMOS 软件检验结果，作者手工整理所得。

进行收益率宽幅 RS 透过投资行为对企业创新投入影响的中介效应检验，经检验收益率宽幅对投资行为影响的 P 值小于 0.01，标准化路径系数为 0.719，说明收益率宽幅显著增加了企业金融化行为；投资行为对企业创新投入影响的 P 值小于 0.01，标准化路径系数为 －0.648，说明金融化显著抑制了企业创新投入；投资行为对企业创新产出影响的 P 值小于 0.01，标准化路径系数为

-0.223，说明金融化也显著抑制了企业创新产出。根据 Baron et al.（1986）的研究成果，两条路径显著，初步说明收益率宽幅通过投资行为对企业创新存在部分中介效应。

进行收益率宽幅 RS 透过融资约束对企业创新投入影响的中介效应检验，经检验收益率宽幅对融资约束影响的 P 值小于 0.01，标准化路径系数为 0.300。由于 KZ1 至 KZ3 越大，融资约束越小。标准化路径系数为正，说明 RS 越大，KZ 越大，企业融资约束越小。因此说明收益率宽幅显著缓解了企业融资约束程度；融资约束对企业创新投入影响的 P 值小于 0.01，标准化路径系数为 0.296，说明融资约束越小，企业创新投入越多；融资约束对企业创新产出影响的 P 值小于 0.05，标准化路径系数为 0.114，说明融资约束越小，企业创新产出越多。根据 Baron et al.（1986）的研究成果，初步说明收益率宽幅通过融资约束对企业创新存在部分中介效应。

另外，本书还验证了两个中介变量之间的关系以及创新投入对创新产出影响。经检验投资行为对融资约束影响的 P 值小于 0.05，标准化路径系数为 0.214，说明金融化现象缓解了企业融资约束程度；经检验创新投入对创新产出影响的 P 值小于 0.01，标准化路径系数为 0.420，说明创新投入显著促进了企业创新产出的增加。

（2）基于 Sobel 检验法的中介路径检验

表 5-16 报告了各中介路径 Sobel 检验结果，可以看出，四条路径的 Sobel Z 值的绝对值均大于 1.96。因此，根据 Sobel（1982、1986）的研究，收益率宽幅→投资行为→创新投入、收益率宽幅→融资约束→创新投入、收益率宽幅→投资行为→创新产出、收益率宽幅→融资约束→创新产出四条中介路径均存在。

由于 Sobel 检验无法验证多因素路径的中介效应，收益率宽幅→投资行为→融资约束→创新投入、收益率宽幅→投资行为→创新投入→创新产出、收益率宽幅→融资约束→创新投入→创新产出三条远程中介效应是否存在无法通过 Sobel 检验得出。

表 5－16　　各中介路径 Sobel 检验结果

路径	Sobel Z
收益率宽幅→投资行为→创新投入	－6.802
收益率宽幅→融资约束→创新投入	2.807
收益率宽幅→投资行为→创新产出	－2.662
收益率宽幅→融资约束→创新产出	2.007

资料来源：根据 AMOS 软件检验结果，作者手工整理所得。

（3）基于 Bootstrap 检验法的总中介效果验证

表 5－17 报告了收益率宽幅对企业创新投入以及创新产出影响总效果、总中介效果、直接效果的 Bootstrap 检验结果。

表 5－17　　收益率宽幅对企业创新总效果、总中介效果以及直接效果的检验结果

	路径系数	总中介、直接效果所在比重	显著性		Bootstrapping			
					Bias－Corrected 95%		Percentile 95%	
			SE	Z	Lower	Upper	Lower	Upper
收益率宽幅对创新投入的影响								
总效果	－0.048	100.000	0.007	－6.857	－0.061	－0.034	－0.062	－0.035
直接效果	－0.022	45.833	0.007	－3.143	－0.036	－0.009	－0.036	－0.009
总中介效果	－0.025	54.167	0.005	－5.000	－0.036	－0.017	－0.350	－0.016
收益率宽幅对创新产出的影响								
总效果	－0.549	100.000	0.052	－10.558	－0.645	－0.44	－0.651	－0.445
直接效果	－0.221	40.255	0.080	－2.763	－0.373	－0.055	－0.377	－0.060
总中介效果	－0.328	59.745	0.060	－5.467	－0.452	－0.214	－0.450	－0.213

资料来源：根据 AMOS 软件检验结果，作者手工整理所得。

如表 5－17 所示，收益率宽幅对企业创新投入影响的总效果、总中介效果、直接效果Z值绝对值均大于1.96，并且Bias - Corrected检验以及Percentile检验中，95%置信区间中均不包括0，说明收益率宽幅对企业创新投入的总影响、间接影响和直接影响均存在；收益率宽幅对企业创新产出影响的总效果、总中介效果、直接效果Z值绝对值均大于1.96，并且Bias - Corrected检验以及Percentile检验中，95%置信区间中均不包括0，说明收益率宽幅对企业创新产出的总影响、间接影响和直接影响均存在。

进一步分析总中介效果和直接效果占比后，发现在收益率宽幅对企业创新投入影响中，直接效果的影响程度为45.83%，三条中介路径一共起54.17%的作用。因此，三条中介路径对收益率宽幅与企业创新投入关系的影响更重要；收益率宽幅对企业创新产出的影响中，直接效果的影响程度为40.26%，中介路径一共起59.75%的作用。因此，中介路径对收益率宽幅与企业创新产出关系的影响更重要。

收益率宽幅对创新投入以及创新产出的总间接效果路径系数均为负，初步说明金融化加深对创新的抑制效应高于融资约束缓解对创新的促进作用，投资行为的中介路径对创新投入以及创新产出的影响程度更高。

（4）基于Bootstrap检验法对中介路径验证

表5 - 17通过Bootstrap检验验证了总中介效果的存在以及在总效果中的占比，还需要进一步检验每条中介路径是否存在。本书采用AMOS软件，并编制相应命令后，得到表5 - 18，报告了每条中介路径的检验结果。

如表5 - 18所示，收益率宽幅→投资行为→创新投入路径（路径1）中介检验的Z值为 - 7.00，绝对值大于1.96，并且Bias - Corrected检验以及Percentile检验中，95%置信区间中均不包括0，P值小于0.01，说明收益率宽幅→投资行为→创新投入中介路径存在。收益率宽幅加重企业金融化行为，抑制创新投入。

表 5-18　　Bootstrap 中介检验法对各路径检验结果

	路径系数	显著性		Bias - corrected 检验			Percentile 检验		
		S. E.	Z	Lower	Upper	P	Lower	Upper	P
RS 对创新投入的中介路径检验：									
路径 1：RS→Invest→Input	-0.035	0.005	-7.000	-0.045	-0.027	0.001	-0.045	-0.027	0.001
路径 2：RS→KZ→Input	0.007	0.002	3.500	0.003	0.012	0.001	0.003	0.011	0.001
路径 3：RS→Invest→KZ→Input	0.003	0.002	1.500	0.000	0.008	0.033	0.000	0.008	0.041
中介效果合计	-0.025								
RS 对创新产出的中介路径检验：									
路径 4：RS→Invest→Output	-0.133	0.052	-2.558	-0.239	-0.035	0.011	-0.235	-0.032	0.013
路径 5：RS→KZ→Output	0.028	0.017	1.647	0.004	0.072	0.026	0.001	0.068	0.047
路径 6：RS→Invest→KZ→Output	0.015	0.011	1.364	0.001	0.049	0.033	-0.001	0.040	0.086
路径 7：RS→KZ→Input→Output	0.031	0.011	2.818	0.015	0.064	0.000	0.013	0.058	0.001
路径 8：RS→Invest→Input→Output	-0.163	0.040	-4.075	-0.252	-0.094	0.001	-0.250	-0.093	0.001
路径 9：RS→Input→Output	-0.103	0.039	-2.641	-0.197	-0.041	0.001	-0.191	-0.037	0.002
路径 10：RS→Invest→KZ→Input→Output	0.016	0.009	1.778	0.002	0.039	0.023	0.000	0.036	0.041
中介效果合计	-0.309								

续表

	路径系数	显著性		Bias - corrected 检验			Percentile 检验		
		S. E.	Z	Lower	Upper	P	Lower	Upper	P
其他中介路径检验：									
路径 11：RS→Invest→KZ	0.130	0.064	2.031	0.008	0.259	0.035	0.005	0.256	0.041
路径 12：Invest→Input→Output	-0.244	0.058	-4.207	-0.378	-0.147	0.001	-0.370	-0.142	0.001
路径 13：KZ→Input→Output	0.122	0.035	3.486	0.069	0.211	0.001	0.067	0.205	0.001
路径 14：Invest→KZ→Input	0.005	0.003	1.667	0.000	0.012	0.031	0.000	0.012	0.041
路径 15：Invest→KZ→Output	0.022	0.016	1.375	0.002	0.072	0.033	-0.002	0.059	0.086
路径 16：Invest→KZ→Input→Output	0.024	0.014	1.714	0.002	0.058	0.024	0.001	0.054	0.041
各中介路径差异性比较：									
路径 1 与路径 2 的差异比较	-0.042	0.006	-7.000	-0.055	-0.032	0.001	-0.054	-0.032	0.001
路径 1 与路径 3 的差异比较	-0.039	0.005	-7.800	-0.05	-0.03	0.001	-0.049	-0.029	0.001
路径 2 与路径 3 的差异比较	0.003	0.003	1.000	-0.003	0.01	0.29	-0.003	0.01	0.308
路径 4 与路径 5 的差异比较	-0.172	0.064	-2.688	-0.305	-0.056	0.005	-0.301	-0.047	0.006
路径 4 与路径 6 的差异比较	0.031	0.087	0.356	-0.127	0.215	0.7	-0.13	0.212	0.725
路径 4 与路径 7 的差异比较	-0.175	0.053	-3.302	-0.288	-0.077	0.001	-0.284	-0.073	0.002
路径 4 与路径 8 的差异比较	-0.157	0.06	-2.617	-0.282	-0.041	0.009	-0.277	-0.038	0.011
路径 4 与路径 9 的差异比较	-0.033	0.08	-0.413	-0.195	0.115	0.66	-0.188	0.126	0.717
路径 4 与路径 10 的差异比较	-0.159	0.055	-2.891	-0.269	-0.053	0.005	-0.267	-0.051	0.005

续表

	路径系数	显著性		Bias - corrected 检验			Percentile 检验		
		S. E.	Z	Lower	Upper	P	Lower	Upper	P
各中介路径差异性比较：									
路径 5 与路径 6 的差异比较	0. 203	0. 036	5. 639	0. 145	0. 29	0. 001	0. 141	0. 28	0. 001
路径 5 与路径 7 的差异比较	-0. 003	0. 022	-0. 136	-0. 051	0. 039	0. 84	-0. 049	0. 041	0. 913
路径 5 与路径 8 的差异比较	0. 015	0. 019	0. 789	-0. 009	0. 077	0. 191	-0. 014	0. 062	0. 343
路径 5 与路径 9 的差异比较	0. 139	0. 037	3. 757	0. 073	0. 218	0. 001	0. 072	0. 216	0. 001
路径 5 与路径 10 的差异比较	0. 013	0. 025	0. 520	-0. 028	0. 071	0. 517	-0. 031	0. 066	0. 603
路径 6 与路径 7 的差异比较	-0. 206	0. 047	-4. 383	-0. 314	-0. 128	0. 001	-0. 304	-0. 122	0. 001
路径 6 与路径 8 的差异比较	-0. 188	0. 037	-5. 081	-0. 271	-0. 122	0. 001	-0. 267	-0. 119	0. 001
路径 6 与路径 9 的差异比较	-0. 064	0. 047	-1. 362	-0. 179	0. 015	0. 107	-0. 166	0. 023	0. 154
路径 6 与路径 10 的差异比较	-0. 19	0. 043	-4. 419	-0. 283	-0. 116	0. 001	-0. 279	-0. 111	0. 001
路径 7 与路径 8 的差异比较	0. 017	0. 021	0. 810	-0. 028	0. 056	0. 421	-0. 026	0. 059	0. 368
路径 7 与路径 9 的差异比较	0. 142	0. 046	3. 087	0. 07	0. 256	0. 001	0. 066	0. 244	0. 001
路径 7 与路径 10 的差异比较	0. 016	0. 017	0. 941	-0. 013	0. 052	0. 26	-0. 015	0. 05	0. 308
路径 8 与路径 9 的差异比较	0. 124	0. 039	3. 179	0. 055	0. 21	0. 002	0. 052	0. 209	0. 002
路径 8 与路径 10 的差异比较	-0. 001	0. 012	-0. 083	-0. 032	0. 02	0. 781	-0. 029	0. 022	0. 901
路径 9 与路径 10 的差异比较	-0. 126	0. 044	-2. 864	-0. 232	-0. 053	0. 002	-0. 223	-0. 05	0. 002

资料来源：根据 AMOS 软件检验结果，作者手工整理所得。

收益率宽幅→融资约束→创新投入路径（路径2）中介检验的Z值为3.5，绝对值大于1.96，并且Bias－Corrected检验以及Percentile检验中，95%置信区间中均不包括0，P值小于0.05，说明收益率宽幅→融资约束→创新投入中介路径存在。收益率宽幅缓解了企业融资约束程度，促使创新投入增加。

收益率宽幅→投资行为→融资约束→创新投入路径（路径3）中介检验的Z值为1.5，绝对值小于1.96。但是Bias－Corrected检验以及Percentile检验中，95%置信区间中均不包括0，P值小于0.05。Z值与Bias－Corrected检验以及Percentile检验产生差异的原因，可能是由于路径系数和标准误S.E.系数由AMOS软件四舍五入后自动生成，Z值是路径系数除以S.E.后得到，导致计算得出的Z值与实际结果存在一定偏差。因此，本书以Bias－Corrected检验以及Percentile检验结果为准，说明收益率宽幅→投资行为→融资约束→创新投入中介路径存在。收益率宽幅加重企业金融化行为，导致创新投入减少。

收益率宽幅→投资行为→创新产出路径（路径4）中介检验的Z值为－2.558，绝对值大于1.96，并且Bias－Corrected检验以及Percentile检验中，95%置信区间中均不包括0，P值小于0.05，说明收益率宽幅→投资行为→创新产出中介路径存在。收益率宽幅加重企业金融化行为，导致创新产出减少。

收益率宽幅→融资约束→创新产出路径（路径5）中介检验的Z值为1.647，绝对值小于1.96。但是Bias－Corrected检验以及Percentile检验与Z值结果产生偏差，本书仍以Bias－Corrected检验以及Percentile检验为准。说明收益率宽幅→融资约束→创新产出中介路径存在。收益率宽幅缓解了企业融资约束程度，促使创新产出增加。

收益率宽幅→投资行为→融资约束→创新产出路径（路径6）中介检验的Z值为1.364，绝对值小于1.96，并且Percentile检验中，95%置信区间中包括0，P值大于0.05，说明收益率宽幅→投资行为→融资约束→创新产出中介路径不存在。

收益率宽幅→融资约束→创新投入→创新产出路径（路径7）中介检验的Z值为2.818，绝对值大于1.96，并且Bias - Corrected检验以及Percentile检验中，95%置信区间中均不包括0，P值小于0.01，说明收益率宽幅→融资约束→创新投入→创新产出中介路径存在。收益率宽幅导致缓解了企业融资约束，促进创新增加，大量的创新投入也为创新产出的增加提供了基础。

收益率宽幅→投资行为→创新投入→创新产出路径（路径8）中介检验的Z值为-4.075，绝对值大于1.96，并且Bias - Corrected检验以及Percentile检验中，95%置信区间中均不包括0，P值小于0.01。说明收益率宽幅→投资行为→创新投入→创新产出中介路径存在。收益率宽幅加重了企业的金融化程度，挤占了企业创新投入资金，创新投入的不足也导致企业创新产出减少。

收益率宽幅→创新投入→创新产出路径（路径9）中介检验的Z值为-2.641，绝对值大于1.96，并且Bias - Corrected检验以及Percentile检验中，95%置信区间中均不包括0，P值小于0.01，说明收益率宽幅→创新投入→创新产出中介路径存在。收益率宽幅导致创新投入减少，较少的创新投入也抑制了企业创新产出。

收益率宽幅→投资行为→融资约束→创新投入→创新产出路径（路径10）中介检验的Z值为1.778，绝对值小于1.96。但是Bias - Corrected检验以及Percentile检验中，95%置信区间中均不包括0，P值小于0.05。Z值结果与Bias - Corrected检验以及Percentile检验产生偏差，本书仍以Bias - Corrected检验以及Percentile检验为准。说明收益率宽幅→投资行为→融资约束→创新投入→创新产出中介路径存在。收益率宽幅加重了企业金融化程度，投资性房地产等金融资产的高收益缓解了企业的融资约束，为创新投入筹措了更多的资金，较多的创新投入也促进了企

业创新产出的增加。

另外，收益率宽幅→投资行为→融资约束（路径 11）、投资行为→创新投入→创新产出（路径 12）、融资约束→创新投入→创新产出（路径 13）、投资行为→融资约束→创新投入（路径 14）、投资行为→融资约束→创新投入→创新产出（路径 16）五条路径存在。但是投资行为→融资约束→创新产出中介路径不存在。但这几条路径不是本书的研究重点，不再详细分析。

进一步分析各中介路径的差异比较，可以发现，收益率宽幅→投资行为→创新投入路径与收益率宽幅→融资约束→创新投入路径存在显著差异；收益率宽幅→投资行为→创新产出路径与收益率宽幅→融资约束→创新产出路径也存在显著差异。其他路径之间的差异不再详细分析。

5.4.3　各中介路径影响程度的比较

本书通过 Baron 三步法、Sobel 检验以及 Bootstrap 检验验证了投资行为中介路径和融资约束中介路径的存在，但是只计算出总中介效应的占比，无法得出每条中介路径对收益率宽幅与创新之间关系的影响程度。因此，本节继续采用 Bootstrap 检验计算各路径以及各中介变量的影响程度。

（1）各路径影响程度分析

各条中介路径对收益率宽幅与创新能力之间关系的影响程度，需要根据 Bootstrap 检验中各路径点估计值占总中介效果的比重得出。表 5 – 19 报告了各条中介路径的影响程度。由于不同路径出现相反的影响效果，而衡量各路径影响程度需要忽略影响方向。因此，以路径系数的绝对值为基准计算各路径的影响程度。表 5 – 19 第（1）列为各中介路径的非标准化路径系数；第（2）列为路径系数的绝对值；第（3）列对各路径系数绝对值占全部路径系数绝对值合计数的比例，以反映各路径的影响程度。

表 5－19　　各中介路径影响程度表

路径	路径系数	影响程度	各路径占比（%）
RS 对创新投入的中介路径检验：			
路径 1：RS→Invest→Input	－0.035	0.035	77.778
路径 2：RS→KZ→Input	0.007	0.007	15.556
路径 3：RS→Invest→KZ→Input	0.003	0.003	6.667
中介效果合计	－0.025	0.045	100.000
RS 对创新产出的中介路径检验：			
路径 4：RS→Invest→Output	－0.133	0.133	27.198
路径 5：RS→KZ→Output	0.028	0.028	5.726
路径 6：RS→Invest→KZ→Output	0.015	0.015	3.067
路径 7：RS→KZ→Input→Output	0.031	0.031	6.339
路径 8：RS→Invest→Input→Output	－0.163	0.163	33.333
路径 9：RS→Input→Output	－0.103	0.103	21.063
路径 10：RS→Invest→KZ→Input→Output	0.016	0.016	3.272
中介效果合计	－0.309	0.489	100.000

资料来源：根据 AMOS 软件检验结果，作者手工整理所得。

针对收益率宽幅对企业创新投入影响的各中介路径分析，可以看出：收益率宽幅→投资行为→创新投入路径对收益率宽幅与创新投入之间关系的影响程度最大，占全部中介效果的 77.78%。因此，导致收益率宽幅对创新投入的总中介效果呈现抑制效应，收益率宽幅的增加将导致企业创新投入减少。

收益率宽幅对企业创新产出的影响存在六条中介路径，通过比较各路径占总中介效应的比重，可以看出：收益率宽幅→投资行为→创新投入→创新产出路径对收益率宽幅与创新产出之间关系的影响程度最大，占全部中介效果的 33.33%；收益率宽幅→投资行为→创新产出路径对收益率宽幅与创新产出之间关系的影响程度次之，占全部中介效果的 27.198%；收益率宽幅→创新投入→创新产出路径对收益率宽幅与创新产出之间关系的影响占全部中介效果的 21.06%。中介影响程度最低的路径是收益率宽幅→投资行为→融资约束→创新产出路径，占全部中介效果的 3.07%。从各条路径占比可以看出，企业投资行为金融化倾向对收益率宽幅与创新产出关系的影响程度更高。因此，导致收益率宽幅对创新产出的总中介效果呈现抑制效应，收益率宽幅增加将导致企业创新产出减少。

（2）各中介变量影响程度分析

本书将各中介变量所涉及的每条路径的点估计值相加，得到各中介变量对收益率宽幅影响创新的贡献程度；再除以每个中介变量贡献程度合计数，得出各中介变量对收益率宽幅与创新投入、创新产出之间关系的影响程度。同样，由于不同路径出现相反的影响效果，而衡量各变量影响程度需要忽略影响方向。因此，以路径系数的绝对值为基准计算各变量的影响程度。结果如表 5－20 所示。

表 5－20　　　　各中介变量影响程度表

中介变量	路径系数绝对值合计	影响程度占比（%）
RS 对创新投入的中介变量		
投资行为 Invest	0.038	79.167
融资约束 KZ	0.010	20.833
中介效果合计	0.048	100.000
RS 对创新产出的中介变量		
投资行为 Invest	0.327	78.417
融资约束 KZ	0.090	21.583
中介效果合计	0.417	100.000

资料来源：根据 AMOS 软件检验结果，作者手工整理所得。

收益率宽幅对企业创新投入影响的分析可以看出，投资行为中介变量通过两条路径影响收益率宽幅与创新投入之间关系，即收益率宽幅→投资行为→创新投入路径、收益率宽幅→投资行为→融资约束→创新投入路径。将两条路径的路径系数绝对值相加，得到投资行为对收益率宽幅与创新投入之间关系的贡献程度为0.038；融资约束中介变量通过两条路径影响收益率宽幅与创新投入之间关系，即收益率宽幅→融资约束→创新投入路径、收益率宽幅→投资行为→融资约束→创新投入路径。将两条路径的路径系数绝对值相加，得到融资约束对收益率宽幅与创新投入之间关系的贡献程度为0.010。根据两个中介变量对收益率宽幅与创新投入之间关系的贡献，得出各中介变量影响程度占比。可以看出，投资行为变量对收益率宽幅与创新投入之间关系的影响程度最大，占全部中介变量影响的79.17%。融资约束变量对收益率宽幅与创新投入之间关系的影响程度占比为20.83%。

各变量对收益率宽幅与企业创新产出之间关系的影响也与上述结果基本一致。投资行为中介变量通过四条路径影响收益率宽幅与创新产出之间的关系，即收益率宽幅→投资行为→创新产出路径、收益率宽幅→投资行为→融资约束→创新产出路径、收益率宽幅→投资行为→创新投入→创新产出路径以及收益率宽幅→投资行为→融资约束→创新投入→创新产出路径。将四条路径的路径系数绝对值相加，得到投资行为对收益率宽幅与创新产出之间关系的贡献程度为0.327，占全部中介效应的78.42%；融资约束中介变量通过四条路径影响收益率宽幅与创新产出之间的关系，即收益率宽幅→融资约束→创新产出路径、收益率宽幅→投资行为→融资约束→创新产出路径、收益率宽幅→融资约束→创新投入→创新产出路径以及收益率宽幅→投资行为→融资约束→创新投入→创新产出路径。将四条路径的路径系数绝对值相加，得到投资行为对收益率宽幅与创新产出之间关系的贡献程度为0.09，占全部中介效应的21.58%。

通过两个中介变量影响程度的比较，可以发现投资行为金融化是影响收益率宽幅与创新投入以及收益率宽幅与创新产出关系的重要路径。受收益率宽幅影响，企业将大量资金投入金融领域，大量挤占创新资源。即使随着资产价格上涨，金融资产能够为企业创造大量收益和现金流量，缓解了企业融资约束程度。新获得的部分收益和现金流量可能会流入创新活动，导致企业创新投入增加、创新产出上升。但是受投资性房地产等金融资产高收益影响，大部分新获得的收益和现金流量仍然将会重新流入金融资产。最终，导致金融资产对资金的虹吸效应超过金融资产对企业融资约束的缓解效应。收益率宽幅对企业创新投入以及创新产出呈现抑制效果，H5b 成立。

5.4.4　研究结论

采用结构方程模型对收益率宽幅对企业创新投入以及创新产出的中介路径进行检验分析，主要形成以下结论：通过 Baron & Kenny 的逐步检验、Sobel 检验以及 Bootstrap 检验三种方法验证，收益率宽幅通过投资行为以及融资约束影响了企业创新投入和创新产出，并进一步比较了投资行为金融化以及融资约束两个中介因素对企业创新能力影响程度的大小。研究发现，在收益率宽幅对创新投入影响的中介效应中，投资行为中介变量的影响程度为 79.17%；在收益率宽幅对创新产出影响的中介效应中，投资行为中介变量的影响程度为 78.42%。因此，在收益率宽幅对企业创新的中介效应中，投资行为中介路径的影响程度更高，从而导致收益率宽幅对企业创新呈现负向的抑制效应，H5b 成立。

5.5　本章小结

本章旨在探索收益率宽幅影响实体企业创新的路径和途径，以全面揭示收益率宽幅对实体企业创新存在抑制效应的原因和方式，为提出合理有效的促进实体企业创新的措施提供理论依据。

本章构建中介模型，结合 Sobel 检验以及 Bootstrap 检验，验证了收益率宽幅导致实体企业投资行为金融化倾向加深，挤占企业创新资源，抑制企业创新，从而形成了“收益率宽幅——投资行为——抑制创新”中介路径；同时，也验证了收益率宽幅导致企业账面收益提高，美化粉饰企业财务报表，导致企业资产负债率下降，有利于企业再次从银行取得的贷款资金，缓解企业融资约束程度。资金充裕有利于促进企业创新。从而形成了“收益率宽幅——缓解融资约束——促进创新”中介路径。验证了 H3 和 H4a 成立。

由于两条中介路径对实体企业创新的影响方向相反，为了比较两条路径对企业创新的影响程度，进一步构建了收益率宽幅对企业创新影响的结构方程模型。根据 Bootstrap 检验中各路径点估计值占总影响的比重，衡量两个中介变量对企业创新的影响程度。最终发现，投资行为中介路径对企业创新的挤出效应远高于融资约束中介路径对企业创新的促进效应。因此，收益率宽幅整体上对实体企业创新呈现抑制效应，H5b 成立。

第6章 收益率宽幅对不同类型实体企业创新影响的实证分析

前文分析并检验了收益率宽幅对实体企业创新存在抑制效应，并且明晰了收益率宽幅对企业创新影响的途径和渠道。但这种抑制效应和传递渠道是普适性的，面对所有实体企业进行的验证。那么对不同类型的实体企业，收益率宽幅对企业创新的抑制效应是否存在？传递渠道是否一致？因此，第2章2.3对“收益率宽幅对不同类型企业创新的影响是否存在差异”问题进行了理论分析和探讨，并提出了假设H6～H8。

本章旨在对三个假设进行验证，分析主营业务盈利能力高低、股权性质差异和高新技术企业资质认定对收益率宽幅与创新的关系，以及各传递路径的调节作用。本章探讨了三个问题：一是不同类型的企业中，收益率宽幅对创新的抑制效应是否存在。主营业务盈利能力高低、股权性质差异以及高新技术企业资质认定是否能够调节收益率宽幅对企业创新的抑制效应；二是不同类型企业中，收益率宽幅影响企业创新的传递路径是否存在差异。投资行为中介路径和融资约束中介路径是否存在。如果存在，还需要比较两条路径对创新的影响程度；三是通过构建结构方程模型，研究三个调节因素影响收益率宽幅与企业创新之间关系的原因。通过比较不同类型企业中投资行为中介路径显著性的差异，分析三个因素对收益率宽幅与企业创新之间的抑制性关系产生调节的原因。

6.1 调节效应结构方程模型的构建

由于在不同类型企业中依然需要比较不同路径之间的关系，因此，本书继续构建结构方程以检验主营业务盈利能力高低、股权性质差异以及高新技术企业资质认定的调节效应是否有效。

6.1.1 结构方程模型的设计

（1）研究架构

按照 Altman et al.（2003）、Preacher et al.（2004）等学者的研究，调节变量为分类形式时，需要将样本按调节变量分为两组，分别构建各自的结构方程模型。通过比较两个模型中直接影响、中介效应以及各路径显著性的区别，判断调节变量的有效性。从而，形成了验证变量调节效应的结构方程模型的构架图，如图 6－1 所示。

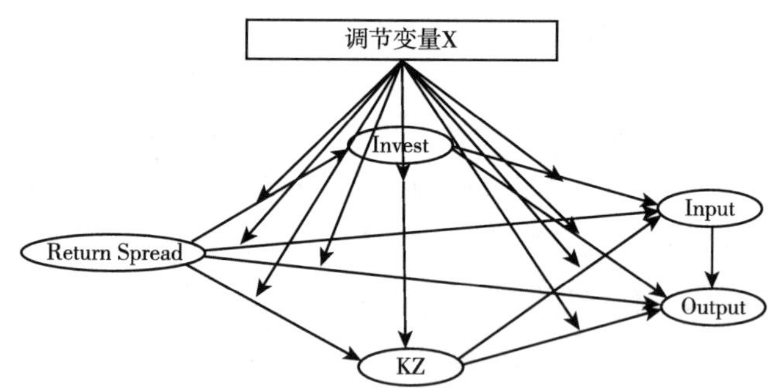

图 6－1 调节效应检验的研究架构图

资料来源：根据 AMOS 软件，作者手工整理所得。

（2）观测变量定义

本节 5 个潜变量的度量指标与上文一致。调节变量 X 包括主

营业务盈利能力 Profit、股权性质 Gov 以及高新技术企业资质认定 Tech 三个变量，变量定义与上文相同。

（3）研究思路

首先，分析调节变量 X 是否能够调节收益率宽幅对企业创新的抑制效应。按照调节变量 X 将样本企业分成两组 Group1 和 Group2，分别构建结构方程 SEM1 和 SEM2。检验 SEM1 和 SEM2 中，收益率宽幅 RS→创新投入 Input/创新产出 Output 直接影响是否存在。如果一个模型中，直接影响路径存在；一个模型中，直接影响路径不存在。说明变量 X 可以有效调节收益率宽幅对企业创新的抑制效应。

其次，分析在不同类型企业中，收益率宽幅抑制企业创新的路径和机理是否一致。分别检验 SEM1 和 SEM2 模型中，“收益率宽幅 RS→投资行为 Invest 路径→创新投入 Input/创新产出 Output 路径”和“收益率宽幅 RS→融资约束 KZ 路径→创新投入 Input/创新产出 Output 路径”两条路径是否存在，并比较两个模型中相同路径对企业创新影响程度的差异性。判断变量 X 是否能够调节收益率宽幅影响企业创新的路径。

最后，分析变量 X 可以调节收益率宽幅对企业创新抑制效应的原因。根据 Baron 的三步法，在收益率宽幅影响企业创新的中介路径中存在两阶段作用。一是收益率宽幅对中介变量的影响；二是中介变量对创新能力的影响。其中一个阶段不存在将导致整个中介路径的失效。那么，在变量 X 调节收益率宽幅与企业创新之间关系时，到底是哪个阶段失效呢？这体现了变量 X 存在调节效应的原因。

由于收益率宽幅对企业创新存在抑制效应的主要原因在于投资行为金融化中介路径。因此，根据 Baron 三步法的检验结果，分析“收益率宽幅 RS→投资行为 Invest 路径”“投资行为 Invest→创新投入 Input/创新产出 Output 路径”的显著性，判断变量 X 导致收益率宽幅对企业创新抑制效应不明显的原因。如果3个调节变量导致不同路径失效，也体现了3个变量可以调节收益率宽幅与企业创新之间关系的原因存在差异，并将影响变量的调节力度。

6.1.2 模型信度及效度检验

(1) 信度检验

表6-1至表6-6分别报告了高盈利能力企业、低盈利能力企业、非国有企业、国有企业、高新技术企业以及非高新技术企业模型信度检验结果。除了高盈利能力企业模型中，Output1观测变量因子载荷量稍高于0.95的标准值，高新技术企业模型中Input1观测变量因子载荷量稍低于0.6的标准值外，每个观测变量的因子载荷量均在0.6~0.95的合理区间，并且均在1%的水平下显著。说明大部分观测变量均能很好地解释潜变量，数据具有可信性。从组合信度角度分析，收益率宽幅RS由于只有一个观测变量，无法计算Cronbach's α 系数。其余4个潜变量的Cronbach's α 系数均大于0.6的标准值；5个潜变量的组合信度（C.R.）均大于0.7。说明每个潜变量均具有较高的可靠性，可信度较高。

表6-1　　高盈利能力企业模型信度检验结果

题目		参数显著性估计				因子载荷量	题目信度SMC	Cronbach's α 系数	组合信度C.R.
		Unstd.	S. E.	t - value	P				
RS	RS1	1.000				0.861	0.741		0.741
投资行为Invest	INV1	1.000				0.874	0.764	0.742	0.876
	INV2	0.182	0.016	11.696	***	0.814	0.663		
	INV3	0.853	0.072	11.835	***	0.825	0.681		
融资约束KZ	KZ1	1.000				0.735	0.540	0.704	0.772
	KZ2	1.031	0.145	7.093	***	0.737	0.543		
	KZ3	0.558	0.079	7.060	***	0.713	0.508		

续表

题目		参数显著性估计				因子载荷量	题目信度 SMC	Cronbach's α 系数	组合信度 C. R.
		Unstd.	S. E.	t - value	P				
创新投入 Input	Input 1	1. 000				0. 682	0. 465	0. 613	0. 865
	Input 2	6. 712	0. 714	9. 405	***	0. 812	0. 659		
	Input 3	0. 880	0. 108	8. 147	***	0. 692	0. 479		
	Input 4	15. 572	1. 534	10. 152	***	0. 937	0. 878		
创新产出 Output	Output1	1. 000				0. 962	0. 925	0. 916	0. 920
	Output2	1. 177	0. 058	20. 455	***	0. 902	0. 814		
	Output3	0. 949	0. 062	15. 294	***	0. 806	0. 650		
	Output4	0. 929	0. 067	13. 782	***	0. 768	0. 590		

资料来源：根据 AMOS 软件检验结果，作者手工整理所得。

表 6 - 2　　低盈利能力企业模型信度检验结果

题目		参数显著性估计				因子载荷量	题目信度 SMC	Cronbach's α 系数	组合信度 C. R.
		Unstd.	S. E.	t - value	P				
RS	RS1	1. 000				0. 882	0. 778		0. 778
投资行为 Invest	INV1	1. 000				0. 905	0. 819	0. 675	0. 837
	INV2	0. 146	0. 008	17. 258	***	0. 780	0. 608		
	INV3	0. 648	0. 045	14. 318	***	0. 690	0. 476		
融资约束 KZ	KZ1	1. 000				0. 615	0. 378	0. 775	0. 803
	KZ2	1. 294	0. 124	10. 467	***	0. 764	0. 584		
	KZ3	0. 974	0. 091	10. 740	***	0. 883	0. 780		
创新投入 Input	Input 1	1. 000				0. 786	0. 618	0. 613	0. 884
	Input 2	5. 455	0. 373	14. 613	***	0. 761	0. 579		
	Input 3	0. 992	0. 058	17. 059	***	0. 861	0. 741		
	Input 4	11. 808	0. 728	16. 210	***	0. 827	0. 684		
创新产出 Output	Output1	1. 000				0. 869	0. 755	0. 903	0. 905
	Output2	0. 979	0. 056	17. 630	***	0. 796	0. 634		
	Output3	1. 122	0. 057	19. 706	***	0. 851	0. 724		
	Output4	1. 035	0. 054	19. 240	***	0. 839	0. 704		

资料来源：根据 AMOS 软件检验结果，作者手工整理所得。

表 6-3　　　　非国有企业模型信度检验结果

题目		参数显著性估计				因子载荷量	题目信度 SMC	Cronbach's α 系数	组合信度 C. R.
		Unstd.	S. E.	t-value	P				
RS	RS1	1.000				0.910	0.828		0.828
投资行为 Invest	INV1	1.000				0.870	0.757	0.682	0.859
	INV2	0.172	0.011	15.948	***	0.873	0.762		
	INV3	0.693	0.056	12.432	***	0.705	0.497		
融资约束 KZ	KZ1	1.000				0.592	0.350	0.714	0.750
	KZ2	1.370	0.181	7.584	***	0.810	0.656		
	KZ3	0.711	0.092	7.755	***	0.710	0.504		
创新投入 Input	Input1	1.000				0.692	0.479	0.605	0.866
	Input2	5.760	0.541	10.644	***	0.733	0.537		
	Input3	1.050	0.085	12.291	***	0.870	0.757		
	Input4	12.817	1.071	11.963	***	0.838	0.702		
创新产出 Output	Output1	1.000				0.925	0.856	0.914	0.916
	Output2	1.067	0.051	20.816	***	0.870	0.757		
	Output3	0.978	0.048	20.239	***	0.859	0.738		
	Output4	0.885	0.056	15.847	***	0.760	0.578		

资料来源：根据 AMOS 软件检验结果，作者手工整理所得。

表 6-4　　　　国有企业模型信度检验结果

题目		参数显著性估计				因子载荷量	题目信度 SMC	Cronbach's α 系数	组合信度 C. R.
		Unstd.	S. E.	t-value	P				
RS	RS1	1.000				0.894	0.799		0.799
投资行为 Invest	INV1	1				0.869	0.755	0.685	0.831
	INV2	0.151	0.012	12.553	***	0.747	0.558		
	INV3	0.714	0.057	12.458	***	0.743	0.552		
融资约束 KZ	KZ1	1.000				0.732	0.536	0.730	0.815
	KZ2	1.286	0.114	11.332	***	0.856	0.733		
	KZ3	0.568	0.056	10.084	***	0.722	0.521		

续表

题目		参数显著性估计				因子载荷量	题目信度 SMC	Cronbach's α 系数	组合信度 C. R.
		Unstd.	S. E.	t - value	P				
创新投入 Input	Input1	1				0. 796	0. 634	0. 626	0. 898
	Input2	6. 229	0. 427	14. 581	***	0. 852	0. 726		
	Input3	0. 972	0. 073	13. 262	***	0. 793	0. 629		
	Input4	13. 184	0. 875	15. 075	***	0. 874	0. 764		
创新产出 Output	Output1	1				0. 889	0. 790	0. 915	0. 917
	Output2	1. 15	0. 061	18. 769	***	0. 877	0. 769		
	Output3	0. 947	0. 063	15. 076	***	0. 780	0. 608		
	Output4	1. 06	0. 056	18. 936	***	0. 881	0. 776		

资料来源：根据 AMOS 软件检验结果，作者手工整理所得。

表 6 -5　　高新技术企业模型信度检验结果

题目		参数显著性估计				因子载荷量	题目信度 SMC	Cronbach's α 系数	组合信度 C. R.
		Unstd.	S. E.	t - value	P				
RS	RS1	1. 000				0. 895	0. 801		0. 801
投资行为 Invest	INV1	1. 000				0. 923	0. 852	0. 716	0. 880
	INV2	0. 158	0. 012	12. 778	***	0. 853	0. 728		
	INV3	0. 700	0. 067	10. 437	***	0. 743	0. 552		
融资约束 KZ	KZ1	1. 000				0. 779	0. 607	0. 811	0. 832
	KZ2	0. 982	0. 113	8. 660	***	0. 806	0. 650		
	KZ3	0. 597	0. 070	8. 516	***	0. 781	0. 610		
创新投入 Input	Input1	1. 000				0. 504	0. 254	0. 641	0. 858
	Input2	13. 778	2. 103	6. 551	***	0. 928	0. 862		
	Input3	1. 209	0. 227	5. 330	***	0. 611	0. 373		
	Input4	26. 964	4. 115	6. 553	***	0. 943	0. 889		
创新产出 Output	Output1	1. 000				0. 930	0. 865	0. 920	0. 922
	Output2	1. 092	0. 062	17. 535	***	0. 887	0. 787		
	Output3	0. 931	0. 065	14. 353	***	0. 819	0. 671		
	Output4	0. 893	0. 069	12. 990	***	0. 783	0. 613		

资料来源：根据 AMOS 软件检验结果，作者手工整理所得。

表 6-6 非高新技术企业模型信度检验结果

题目		参数显著性估计				因子载荷量	题目信度 SMC	Cronbach's α 系数	组合信度 C. R.
		Unstd.	S. E.	t-value	P				
RS	RS1	1.000				0.893	0.797		0.797
投资行为 Invest	INV1	1.000				0.873	0.762	0.670	0.822
	INV2	0.147	0.009	16.201	***	0.744	0.554		
	INV3	0.667	0.044	15.264	***	0.714	0.510		
融资约束 KZ	KZ1	1.000				0.605	0.366	0.738	0.767
	KZ2	1.301	0.131	9.954	***	0.749	0.561		
	KZ3	0.888	0.088	10.116	***	0.809	0.654		
创新投入 Input	Input1	1.000				0.797	0.635	0.626	0.893
	Input2	5.439	0.339	16.045	***	0.777	0.604		
	Input3	0.998	0.054	18.434	***	0.861	0.741		
	Input4	11.811	0.653	18.086	***	0.849	0.721		
创新产出 Output	Output1	1.000				0.885	0.783	0.930	0.931
	Output2	1.123	0.049	23.001	***	0.870	0.757		
	Output3	1.030	0.044	23.503	***	0.879	0.773		
	Output4	1.045	0.044	23.611	***	0.881	0.776		

资料来源：根据 AMOS 软件检验结果，作者手工整理所得。

（2）效度检验

表 6-7 报告了高盈利能力企业、低盈利能力企业、非国有企业、国有企业、高新技术企业以及非高新技术企业模型收敛效度及区别效度检验结果。第一列均为 5 个潜变量的收敛效度（AVE），该指标值均大于 0.5，说明 6 个模型中，各潜变量所包含的观测变量之间相关度较高（Fornell et al.，1981）。表中第 2 列至第 6 列为 5 个潜变量的区别效度矩阵。可以看出每个潜变量 AVE 平方根均大于所在列下方以及所在行左边数值的绝对值，说明各潜变量的内部相关性大于外部相关性，6 个模型区别效度均较高。

表 6－7　不同类型企业模型收敛效度及区别效度矩阵

潜变量	AVE	RS	Invest	KZ	Input	Output
高盈利能力企业						
RS	0. 741	0. 861				
Invest	0. 702	－0. 113	0. 838			
KZ	0. 531	0. 099	0. 060	0. 729		
Input	0. 620	－0. 099	－0. 013	0. 159	0. 787	
Output	0. 745	－0. 112	0. 068	0. 116	0. 453	0. 863
低盈利能力企业						
RS	0. 778	0. 882				
Invest	0. 635	0. 700	0. 797			
KZ	0. 581	0. 485	0. 509	0. 762		
Input	0. 656	－0. 705	－0. 741	－0. 272	0. 810	
Output	0. 704	－0. 620	－0. 657	－0. 275	0. 708	0. 839
非国有企业						
RS	0. 828	0. 910				
Invest	0. 672	0. 138	0. 820			
KZ	0. 504	0. 115	0. 299	0. 710		
Input	0. 619	－0. 220	－0. 627	－0. 155	0. 787	
Output	0. 732	－0. 214	－0. 509	－0. 110	0. 612	0. 856
国有企业						
RS	0. 799	0. 894				
Invest	0. 622	0. 704	0. 789			
KZ	0. 597	0. 596	0. 706	0. 773		
Input	0. 688	－0. 725	－0. 717	－0. 260	0. 829	
Output	0. 736	－0. 710	－0. 640	0. 304	0. 712	0. 858

续表

潜变量	AVE	RS	Invest	KZ	Input	Output
高新技术企业						
RS	0.801	0.895				
Invest	0.711	0.635	0.843			
KZ	0.622	0.431	0.457	0.789		
Input	0.618	-0.104	-0.060	-0.005	0.786	
Output	0.748	-0.047	-0.073	0.082	0.413	0.865
非高新技术企业						
RS	0.797	0.893				
Invest	0.608	0.755	0.780			
KZ	0.527	0.509	0.484	0.726		
Input	0.675	-0.713	-0.665	-0.246	0.822	
Output	0.772	-0.681	-0.547	-0.273	0.683	0.879

资料来源：根据 AMOS 软件检验结果，作者手工整理所得。

6.1.3 模型多重共线性检验

表6-8报告了高盈利能力企业、低盈利能力企业、非国有企业、国有企业、高新技术企业以及非高新技术企业模型中各潜变量之间的 Pearson 相关系数。如表6-8所示，高盈利能力企业、非国有企业以及高新技术企业中，各潜变量的 Pearson 相关系数均小于0.7，说明3个模型不存在多重共线性问题（Grewal et al.，2004）。

低盈利能力企业模型中，收益率宽幅 RS 以及投资行为 Invest 与创新投入 Input 之间的相关系数、创新投入 Input 与创新产出 Output 之间的相关系数略大于0.7。投资行为作为影响收益率宽幅与创新的重要中介变量，两者之间的相关性稍高是合理的；创新投入是影响企业创新产出的关键变量，因此两者相关性较高也

是可以接受的。融资约束 KZ 与创新产出 Output 的相关系数略低于0.3。其他潜变量之间的 Pearson 相关系数均大于0.3，小于0.7，处于相关系数的合理区间，说明模型不存在严重的共线性问题。

表6-8　不同类型企业模型中各潜变量相关性检验结果

潜变量	RS	Invest	KZ	Input	Output
高盈利能力企业					
RS	1.000				
Invest	-0.113	1.000			
KZ	0.099	0.060	1.000		
Input	-0.099	-0.013	0.159	1.000	
Output	-0.112	0.068	0.116	0.453	1.000
低盈利能力企业					
RS	1.000				
Invest	0.700	1.000			
KZ	0.485	0.509	1.000		
Input	-0.705	-0.741	0.472	1.000	
Output	-0.620	-0.657	0.275	0.708	1.000
非国有企业					
RS	1.000				
Invest	0.138	1.000			
KZ	0.115	0.299	1.000		
Input	-0.220	-0.627	-0.155	1.000	
Output	-0.214	-0.509	-0.110	0.612	1.000
国有企业					
RS	1.000				
Invest	0.704	1.000			

续表

潜变量	RS	Invest	KZ	Input	Output
国有企业					
KZ	0. 596	0. 706	1. 000		
Input	-0. 725	-0. 717	-0. 260	1. 000	
Output	-0. 710	-0. 640	0. 304	0. 712	1. 000
高新技术企业					
RS	1. 000				
Invest	0. 635	1. 000			
KZ	0. 431	0. 457	1. 000		
Input	-0. 104	-0. 060	-0. 005	1. 000	
Output	-0. 047	-0. 073	0. 082	0. 413	1. 000
非高新技术企业					
RS	1. 000				
Invest	0. 755	1. 000			
KZ	0. 509	0. 484	1. 000		
Input	-0. 713	-0. 665	-0. 246	1. 000	
Output	-0. 681	-0. 547	-0. 273	0. 683	1. 000

资料来源：根据 AMOS 软件检验结果，作者手工整理所得。

国有企业模型中，多个变量之间的相关系数略大于0. 7，但是低于 Grewal et al. （2004） 提出的 0. 8 的临界值。融资约束 KZ 与创新能力 Input、Output 之间的相关系数较低。其他潜变量之间的 Pearson 相关系数均大于 0. 3，小于 0. 7，处于相关系数的合理区间，说明模型不存在严重的共线性问题。

非高新技术企业模型中，收益率宽幅 RS 与投资行为 Invest 之间的相关系数，以及收益率宽幅 RS 与创新投入 Input 之间的相关系数略大于0. 7，但是低于 Grewal et al. （2004） 提出的 0. 8 的临界值。并且从理论分析，投资行为 Invest 作为影响收益率宽幅 RS

与创新能力的重要中介变量，收益率宽幅 RS 与投资行为 Invest 之间的相关性稍高是合理的。融资约束 KZ 与创新产出 Output 之间的相关系数略低于 0.3。其他潜变量之间的 Pearson 相关系数均大于 0.3，小于 0.7，处于相关系数的合理区间，说明模型不存在严重的共线性问题。

6.2　主营业务盈利能力的调节效应分析

本节对 H6 进行实证检验，判断主营业务盈利能力是否能够调节收益率宽幅与企业创新之间的关系，以及主营业务盈利能力存在调节效应的原因。

6.2.1　结构方程模型及配适度检验

图 6－2 和图 6－3 分别为高盈利能力企业和低盈利能力企业样本中，收益率宽幅 RS 对企业创新影响的结构模型。

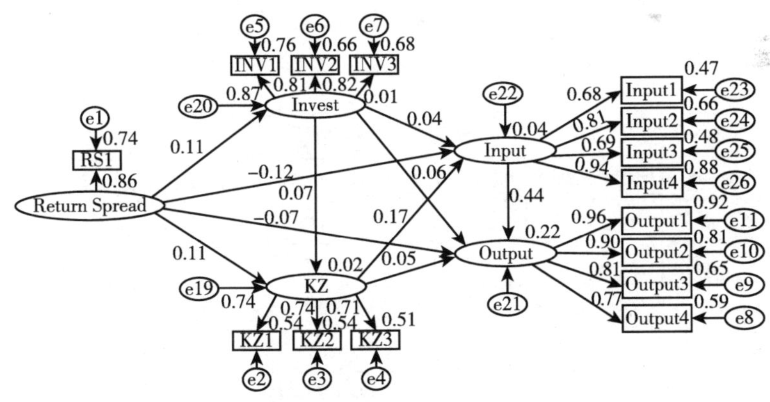

图 6－2　高盈利能力企业中收益率宽幅对创新影响的结构方程模型图

资料来源：AMOS 软件自动生成。

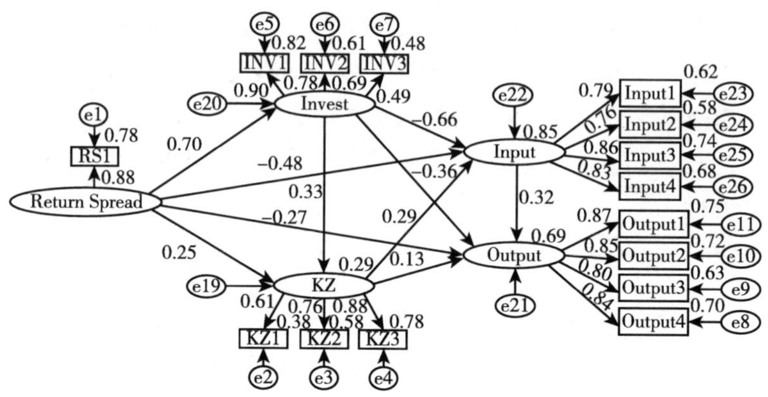

图 6－3　低盈利能力企业中收益率宽幅对创新影响的结构方程模型图

资料来源：AMOS 软件自动生成。

模型的配适度如表 6－9 所示。卡方值为 185.29，自由度（*DF*）162，χ^2/DF 值为 1.144。近似误差均方根（*RMSEA*）为 0.017，*SRMA* 为 0.09，均达到小于 0.08 的合理区间；拟合优度指数（*GFI*）为 0.963，调整后的拟合优度指数（*AGFI*）为 0.929，比较拟合指数（*CFI*）为 0.995，基准拟合指数（*NFI*）为 0.963，增量拟合指数（*IFI*）为 0.995，Tucker－Lewis 系数（*TLI*）为 0.994，均达到大于 0.9 的理想水平。说明模型配适度良好。

表 6－9　模型配适度指标

配适度指标	理想要求标准	模型配适度	配适度指标	理想要求标准	模型配适度
卡方 χ^2	越小越好	185.290	*AGFI*	>0.9	0.929
DF（自由度）	越大越好	162.000	*CFI*	>0.9	0.995
χ^2/DF	$1<\chi^2/DF<3$	1.144	*NFI*	>0.9	0.963
RMSEA	<0.08	0.017	*IFI*	>0.9	0.995
SRMA	<0.08	0.090	*TLI*（*NNFI*）	>0.9	0.994
GFI	>0.9	0.963	*Hoelter's N*（*CN*）	>200	426.293

资料来源：根据 AMOS 软件检验结果，作者手工整理所得。

6.2.2　主营业务盈利能力调节效应的检验结果

采用 Baron 三步法以及 Bootstrap 检验法，验证高盈利能力企业以及低盈利能力企业中，收益率宽幅影响企业创新的直接路径和中介路径是否存在，以判断主营业务盈利能力是否具有调节效应。

（1）基于 Baron 三步法的调节效应检验

表6-10显示了 Baron 三步法的验证结果，以检验高盈利能力企业和低盈利能力企业中，收益率宽幅对企业创新的抑制效应以及影响路径是否存在。

表6-10　　各路径关系检验结果

路径			非标准化路径系数	S. E.	C. R.	P	标准化路径系数
高盈利能力企业							
创新投入	←	收益率宽幅	-0.012	0.01	-1.252	0.210	-0.12
创新产出	←	收益率宽幅	-0.073	0.094	-0.775	0.438	-0.067
投资行为	←	收益率宽幅	0.116	0.099	1.173	0.241	0.113
融资约束	←	收益率宽幅	0.125	0.121	1.034	0.301	0.108
创新投入	←	投资行为	-0.004	0.009	-0.42	0.675	-0.037
创新投入	←	融资约束	0.015	0.008	1.817	0.069	0.173
融资约束	←	投资行为	0.082	0.108	0.76	0.447	0.072
创新产出	←	投资行为	0.067	0.084	0.805	0.421	0.063
创新产出	←	融资约束	0.046	0.08	0.579	0.562	0.049
创新产出	←	创新投入	4.796	0.942	5.089	***	0.439
低盈利能力企业							
创新投入	←	收益率宽幅	-0.05	0.007	-6.634	***	-0.478
创新产出	←	收益率宽幅	-0.253	0.107	-2.374	0.018	-0.274

续表

路径			非标准化路径系数	S. E.	C. R.	P	标准化路径系数
低盈利能力企业							
投资行为	←	收益率宽幅	0.699	0.059	11.906	***	0.7
融资约束	←	收益率宽幅	0.221	0.088	2.519	0.012	0.253
创新投入	←	投资行为	-0.068	0.008	-8.725	***	-0.656
创新投入	←	融资约束	0.035	0.007	5.26	***	0.294
融资约束	←	投资行为	0.291	0.086	3.388	***	0.332
创新产出	←	投资行为	-0.331	0.125	-2.64	0.008	-0.358
创新产出	←	融资约束	0.136	0.084	1.619	0.105	0.128
创新产出	←	创新投入	2.867	1.502	1.909	0.056	0.323

资料来源：根据 AMOS 软件检验结果，作者手工整理所得。

在高盈利能力的企业中，首先，进行收益率宽幅对企业创新影响的直接效应检验。经检验，收益率宽幅 RS 对创新投入 Input 以及创新产出 Output 影响的 C. R. 绝对值均小于 1.96，P 值大于 0.05，说明高盈利能力企业中，收益率宽幅对企业创新投入和创新产出的抑制效应不明显；其次，进行收益率宽幅对企业创新影响的间接效应检验。收益率宽幅对投资行为 Invest 以及对融资约束 KZ 影响的 P 值均大于 0.1。说明收益率宽幅没有显著影响企业的投资行为和融资约束程度。投资行为 Invest 对企业创新投入 Input 和创新产出 Output 影响的 P 值均大于 0.1；融资约束对企业创新投入 Input 和创新产出 Output 影响的 P 值均大于 0.1。根据 Baron et al.（1986）的研究成果，高盈利能力企业中投资行为、融资约束的中介效应不存在。

在低盈利能力企业中，首先，进行收益率宽幅对企业创新影响的直接效应检验。经检验，收益率宽幅 RS 对创新投入 Input 以及创新产出 Output 影响的 C. R. 绝对值均大于 1.96，P 值分别小于 0.01 和 0.05，标准化路径系数分别为 -0.478 和 -0.274，说明低盈利能力企业中，收益率宽幅显著抑制企业创新。其次，检验收益率宽幅对企业创新影响的间接效应。收益率宽幅 RS 对投资行为 Invest 影响的 P 值小于 0.01，标准化路径系数为 0.7；投资行为 Invest 对企业创新投入 Input 影响的 P 值小于 0.01，标准化路径系数为 -0.656；投资行为 Invest 对企业创新产出 Output 影响的 P 值小于 0.01，标准化路径系数为 -0.358。说明低盈利能力企业中，收益率宽幅加重了企业金融化倾向，抑制了企业创新投入和创新产出。收益率宽幅 RS 对融资约束 KZ 影响的 P 值小于 0.05，标准化路径系数为 0.253；融资约束 KZ 对企业创新投入 Input 影响的 P 值小于 0.05，标准化路径系数为 0.294。但是，融资约束 KZ 对企业创新产出 Output 影响的 P 值大于 0.1。根据 Baron et al.（1986）的研究成果，初步验证了低盈利能力企业中，投资行为金融化中介路径以及融资约束中介路径的存在。但是融资约束对创新产出的中介效应是否存在需要进一步检验。

通过比较高盈利能力企业和低盈利能力企业中，收益率宽幅对企业创新影响的直接路径和间接路径，可以发现：高盈利能力企业中，收益率宽幅对企业创新的抑制效应不明显。低盈利能力企业中，收益率宽幅对企业创新的抑制效应明显存在。主营业务盈利能力可以有效调节收益率宽幅对企业创新的抑制。H6 得到验证。

（2）基于 Bootstrap 检验法的调节效应检验

表 6-11 报告了高盈利能力企业和低盈利能力企业中，收益率宽幅对企业创新投入以及创新产出影响总效果、总间接效果、直接效果的 Bootstrap 检验结果。

表 6-11 上半部分是高盈利能力企业的检验结果。收益率宽幅对企业创新投入 Input 影响的总效果、总间接效果以及直接效果 Z 值绝对值均小于 1.96，并且 Bias - Corrected 检验以及 Percentile 检

验中，95%置信区间中均包括0，说明收益率宽幅没有对企业创新投入Input产生影响。收益率宽幅对企业创新产出影响总效果、总间接效果、直接效果的Z值绝对值均小于1.96，并且Bias-Corrected检验以及Percentile检验中，95%置信区间中均包括0，说明收益率宽幅没有影响企业创新产出。

表6-11　收益率宽幅对企业创新总效果、总中介效果以及直接效果的检验结果

	路径系数	总中介、直接效果所在比重	显著性		Bootstrapping			
					Bias-Corrected 95%		Percentile 95%	
			S. E.	Z	Lower	Upper	Lower	Upper
高盈利能力的企业：								
收益率宽幅对创新投入的影响								
总效果	-0.010	100.000	0.014	-0.714	-0.043	0.013	-0.043	0.013
直接效果	-0.012	85.714	0.015	-0.800	-0.047	0.011	-0.047	0.011
总间接效果	0.002	14.286	0.003	0.667	-0.003	0.011	-0.004	0.010
收益率宽幅对创新产出的影响								
总效果	-0.123	100.000	0.125	-0.984	-0.372	0.101	-0.391	0.090
直接效果	-0.073	-59.350	0.106	-0.689	-0.299	0.114	-0.306	0.107
总间接效果	-0.050	159.350	0.068	-0.735	-0.202	0.068	-0.191	0.075
低盈利能力的企业：								
收益率宽幅对创新投入的影响								
总效果	-0.083	100.000	0.007	-11.857	-0.097	-0.070	-0.096	-0.068
直接效果	-0.050	60.241	0.008	-6.250	-0.067	-0.035	-0.066	-0.034
总间接效果	-0.033	39.759	0.006	-5.500	-0.046	-0.021	-0.046	-0.021
收益率宽幅对创新产出的影响								
总效果	-0.664	100.000	0.046	-14.435	-0.763	-0.582	-0.763	-0.582
直接效果	-0.253	38.102	0.126	-2.008	-0.014	-0.035	-0.529	-0.031
总间接效果	-0.411	61.898	0.114	-3.605	-0.643	-0.180	-0.628	-0.173

资料来源：根据AMOS软件检验结果，作者手工整理所得。

表 6－11 下半部分是低盈利能力企业的检验结果。收益率宽幅影响企业创新投入 Input 的总效果、总间接效果以及直接效果的 Z 值绝对值均大于 1.96，Bias－Corrected 检验以及 Percentile 检验中，95% 置信区间中均不包括 0。说明总影响、总间接影响以及直接影响均存在。并且路径系数均小于 0，说明收益率宽幅对企业创新投入 Input 产生显著的负向影响；收益率宽幅对企业创新产出影响的总效果、总间接效果以及直接效果的 Z 值为绝对值大于 1.96，并且 Bias－Corrected 检验以及 Percentile 检验中，95% 置信区间中均不包括 0，说明总影响、总间接影响以及直接影响均存在。并且路径系数均小于 0，说明收益率宽幅显著影响企业创新产出。

Bootstrap 检验结果再次验证了高盈利能力企业中收益率宽幅对企业创新的影响不明显。而低盈利能力企业中收益率宽幅从直接以及间接渠道均显著影响企业的创新投入和创新产出。说明主业盈利能力能够调节收益率宽幅对企业创新的影响。提高主业盈利能力能够有效降低收益率宽幅对创新的抑制，促进企业创新，H6 成立。

（3）基于 Bootstrap 检验法的中介路径检验

借鉴 Sobel（1990）、Preacheret et al.（2004）、Russell et al.（2008）的研究成果，进一步采用 Bootstrap 方法验证各条中介路径是否存在，以及主营业务盈利能力是否影响各路径。检验结果如表 6－12所示。

表 6－12　Bootstrap 检验结果

路径	路径系数	显著性		Bias－corrected 检验			Percentile 检验		
		S. E.	Z	Lower	Upper	P	Lower	Upper	P
RS→Invest→Input 路径									
高盈利能力企业	0.000	0.002	0.000	－0.002	0.006	0.461	－0.004	0.004	0.874
低盈利能力企业	－0.048	0.006	－8.000	－0.061	－0.036	0.001	－0.061	－0.037	0.001
盈利能力调节效果	0.048	0.007	6.857	0.036	0.062	0.001	0.036	0.062	0.001

续表

路径	路径系数	显著性		Bias - corrected 检验			Percentile 检验		
		S. E.	Z	Lower	Upper	P	Lower	Upper	P
RS→KZ→Input 路径									
高盈利能力企业	0. 002	0. 003	0. 667	-0. 001	0. 011	0. 232	-0. 002	0. 009	0. 378
低盈利能力企业	0. 008	0. 003	2. 667	0. 003	0. 016	0. 004	0. 002	0. 015	0. 005
盈利能力调节效果	-0. 006	0. 004	-1. 500	-0. 014	0. 003	0. 142	-0. 014	0. 003	0. 150
RS→Invest→KZ→Input 路径									
高盈利能力企业	0. 000	0. 000	0. 000	-0. 002	0. 000	0. 249	-0. 001	0. 001	0. 839
低盈利能力企业	0. 007	0. 003	2. 333	0. 002	0. 014	0. 004	0. 002	0. 014	0. 006
盈利能力调节效果	-0. 007	0. 003	-2. 333	-0. 015	-0. 002	0. 004	-0. 014	-0. 002	0. 006
RS→Input→Output 路径									
高盈利能力企业	-0. 058	0. 064	-0. 906	-0. 197	0. 053	0. 322	-0. 194	0. 054	0. 345
低盈利能力企业	-0. 143	0. 096	-1. 490	-0. 356	0. 036	0. 100	-0. 329	0. 058	0. 143
盈利能力调节效果	0. 085	0. 116	0. 733	-0. 147	0. 320	0. 409	-0. 172	0. 307	0. 479
RS→Invest→Output 路径									
高盈利能力企业	-0. 008	0. 017	-0. 471	-0. 069	0. 011	0. 327	-0. 051	0. 024	0. 667
低盈利能力企业	-0. 231	0. 106	-2. 179	-0. 438	-0. 009	0. 044	-0. 462	-0. 034	0. 030
盈利能力调节效果	0. 223	0. 107	2. 084	0. 003	0. 439	0. 046	0. 023	0. 460	0. 034
RS→KZ→Output 路径									
高盈利能力企业	0. 006	0. 018	0. 333	-0. 014	0. 071	0. 411	-0. 023	0. 049	0. 713
低盈利能力企业	0. 030	0. 025	1. 200	-0. 006	0. 101	0. 087	-0. 010	0. 092	0. 130
盈利能力调节效果	-0. 024	0. 031	-0. 774	-0. 096	0. 031	0. 305	-0. 091	0. 035	0. 377
RS→Invest→Input→Output 路径									
高盈利能力企业	0. 002	0. 009	0. 222	-0. 009	0. 030	0. 461	-0. 017	0. 020	0. 874
低盈利能力企业	-0. 137	0. 092	-1. 489	-0. 327	0. 041	0. 114	-0. 315	0. 055	0. 143
盈利能力调节效果	0. 139	0. 093	1. 495	-0. 042	0. 328	0. 112	-0. 057	0. 316	0. 137
RS→KZ→Input→Output 路径									
高盈利能力企业	0. 009	0. 013	0. 692	-0. 004	0. 050	0. 211	-0. 009	0. 042	0. 378
低盈利能力企业	0. 022	0. 018	1. 222	-0. 002	0. 077	0. 066	-0. 010	0. 065	0. 148
盈利能力调节效果	-0. 013	0. 022	-0. 591	-0. 069	0. 025	0. 388	-0. 057	0. 033	0. 527

续表

路径	路径系数	显著性		Bias - corrected 检验			Percentile 检验		
		S. E.	Z	Lower	Upper	P	Lower	Upper	P
RS→Invest→KZ→Input→Output 路径									
高盈利能力企业	-0.001	0.002	-0.500	-0.013	0.001	0.234	-0.005	0.003	0.839
低盈利能力企业	0.020	0.017	1.176	-0.001	0.071	0.066	-0.009	0.058	0.148
盈利能力调节效果	-0.013	0.022	-0.591	-0.069	0.025	0.388	-0.057	0.033	0.527
RS→Invest→KZ→Output 路径									
高盈利能力企业	0.000	0.003	0.000	-0.013	0.001	0.352	-0.007	0.005	0.931
低盈利能力企业	0.028	0.024	1.167	-0.004	0.100	0.072	-0.008	0.085	0.128
盈利能力调节效果	-0.028	0.024	-1.167	-0.100	0.003	0.073	-0.085	0.009	0.126

资料来源：根据 AMOS 软件检验结果，作者手工整理所得。

关于收益率宽幅 RS→投资行为 Invest→创新投入 Input 路径的检验，高盈利能力企业的 Z 值绝对值小于 1.96，并且 Bias - Corrected 检验以及 Percentile 检验中，95% 置信区间中均包括 0；低盈利能力企业的 Z 值为 -8.000，Bias - Corrected 检验以及 Percentile 检验中，95% 置信区间中均不包括 0；并且，通过比较两类企业中该路径的斜率，发现 Z 值为 6.857，并且 95% 置信区间中均不包括 0。检验结果发现，低盈利能力企业中，收益率宽幅通过投资行为路径影响企业创新投入，但是高盈利能力企业中该路径不存在。并且，两类企业中该条路径的斜率存在显著差异。收益率宽幅每上升 1 个百分点引起的高盈利能力企业和低盈利能力企业创新投入下降幅度存在显著差异。说明主业盈利能力能够有效调节投资行为金融化对企业创新投入的影响。

关于收益率宽幅 RS→融资约束 KZ→创新投入 Input 路径的检验，高盈利能力企业的 Z 值绝对值小于 1.96，并且 Bias - Corrected 检验以及 Percentile 检验中，95% 置信区间中均包括 0；低盈利能力企业的 Z 值为 2.667，Bias - Corrected 检验以及 Percentile 检验中，95% 置信区间中均不包括 0。因此，低盈利能力的企业中，收益率宽幅通过融资约束路径影响企业创新投入，但是高盈利能力企业中，该路径不存在。说明主业盈利能力能够有效调节融资约束对收益率宽幅与企业创新投入之间关系的影响。

关于收益率宽幅 RS→投资行为 Invest→创新产出 Output 路径的检验，高盈利能力企业的 Z 值绝对值小于 1.96，并且 Bias - Corrected 检验以及 Percentile 检验中，95% 置信区间中均包括 0；低盈利能力企业的 Z 值为 -2.179，Bias - Corrected 检验以及 Percentile 检验中，95% 置信区间中均不包括 0。检验结果发现，低盈利能力企业中，收益率宽幅通过投资行为路径影响企业创新产出，但是高盈利能力企业中，该路径不存在。并且，两类企业中，该条路径的斜率存在显著差异。说明主业盈利能力能够有效调节投资行为金融化对收益率宽幅与企业创新产出之间关系的影响。

关于收益率宽幅 RS→融资约束 KZ→创新产出 Output 路径的检验，高盈利能力企业和低盈利能力企业的 Z 值绝对值均小于 1.96，并且 Bias - Corrected 检验以及 Percentile 检验中，95% 置信区间中均包括 0，说明两条中介路径均不存在；通过比较两类企业中该路径的斜率，发现 Z 值小于 1.96，并且 95% 置信区间中均包括 0。但是低盈利能力企业中，路径系数为 0.03，即受融资约束影响，收益率宽幅每增加 1 个单位，将导致企业创新产出上升 0.03 个单位；而高盈利能力企业中，路径系数为 0.006，即受融资约束影响，收益率宽幅每增加 1 个单位，将导致企业创新产出上升 0.006 个单位。说明主业盈利能力对融资约束的中介效应同样存在一定程度的影响。

表 6 - 12 中还列示了主业盈利能力对其他中介路径的调节结果。由于第 5 章中检验结果显示，其他中介路径的影响程度较低。因此，不再详细分析各条路径的调节效果。

Bootstrap 检验结果显示，高盈利能力企业中，收益率宽幅对企业创新的抑制效应较低。低盈利能力企业中，收益率宽幅仍然通过投资行为金融化路径以及融资约束两条路径影响企业创新，与第 5

章研究结论一致。投资行为金融化中介路径的路径系数为负，说明收益率宽幅通过改变企业投资行为，挤占创新资源，抑制企业创新；融资约束中介路径的路径系数为正，说明收益率宽幅通过缓解企业融资约束程度，促进企业创新。两条路径仍然从相反方面影响企业创新。Bootstrap 检验结果验证了低盈利能力企业中，收益率宽幅抑制企业创新的影响路径和传递机制。

6.2.3 主营业务盈利能力具有调节效应的原因分析

Baron 三步法以及 Bootstrap 检验法验证了主营业务盈利能力可以有效调节收益率宽幅对企业创新的抑制。高盈利能力企业中，收益率宽幅对创新的抑制效应不明显。根据表 6 – 10 高盈利能力企业中各路径显著性可以发现主营业务盈利能力具有调节作用的原因。

收益率宽幅主要通过诱导企业增加金融资产的持有以获得短期收益提高，从而对创新产生挤占效应，降低企业创新意愿和创新能力。因此，投资行为金融化是收益率宽幅抑制企业创新的主要途径。主营业务盈利能力可以有效调节收益率宽幅对企业创新的抑制很关键的一点就是可以调节投资行为金融化路径对创新的影响。

根据表 6 – 10 的检验结果，分析高盈利能力企业中投资行为金融化路径不存在的原因，可以发现：首先，“收益率宽幅→投资行为金融化路径” C. R. 绝对值小于 1.96，P 值大于 0.5，说明收益率宽幅对企业投资行为的影响较小。高盈利能力企业更加专注生产经营过程。投资者对企业所从事主业未来收益的预期较高，导致金融化机会成本较高，企业受收益率宽幅驱动而增加金融资产持有、挤占创新资源的可能性较低。因此，收益率宽幅对企业投资行为的改变较小，企业创新意愿充足。进一步分析“投资行为金融化路径→企业创新投入/创新产出路径”的显著性，发现该路径同样 C. R. 绝对值小于 1.96，P 值大于 0.5，说明金融化对企业创新的影响较小。原因可能有两点：一是高盈利能力企业受收益率宽幅影响而大幅增加金融资产持有的可能性较小，因此，企业持有的金融资产较小；二是主业盈利能力的提高，也导致企业更容易从包括银行在内的外部投资者处筹措更多的资金，有利于企业现金流量增加，缓解了企业的融资约束程度。即使企业存在一定程度的金融化现象，由于资金充裕，对企业创新活动的投入也不会大幅度下降，企业创新能力不会显著降低。

因此，主业盈利能力的提高可以降低企业投资行为金融化程度、弱化金融化对创新影响。两个方面共同作用，对收益率宽幅与企业创新之间的负向抑制关系进行有效调节。也从侧面说明，高盈利能力企业适度金融化不会影响企业创新和实体投资。

6.2.4 低盈利能力企业中投资行为路径与融资约束路径的比较

低盈利能力企业中仍然存在投资行为金融化路径和融资约束路径从两个不同方向影响企业创新的情况。继续采用 Bootstrap 检验计算各路径以及各中介变量的影响程度。

（1）各路径影响程度分析

表 6 – 13 显示了低盈利能力企业中，各中介路径影响程度计算表。根据 Bootstrap 检验结果，以各中介路径的路径系数绝对值占全部中介路径的路径系数绝对值之和的比重，计算各路径对创新的影响程度。

表 6 – 13　低盈利能力企业各中介路径影响程度计算表

路径	路径系数	路径系数绝对值	各路径影响程度
RS 对创新投入的中介路径检验：			
路径 1：RS→Invest→Input	–0.048	0.048	76.190
路径 2：RS→KZ→Input	0.008	0.008	12.698
路径 3：RS→Invest→KZ→Input	0.007	0.007	11.111
中介效果合计	–0.033	0.063	100.000

续表

路径	路径系数	路径系数绝对值	各路径影响程度
RS 对创新产出的中介路径检验：			
路径 4：RS→Invest→Output	-0.231	0.231	37.807
路径 5：RS→KZ→Output	0.030	0.030	4.910
路径 6：RS→Invest→KZ→Output	0.028	0.028	4.583
路径 7：RS→KZ→Input→Output	0.022	0.022	3.601
路径 8：RS→Invest→Input→Output	-0.137	0.137	22.422
路径 9：RS→Input→Output	-0.143	0.143	23.404
路径 10：RS→Invest→KZ→Input→Output	0.020	0.020	3.273
中介效果合计	-0.411	0.611	100.000

资料来源：根据 AMOS 软件检验结果，作者手工整理所得。

针对收益率宽幅对企业创新投入影响的各中介路径分析，可以看出：收益率宽幅→投资行为→创新投入路径对收益率宽幅与创新投入之间关系的影响程度最大，占全部中介效果的 76.19%。因此，导致收益率宽幅对创新投入的总中介效果呈现抑制效应，收益率宽幅的增加将导致企业创新投入减少。

收益率宽幅对企业创新产出的影响存在六条中介路径，通过比较各路径占总中介效应的比重，可以看出：收益率宽幅→投资行为→创新产出路径对收益率宽幅与创新产出之间关系的影响程度最大，占全部中介效果的 37.81%。从各条路径占比可以看出，企业投资行为金融化对收益率宽幅与创新产出关系的影响程度更高。导致收益率宽幅对创新产出的总中介效果呈现抑制效应，收益率宽幅的增加将导致企业创新产出减少。

（2）两个中介变量影响程度分析

投资行为中介变量通过两条路径影响收益率宽幅与创新投入之间关系，即收益率宽幅→投资行为→创新投入路径、收益率宽幅→投资行为→融资约束→创新投入路径。将两条路径的路径系数绝对值相加，得到投资行为对收益率宽幅与创新投入之间关系的总影响为0.055，占全部中介变量影响程度的78.57%。融资约束中介变量通过两条路径影响收益率宽幅与创新投入之间关系，即收益率宽幅→融资约束→创新投入路径、收益率宽幅→投资行为→融资约束→创新投入路径。同样将两条路径的路径系数绝对值相加，得到融资约束对收益率宽幅与创新投入之间关系的总影响为0.015，占全部中介变量影响程度的21.43%。可以看出，投资行为变量对收益率宽幅与创新投入之间关系的影响程度较大。

各变量对收益率宽幅与企业创新产出之间关系的影响也与上述结果基本一致。投资行为中介变量通过四条路径影响收益率宽幅与创新产出之间的关系，即收益率宽幅→投资行为→创新产出路径、收益率宽幅→投资行为→融资约束→创新产出路径、收益率宽幅→投资行为→创新投入→创新产出路径以及收益率宽幅→投资行为→融资约束→创新投入→创新产出路径。将四条路径的路径系数绝对值相加，得到投资行为对收益率宽幅与创新产出之间关系的总影响为0.416，占全部中介效应的80.62%。融资约束中介变量通过四条路径影响收益率宽幅与创新产出之间的关系，即收益率宽幅→融资约束→创新产出路径、收益率宽幅→投资行为→融资约束→创新产出路径、收益率宽幅→融资约束→创新投入→创新产出路径以及收益率宽幅→投资行为→融资约束→创新投入→创新产出路径。将四条路径的路径系数绝对值相加，得到融资约束对收益率宽幅与创新产出之间关系的总影响为0.1，占全部中介效应的19.38%（见表6-14）。

表6-14　　各中介变量影响程度计算表

中介变量	路径系数绝对值合计	影响程度占比（%）
RS对创新投入的中介变量		
投资行为 Invest	0.055	78.571
融资约束 KZ	0.015	21.429
中介效果合计	0.070	100.000

续表

中介变量	路径系数绝对值合计	影响程度占比（%）
RS 对创新产出的中介变量		
投资行为 Invest	0.416	80.620
融资约束 KZ	0.100	19.380
中介效果合计	0.516	100.000

资料来源：根据 AMOS 软件检验结果，作者手工整理所得。

通过两条中介变量影响程度的比较，可以发现投资行为金融化中介的影响程度高于融资约束中介的影响程度。导致低盈利能力企业中，收益率宽幅对企业创新的影响呈现负向抑制效应。

6.2.5 研究结论

通过各路径显著性分析以及 Bootstrap 检验结果，可以看出，高盈利能力企业中，收益率宽幅对创新投入和创新产出的直接影响，以及通过投资行为和融资约束影响创新投入和创新产出的间接路径均不存在；而低盈利能力企业中，收益率宽幅对创新投入和创新产出产生直接影响，并且通过投资行为和融资约束影响创新投入、通过投资行为影响企业创新产出。检验结果说明，主营业务盈利能力可以有效调节收益率宽幅与企业创新之间的关系，H6 成立。进一步检验发现，低盈利能力企业中，投资行为中介路径以及融资约束中介路径均存在，说明收益率宽幅仍然通过这两条路径影响企业创新。并且投资行为中介路径的挤出效应高于融资约束中介路径的促进效应，导致收益率宽幅依然对企业创新存在抑制效应。

同时，依据高盈利能力企业中各路径显著性，分析主业盈利能力能够调节收益率宽幅与企业创新之间关系的原因。研究发现：主业盈利能力的提高即可以对企业投资行为产生影响，减少企业投资行为金融化倾向；也有利于增强企业的现金流入，减少投资行为金融化对企业创新资源的挤占，进而对收益率宽幅与企业创新之间的关系进行调节。因此，主业盈利能力可以通过降低企业金融化程度以及减弱金融化对创新资源的挤占两个途径，有效调节收益率宽幅对企业创新的抑制。

6.3 股权性质的调节效应分析

不同股权性质企业能获得的资源不同，也导致收益率宽幅对创新的抑制效应存在差异。从而，影响企业创新动力和创新能力。本书构建了结构方程模型，检验 H7 是否成立，验证股权性质对收益率宽幅与企业创新之间关系以及传递路径的调节作用。

6.3.1 结构方程模型及配适度检验

图 6-4 和图 6-5 分别为非国有企业和国有企业样本中，收益率宽幅 RS 对企业创新能力影响的结构模型。

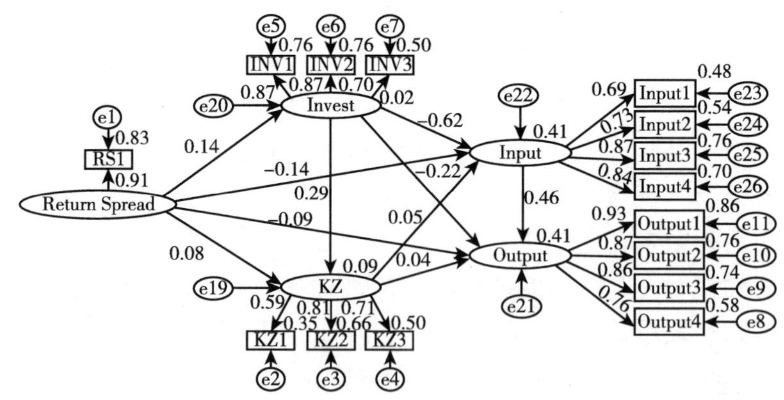

图 6-4 非国有企业中收益率宽幅对创新影响的结构方程模型图

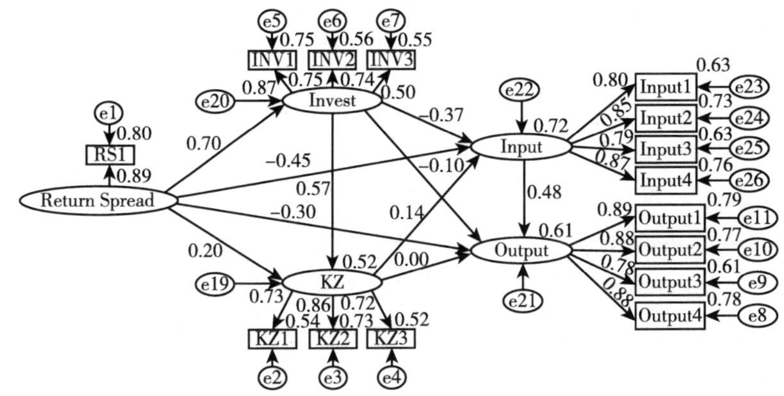

图6-5　国有企业中收益率宽幅对创新影响的结构方程模型图

资料来源：两个模型图均由AMOS软件自动生成。

模型的配适度如表6-15所示。卡方值为195.232，自由度（*DF*）162，χ^2/DF值为1.205。近似误差均方根（*RMSEA*）为0.021，*SRMA*为0.056，均达到小于0.08的合理区间；拟合优度指数（*GFI*）为0.960，调整后的拟合优度指数（*AGFI*）为0.922，比较拟合指数（*CFI*）为0.993，基准拟合指数（*NFI*）为0.960，增量拟合指数（*IFI*）为0.993，Tucker-Lewis系数（*TLI*）为0.991，均达到大于0.9的理想水平。说明模型配适度良好。

表6-15　　　　模型配适度指标

配适度指标	理想要求标准	模型配适度	配适度指标	理想要求标准	模型配适度
卡方χ^2	越小越好	195.232	*AGFI*	>0.9	0.922
DF（自由度）	越大越好	162.000	*CFI*	>0.9	0.993
χ^2/DF	$1<\chi^2/DF<3$	1.205	*NFI*	>0.9	0.960
RMSEA	<0.08	0.021	*IFI*	>0.9	0.993
SRMA	<0.08	0.056	*TLI*（*NNFI*）	>0.9	0.991
GFI	>0.9	0.960	*Hoelter's N*（*CN*）	>200	404.635

资料来源：根据AMOS软件检验结果，作者手工整理所得。

6.3.2 股权性质调节效应的检验结果

采用 Baron 三步法以及 Bootstrap 检验法，验证国有企业以及非国有企业中，收益率宽幅影响企业创新的直接路径和中介路径是否存在，以判断股权性质差异是否具有调节效应。

（1）基于 Baron 三步法的调节效应检验

表 6－16 显示了 Baron 三步法的验证结果，以检验国有企业以及非国有企业中，收益率宽幅对企业创新的抑制效应以及影响路径是否存在。

表 6－16　　　　各路径关系检验结果

路径			非标准化路径系数	S. E.	C. R.	P	标准化路径系数
非国有企业							
创新投入	←	收益率宽幅	－0. 012	0. 007	－1. 743	0. 081	－0. 139
创新产出	←	收益率宽幅	－0. 075	0. 052	－1. 433	0. 152	－0. 086
投资行为	←	收益率宽幅	0. 111	0. 059	1. 889	0. 059	0. 138
融资约束	←	收益率宽幅	0. 054	0. 055	0. 975	0. 329	0. 075
创新投入	←	投资行为	－0. 066	0. 008	－7. 893	***	－0. 622
创新投入	←	融资约束	0. 006	0. 008	0. 696	0. 487	0. 047
融资约束	←	投资行为	0. 256	0. 071	3. 594	***	0. 288
创新产出	←	投资行为	－0. 236	0. 088	－2. 673	0. 008	－0. 219
创新产出	←	融资约束	0. 045	0. 078	0. 577	0. 564	0. 037
创新产出	←	创新投入	4. 688	0. 866	5. 416	***	0. 462
国有企业							
创新投入	←	收益率宽幅	－0. 041	0. 008	－4. 995	***	－0. 445
创新产出	←	收益率宽幅	－0. 261	0. 095	－2. 732	0. 006	－0. 299
投资行为	←	收益率宽幅	0. 630	0. 064	9. 872	***	0. 704
融资约束	←	收益率宽幅	0. 201	0. 108	1. 865	0. 062	0. 196

续表

路径			非标准化路径系数	S. E.	C. R.	P	标准化路径系数
创新投入	←	投资行为	-0.038	0.011	-3.541	***	-0.367
创新投入	←	融资约束	-0.012	0.008	-1.584	0.113	-0.135
融资约束	←	投资行为	0.652	0.128	5.092	***	0.568
创新产出	←	投资行为	-0.097	0.110	-0.878	0.380	-0.099
创新产出	←	融资约束	0.052	0.074	0.699	0.485	0.061
创新产出	←	创新投入	4.566	1.162	3.929	***	0.480

资料来源：根据 AMOS 软件检验结果，作者手工整理所得。

在非国有企业中，首先进行收益率宽幅对企业创新影响的直接效应检验。经检验，收益率宽幅 RS 对创新投入 Input 以及创新产出 Output 影响的 C. R. 绝对值均小于1.96，P 值大于0.05。说明非国有企业中收益率宽幅不直接影响企业创新投入和创新产出；进一步检验收益率宽幅对企业创新影响的间接效应。收益率宽幅对投资行为影响的 C. R. 绝对值小于1.96，P 值大于0.05；对融资约束影响的 C. R. 绝对值小于1.96，P 值大于0.05。说明收益率宽幅对企业投资行为金融化以及融资约束没有产生显著影响。但是投资行为 Invest 对企业创新投入 Input 影响的 P 值小于0.01，标准化路径系数为 -0.622；投资行为 Invest 对创新产出 Output 影响的 P 值也小于0.01，标准化路径系数为 -0.219。说明金融化行为仍然会降低企业的创新能力；融资约束对企业创新投入 Input 和创新产出 Output 影响的 P 值均大于0.1。根据 Baron et al. （1986） 的研究成果，非国有企业中投资行为、融资约束的中介效应是否存在需要进一步检验。

在国有企业中，首先进行收益率宽幅对企业创新影响的直接效应检验。经检验，收益率宽幅 RS 对创新投入 Input 以及创新产出

Output 影响的 C. R. 绝对值均大于 1.96，P 值均小于 0.01。标准化路径系数分别为 -0.445 和 -0.299，说明国有企业中收益率宽幅显著抑制企业创新；进一步检验收益率宽幅对企业创新影响的间接效应。收益率宽幅 RS 对投资行为 Invest 影响的 P 值小于 0.01，标准化路径系数为 0.704；投资行为 Invest 对企业创新投入 Input 影响的 P 值小于 0.01，标准化路径系数为 -0.367。根据 Baron et al.（1986）的研究成果，投资行为对创新投入 Input 存在部分中介效应。投资行为 Invest 对企业创新产出 Output 影响的 C. R. 绝对值小于 1.96，P 值大于 0.1，是否存在中介效应需要进一步检验。收益率宽幅 RS 对融资约束 KZ 影响的 P 值小于 0.1，标准化路径系数为 0.196；融资约束 KZ 对企业创新投入 Input 影响的 P 值大于 0.1。融资约束对创新投入不存在部分中介效应；融资约束对企业创新产出 Output 影响的 P 值大于 0.1，不存在中介效应。

通过比较国有企业和非国有企业中收益率宽幅对企业创新影响的直接效果和中介路径，可以发现：非国有企业中收益率宽幅对企业创新的抑制效应不存在；而国有企业中收益率宽幅仍然对创新存在明显的抑制效应。以上说明了股权性质差异可以有效调节收益率宽幅对企业创新的抑制，H7 成立。

（2）基于 Bootstrap 检验法的总中介效果验证

表 6-17 报告了非国有企业和国有的企业中收益率宽幅对企业创新投入以及创新产出影响总效果、总间接效果、直接效果的 Bootstrap 检验结果。

表 6-17 上半部分是非国有企业的检验结果。收益率宽幅对企业创新投入 Input 影响的总效果、总间接效果、直接效果 Z 值绝对值均小于 1.96，并且 Bias - Corrected 检验以及 Percentile 检验中，95% 置信区间中均包括 0，说明收益率宽幅没有对企业创新投入产生影响；收益率宽幅对企业创新产出影响总效果、总间接效果、直接效果 Z 值绝对值均小于 1.96，并且 Bias - Corrected 检验以及 Per-

centile 检验中，95%置信区间中均包括0，说明收益率宽幅没有影响企业创新产出。

表6－17下半部分是国有企业的检验结果。收益率宽幅对企业创新投入 Input 影响的总效果、总间接效果、直接效果的Z值绝对值均大于1.96，Bias－Corrected 检验以及 Percentile 检验中，95%置信区间中均不包括0。说明总效果、总间接效果、直接效果的存在。并且路径系数均小于0，说明收益率宽幅对企业创新投入产生显著的负向影响；收益率宽幅对企业创新产出影响是总效果、总间接效果、直接效果Z值为绝对值大于1.96，并且 Bias－Corrected 检验以及 Percentile 检验中，95%置信区间中均不包括0。说明总效果、总间接效果、直接效果的存在。并且路径系数均小于0，说明收益率宽幅显著抑制企业创新产出。

表6－17　收益率宽幅对企业创新总效果、总中介效果以及直接效果的检验结果

	路径系数	总中介、直接效果所在比重	显著性		Bootstrapping			
					Bias－Corrected 95%		Percentile 95%	
			S. E.	Z	Lower	Upper	Lower	Upper
非国有企业：								
收益率宽幅对创新投入的影响								
总效果	－0.006	100.000	0.006	－1.000	－0.018	0.006	－0.019	0.005
直接效果	－0.007	87.500	0.009	－0.778	－0.025	0.010	－0.027	0.009
总间接效果	0.001	12.500	0.005	0.200	－0.009	0.013	－0.009	0.013
收益率宽幅对创新产出的影响								
总效果	－0.042	100.000	0.087	－0.483	－0.215	0.125	－0.229	0.112
直接效果	0.010	16.129	0.134	0.075	－0.224	0.297	－0.246	0.276
总间接效果	－0.052	83.871	0.101	－0.515	－0.269	0.125	－0.259	0.133

续表

	路径系数	总中介、直接效果所在比重	显著性		Bootstrapping			
					Bias - Corrected 95%		Percentile 95%	
			S. E.	Z	Lower	Upper	Lower	Upper
国有企业：								
收益率宽幅对创新投入的影响								
总效果	-0.072	100.000	0.007	-10.286	-0.086	-0.058	-0.085	-0.058
直接效果	-0.041	56.944	0.009	-4.556	-0.061	-0.024	-0.061	-0.024
总间接效果	-0.031	43.056	0.007	-4.429	-0.047	-0.018	-0.045	-0.017
收益率宽幅对创新产出的影响								
总效果	-0.618	100.000	0.050	-12.360	-0.726	-0.529	-0.725	-0.527
直接效果	-0.261	42.233	0.114	-2.289	-0.469	-0.019	-0.508	-0.060
总间接效果	-0.357	57.767	0.096	-3.719	-0.571	-0.188	-0.532	-0.157

资料来源：根据 AMOS 软件检验结果，作者手工整理所得。

从两类企业的 Bootstrap 检验结果差异可以看出，非国有企业中收益率宽幅对企业创新的影响不明显。而国有企业中收益率宽幅从直接以及间接渠道均显著抑制企业的创新投入和创新产出，说明股权性质能够调节收益率宽幅对企业创新的影响，再次验证了 H7 成立。

（3）基于 Bootstrap 检验法的中介路径验证

进一步采用 Bootstrap 方法验证各条中介路径是否存在，以及股权性质是否影响各路径的效果。检验结果如表 6 - 18 所示。

表 6 - 18　　中介路径的 Bootstrap 检验结果

路径	路径系数	显著性		Bias - corrected 检验			Percentile 检验		
		S. E.	Z	Lower	Upper	P	Lower	Upper	P
RS→Invest→Input 路径									
非国有企业	-0.007	0.006	-1.167	-0.02	0.003	0.137	-0.019	0.003	0.167
国有企业	-0.024	0.009	-2.667	-0.04	-0.004	0.019	-0.041	-0.006	0.014
股权性质调节效果	0.016	0.011	1.455	-0.006	0.036	0.151	-0.005	0.037	0.128

续表

路径	路径系数	显著性		Bias - corrected 检验			Percentile 检验		
		S. E.	Z	Lower	Upper	P	Lower	Upper	P
RS→KZ→Input 路径									
非国有企业	0.000	0.001	0.000	-0.001	0.003	0.415	-0.001	0.002	0.626
国有企业	-0.002	0.003	-0.667	-0.01	0.001	0.125	-0.008	0.003	0.346
股权性质调节效果	0.003	0.003	1.000	-0.001	0.01	0.13	-0.002	0.009	0.277
RS→Invest→KZ→Input 路径									
非国有企业	0.000	0.000	0.000	0.000	0.002	0.373	0.000	0.001	0.506
国有企业	-0.005	0.005	-1.000	-0.019	0.002	0.146	-0.016	0.004	0.284
股权性质调节效果	0.005	0.005	1.000	-0.002	0.019	0.148	-0.003	0.016	0.262
RS→Input→Output 路径									
非国有企业	-0.056	0.041	-1.366	-0.16	0.004	0.072	-0.151	0.007	0.094
国有企业	-0.186	0.066	-2.818	-0.368	-0.082	0.002	-0.323	-0.067	0.007
股权性质调节效果	0.130	0.077	1.688	-0.001	0.312	0.052	-0.03	0.281	0.11
RS→Invest→Output 路径									
非国有企业	-0.026	0.026	-1.000	-0.105	0.008	0.129	-0.089	0.015	0.208
国有企业	-0.061	0.092	-0.663	-0.219	0.147	0.528	-0.222	0.138	0.505
股权性质调节效果	0.035	0.096	0.365	-0.172	0.206	0.718	-0.172	0.206	0.721
RS→KZ→Output 路径									
非国有企业	0.002	0.007	0.286	-0.005	0.028	0.321	-0.012	0.02	0.722
国有企业	0.010	0.024	0.417	-0.024	0.078	0.474	-0.029	0.072	0.609
股权性质调节效果	-0.008	0.025	-0.320	-0.076	0.031	0.628	-0.069	0.035	0.727
RS→Invest→Input→Output 路径									
非国有企业	-0.034	0.028	-1.214	-0.104	0.011	0.108	-0.097	0.016	0.167
国有企业	-0.108	0.050	-2.160	-0.237	-0.034	0.007	-0.213	-0.014	0.020
股权性质调节效果	0.074	0.057	1.298	-0.025	0.205	0.129	-0.039	0.189	0.194

续表

路径	路径系数	显著性		Bias - corrected 检验			Percentile 检验		
		S. E.	Z	Lower	Upper	P	Lower	Upper	P
RS→KZ→Input→Output 路径									
非国有企业	0.001	0.004	0.250	-0.003	0.014	0.390	-0.005	0.012	0.626
国有企业	-0.011	0.012	-0.917	-0.056	0.002	0.106	-0.038	0.010	0.343
股权性质调节效果	0.0120	0.013	0.923	-0.003	0.055	0.098	-0.009	0.042	0.279
RS→Invest→KZ→Input→Output 路径									
非国有企业	0.001	0.002	0.500	-0.001	0.008	0.328	-0.001	0.006	0.506
国有企业	-0.023	0.024	-0.958	-0.102	0.006	0.125	-0.078	0.015	0.281
股权性质调节效果	0.0120	0.013	0.923	-0.003	0.055	0.098	-0.009	0.042	0.279
RS→Invest→KZ→Output 路径									
非国有企业	0.001	0.003	0.333	-0.002	0.012	0.315	-0.005	0.008	0.673
国有企业	0.0210	0.044	0.477	-0.074	0.099	0.537	-0.085	0.093	0.607
股权性质调节效果	-0.020	0.044	-0.455	-0.098	0.075	0.564	-0.093	0.086	0.631

资料来源：根据 AMOS 软件检验结果，作者手工整理所得。

关于收益率宽幅 RS→投资行为 Invest→创新投入 Input 路径的检验，非国有企业的 Z 值绝对值小于 1.96，并且 Bias - Corrected 检验以及 Percentile 检验中，95% 置信区间中均包括 0，说明该中介路径不存在；国有企业的 Z 值为 -2.667，Bias - Corrected 检验以及 Percentile 检验中，95% 置信区间中均不包括 0，该中介路径存在。通过比较两类企业中该路径的斜率，发现 Z 值小于 1.96，并且 95% 置信区间中均包括 0。但是国有企业中，路径系数为 -0.024，即受投资行为金融化影响，收益率宽幅每增加 1 个单位，将导致企业创新投入下降 0.024 个单位；而非国有企业中，路径系数为 -0.007，即受投资行为影响，收益率宽幅每增加 1 个单位，将导致企业创新投入下降 0.007 个单位。说明股权性质能够有效调节投资行为金融化对收益率宽幅与企业创新投入之间关系的影响。

关于收益率宽幅 RS→投资行为 Invest→创新产出 Output 路径的检验，非国有企业和国有企业的 Z 值绝对值均小于 1.96，并且 Bias - Corrected 检验以及 Percentile 检验中，95% 置信区间中均包括 0，说明两条中介路径均不存在；通过比较两类企业中该路径的斜率，发现 Z 值小于 1.96，并且 95% 置信区间中均包括 0。但是国有企业中，路径系数为 -0.026，即受投资行为影响，收益率宽幅每增加 1 个单位，将导致企业创新产出下降 0.026 个单位；而非国有企业中，路径系数为 -0.061，即受投资行为影响，收益率宽幅每增加 1 个单位，将导致企业创新产出下降 0.061 个单位。国有企业中，收益率宽幅通过投资行为对创新产出的抑制效应更强烈。

关于收益率宽幅 RS→融资约束 KZ→创新投入 Input 路径的检验，非国有企业的 Z 值绝对值小于 1.96，并且 Bias - Corrected 检验以及 Percentile 检验中，95% 置信区间中均包括 0；国有企业的 Z 值绝对值小于 1.96，并且 Bias - Corrected 检验以及 Percentile 检验中，95% 置信区间中均包括 0。说明非国有企业和国有企业中，收益率宽幅 RS→融资约束 KZ→创新投入 Input 路径均不存在。

关于收益率宽幅 RS→融资约束 KZ→创新产出 Output 路径的检验，非国有企业和国有企业的 Z 值绝对值均小于 1.96，并且 Bias - Corrected 检验以及 Percentile 检验中，95% 置信区间中均包括 0，说明非国有企业和国有企业中，收益率宽幅 RS→融资约束 KZ→创新产出 Output 路径均不存在。

表 6 - 18 中还列示了股权性质对其他中介路径的调节结果。由于第 5 章中检验结果显示，其他中介路径的影响程度较低。因此，不再详细分析各条路径的调节效果。

通过对上述中介路径的检验，可以发现：在国有企业中，收益率宽幅对企业创新存在抑制效应。但是传递路径与前文研究结论不同。国有企业中投资行为金融化中介路径存在。收益率宽幅通过诱导企业增加金融资产的持有而挤占创新资源，抑制企业创新。但是，融资约束中介路径不存在，收益率宽幅没有通过缓解融资约束而促进企业创新。可能的原因是国有企业能够享受更多的政府扶持，也更容易获得银行贷款（黎文靖等，2016），资金充裕，融资约束程度较低。当国有企业受收益率宽幅影响而持有更多的金融资产时，金融资产的高收益率能够为企业创造更多的账面利润以及现金流入，进一步降低国有企业的融资约束。但是，由于资本边际效应递减，持有金融资产而多获取的资金流入对本身就资金充裕的国有企业而言，产生的激励效应较低。因此，收益率宽幅带来的融资约束缓解无法促进企业创新能力的提高。

依据 Bootstrap 检验结果，得出结论：非国有企业中收益率宽幅对企业创新的抑制效应不存在。国有企业中，收益率宽幅对企业创新的抑制效应明显存在。股权性质对收益率宽幅与企业创新之间关系存在明显的调节作用，H7 成立。但是国有企业中，收益率宽幅抑制企业创新的传递路径与之前研究不同。收益率宽幅仅通过投资行为金融化的挤出效应而抑制企业创新，融资约束中介路径不存在。

6.3.3 股权性质具有调节效应的原因分析

Baron 三步法以及 Bootstrap 检验法验证了股权性质可以有效调节收益率宽幅对企业创新的抑制。非国有企业中，收益率宽幅对创新的抑制效应不明显。根据表 6 – 16 非国有企业中各路径显著性可以发现股权性质具有调节作用的原因。

收益率宽幅主要通过诱导企业增加金融资产的持有以获得短期收益提高，从而对创新产生挤占效应，降低企业创新意愿和创新能力。因此，投资行为金融化是收益率宽幅抑制企业创新的主要途径。股权性质可以有效调节收益率宽幅对企业创新的抑制很关键的一点就是可以调节投资行为金融化路径对创新的影响。

根据表 6－16 的检验结果，分析非国有企业中投资行为金融化路径不存在的原因，可以发现：首先，“收益率宽幅→投资行为金融化路径” C. R. 绝对值小于 1.96，P 值大于 0.05，说明收益率宽幅对企业投资行为的影响较小。非国有企业由于能够享受的政府扶持以及银行贷款资金相对较少，导致非国有企业更加专注生产经营过程才能在激烈的市场竞争中生存。因此，企业自主创新动机较强，受收益率宽幅驱动而增加金融资产持有、挤占创新资源的可能性较低。因此，收益率宽幅对企业投资行为的改变较小，企业创新意愿充足。进一步分析“投资行为金融化路径→企业创新投入/创新产出路径”的显著性，发现该路径 C. R. 绝对值大于 1.96，P 值小于 0.05，说明金融化对企业创新的影响较大。原因可能在于非国有企业由于能够享受的政府扶持以及银行贷款资金相对较少，企业融资约束程度较高，即使受收益率宽幅驱动持有较少的金融资产也会挤占创新资源，出现对创新的抑制效应。因此，股权性质差异主要通过降低企业投资行为金融化程度，而对收益率宽幅与企业创新之间的负向抑制关系进行有效调节。

6.3.4　研究结论

通过各路径显著性分析以及 Bootstrap 检验结果，可以看出，非国有企业中收益率宽幅对创新的直接影响，以及通过投资行为和融资约束影响创新能力的中介路径均不存在；国有企业中，收益率宽幅显著抑制企业创新。股权性质差异可以调节收益率宽幅对企业创新的抑制效应。验证了 H6 的成立。

但是，国有企业中，收益率宽幅影响企业创新的中介路径和传递机制与其他企业不同。国有企业中，收益率宽幅仅通过投资行为金融化这一中介路径影响企业创新，融资约束中介路径不存在。原因可能是国有企业资金更充裕，由于资本边际效应递减，金融资产的高收益率能够为企业多获取的资金流入，对本身就资金充裕的国有企业而言，产生的激励效应较低。因此，融资约束促进企业创新的中介路径不存在。

进一步依据非国有企业中各路径显著性，分析股权性质能够调节收益率宽幅与创新之间关系的原因。可以发现：不同于主业盈利能力即影响企业投资行为又影响投资金融资产对创新资源的挤占，股权性质主要通过影响企业投资行为而对收益率宽幅与企业创新能力之间的关系进行调节。非国有企业中，企业自主创新动机较强，受收益率宽幅影响而增加金融资产持有的可能性较低，因此，“收益率宽幅→投资行为金融化”路径不明显。但是股权性质没有影响金融化对企业创新资源的挤占，“投资行为金融化→抑制创新”路径仍然存在。

6.4 高新技术企业资质认定的调节效应分析

本节继续探讨高新技术企业资质认定对收益率宽幅与企业创新之间关系以及传递路径的调节效果，以检验 H8 是否成立。并分析高新技术企业资质认定能够调节收益率宽幅对企业创新抑制效应的原因。

6.4.1 结构方程模型及配适度检验

图 6 - 6 和图 6 - 7 分别为高新技术企业和非高新技术企业样本中，收益率宽幅 RS 对企业创新能力影响的结构模型。模型的配适度如表 6 - 19 所示。卡方值为 198.969，自由度（DF）162，χ^2/DF 值为 1.228。近似误差均方根（*RMSEA*）为 0.022，*SRMA* 为

0.048，均达到小于 0.08 的合理区间；拟合优度指数（*GFI*）为 0.965，调整后的拟合优度指数（*AGFI*）为 0.932，比较拟合指数（*CFI*）为 0.993，基准拟合指数（*NFI*）为 0.965，增量拟合指数（*IFI*）为 0.993，Tucker - Lewis 系数（*TLI*）为 0.991，均达到大于 0.9 的理想水平。说明模型配适度良好。

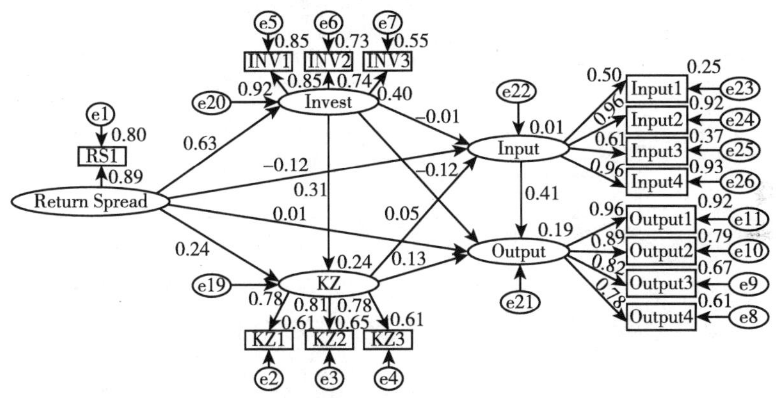

图 6 - 6　高新技术企业中收益率宽幅对创新影响的结构方程模型图

资料来源：AMOS 软件自动生成。

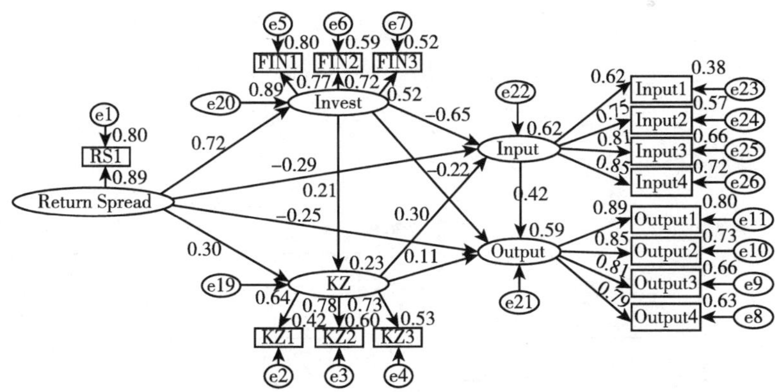

图 6 - 7　非高新技术企业中收益率宽幅对创新影响的结构方程模型图

资料来源：AMOS 软件自动生成。

表 6－19　　模型配适度指标

配适度指标	理想要求标准	模型配适度	配适度指标	理想要求标准	模型配适度
χ^2 卡方	越小越好	198.969	*AGFI*	>0.9	0.932
DF（自由度）	越大越好	162.000	*CFI*	>0.9	0.993
χ^2/DF	$1<\chi^2/\mathrm{DF}<3$	1.228	*NFI*	>0.9	0.965
RMSEA	<0.08	0.022	*IFI*	>0.9	0.993
SRMA	<0.08	0.048	*TLI*（*NNFI*）	>0.9	0.991
GFI	>0.9	0.965	*Hoelter's N*（*CN*）	>200	397.054

资料来源：根据 AMOS 软件检验结果，作者手工整理所得。

6.4.2　高新技术企业资质认定调节效应的检验结果

采用 Baron 三步法以及 Bootstrap 检验法，验证高新技术企业以及非高新技术企业中，收益率宽幅影响企业创新的直接路径和中介路径是否存在，以判断高新技术企业资质认定是否具有调节效应。

（1）基于 Baron 三步法的调节效应检验

表 6－20 显示了 Baron 三步法的验证结果，以检验高新技术企业以及非高新技术企业中，收益率宽幅对企业创新的抑制效应以及影响路径是否存在。

表 6－20　　各路径关系检验结果

路径			非标准化路径系数	S. E.	C. R.	P	标准化路径系数
高新技术企业							
创新投入	←	收益率宽幅	−0.007	0.008	−0.857	0.391	−0.122
创新产出	←	收益率宽幅	0.010	0.116	0.090	0.928	0.012
投资行为	←	收益率宽幅	0.572	0.080	7.170	***	0.635

续表

路径			非标准化路径系数	S. E.	C. R.	P	标准化路径系数
高新技术企业							
融资约束	←	收益率宽幅	0.258	0.148	1.743	0.081	0.236
创新投入	←	投资行为	0.000	0.008	-0.046	0.963	-0.006
创新投入	←	融资约束	0.002	0.006	0.444	0.657	0.051
融资约束	←	投资行为	0.374	0.158	2.368	0.018	0.308
创新产出	←	投资行为	-0.114	0.123	-0.931	0.352	-0.116
创新产出	←	融资约束	0.107	0.086	1.251	0.211	0.132
创新产出	←	创新投入	6.730	1.693	3.975	***	0.408
非高新技术企业							
创新投入	←	收益率宽幅	-0.047	0.008	-6.245	***	-0.478
创新产出	←	收益率宽幅	-0.246	0.101	-2.434	0.015	-0.259
投资行为	←	收益率宽幅	0.700	0.051	13.602	***	0.755
融资约束	←	收益率宽幅	0.263	0.090	2.916	0.004	0.335
创新投入	←	投资行为	-0.070	0.008	-8.343	***	-0.657
创新投入	←	融资约束	0.040	0.007	5.649	***	0.316
融资约束	←	投资行为	0.196	0.094	2.080	0.038	0.231
创新产出	←	投资行为	-0.454	0.138	-3.300	***	-0.443
创新产出	←	融资约束	0.186	0.093	2.000	0.046	0.153
创新产出	←	创新投入	3.156	1.593	1.980	0.048	0.327

资料来源：根据AMOS软件检验结果，作者手工整理所得。

在高新技术企业中，首先进行收益率宽幅对企业创新影响的直接效应检验。经检验收益率宽幅RS对创新投入Input以及创新产出Output影响的C. R. 绝对值均小于1.96，P值大于0.05。说明高新技术企业中收益率宽幅不直接影响企业创新投入和创新产出；进一步检验收益率宽幅对企业创新影响的间接效应。收益率宽幅对投资行为影响的 P 值小于 0.01，标准化路径系数为 0.635；对融资约束影响的 P 值小于 0.1，标准化路径系数为 0.236；企业金融化程度加深对融资约束影响系数在 1% 的水平下显著为正。由于选取的 KZ 指标越大，企业资金越充裕，融资约束程度越小，因此，数据说明收益率宽幅刺激企业将大量资金投入金融资产，缓解了融资约束。但是投资行为 Invest 对企业创新投入Input影响的 P 值大于 0.1，对创新产出 Output 影响的 P 值也大于0.1；融资约束对企业创新投入 Input 和创新产出 Output 影响的 P 值均大于 0.1。根据 Baron et al.（1986）的研究成果，高新技术企业中，投资行为、融资约束的中介效应是否存在需要进一步检验。

在非高新技术的企业中，首先进行收益率宽幅对企业创新能力影响的直接效应检验。经检验，收益率宽幅 RS 对创新投入Input以及创新产出 Output 影响的 C. R. 绝对值均大于 1.96，P 值分别小于 0.01 和 0.05，标准化路径系数分别为 -0.478 和 -0.259，说明非高新技术的企业中，收益率宽幅显著抑制企业创新；进一步检验收益率宽幅对企业创新影响的间接效应。收益率宽幅 RS 对投资行为 Invest影响的 P 值小于 0.01，标准化路径系数为 0.755；投资行为 Invest 对企业创新投入 Input 影响的 P 值小于 0.01，标准化路径系数为 -0.657；投资行为 Invest 对企业创新产出 Output 影响的 P 值小于 0.01，标准化路径系数为 -0.443。说明非高新技术的企业中，收益率宽幅加重了企业金融化倾向，抑制了企业创新投入 Input 和创新产出。收益率宽幅 RS 对融资约束 KZ 影响的 P 值小于 0.01，标准化路径系数为 0.335；融资约束 KZ 对企业创新投入影响的 P 值小于 0.01，标准化路径系数为 0.316；融资约束 KZ 对企业创新产出影响的 P 值小于 0.05，标准化路径系数为 0.153。说明收益率宽幅缓解了企业融资约束程度，促进了企业创新投入和创新产出。根据 Baron et al.（1986）的研究成果，非高新技术的企业中，投资行为、融资约束存在部分中介效应。

通过比较高新技术企业和非高新技术企业中，收益率宽幅对企业创新影响的直接效果和中介路径，可以发现：高新技术企业中，收益率宽幅对企业创新的抑制效应不存在；而非高新技术企业中，收益率宽幅仍然对创新存在明显的抑制效应。从而，说明了高新技术资质认定可以有效调节收益率宽幅对企业创新的抑制。H8 成立。

（2）基于 Bootstrap 检验法的总中介效果验证

表 6－21 报告了高新技术企业和非高新技术的企业中，收益率宽幅对企业创新投入以及创新产出影响总效果、总间接效果、直接效果的 Bootstrap 检验结果。

表 6－21　收益率宽幅对企业创新总效果、总中介效果以及直接效果的检验结果

	路径系数	总中介、直接效果所在比重	显著性		Bootstrapping			
					Bias－Corrected 95%		Percentile 95%	
			S. E.	Z	Lower	Upper	Lower	Upper
高新技术的企业：								
收益率宽幅对创新投入的影响								
总效果	－0. 006	100. 000	0. 006	－1. 000	－0. 018	0. 006	－0. 019	0. 005
直接效果	－0. 007	87. 500	0. 009	－0. 778	－0. 025	0. 010	－0. 027	0. 009
总间接效果	0. 001	12. 500	0. 005	0. 200	－0. 009	0. 013	－0. 009	0. 013
收益率宽幅对创新产出的影响								
总效果	－0. 042	100. 000	0. 087	－0. 483	－0. 215	0. 125	－0. 229	0. 112
直接效果	0. 010	16. 129	0. 134	0. 075	－0. 224	0. 297	－0. 246	0. 276
总间接效果	－0. 052	83. 871	0. 101	－0. 515	－0. 269	0. 125	－0. 259	0. 133

续表

	路径系数	总中介、直接效果所在比重	显著性		Bootstrapping			
					Bias - Corrected 95%		Percentile 95%	
			S. E.	Z	Lower	Upper	Lower	Upper
非高新技术的企业：								
收益率宽幅对创新投入的影响								
总效果	-0.080	100.000	0.006	-13.333	-0.092	-0.067	-0.093	-0.067
直接效果	-0.047	58.750	0.008	-5.875	-0.063	-0.030	-0.063	-0.030
总间接效果	-0.033	41.250	0.007	-4.714	-0.047	-0.020	-0.047	-0.020
收益率宽幅对创新产出的影响								
总效果	-0.743	100.000	0.038	-19.553	-0.821	-0.673	-0.823	-0.674
直接效果	-0.246	33.109	0.137	-1.796	-0.518	-0.039	-0.558	-0.058
总间接效果	-0.496	66.891	0.131	-3.786	-0.697	-0.233	-0.671	-0.200

资料来源：根据 AMOS 软件检验结果，作者手工整理所得。

表 6-21 上半部分是高新技术企业的检验结果。收益率宽幅对企业创新投入 Input 影响的总效果、总间接效果、直接效果 Z 值绝对值均小于 1.96，并且 Bias - Corrected 检验以及 Percentile 检验中，95% 置信区间中均包括 0，说明收益率宽幅没有对企业创新投入 Input 产生影响；收益率宽幅对企业创新产出影响的总效果、总间接效果、直接效果 Z 值绝对值均小于 1.96，并且 Bias - Corrected 检验以及 Percentile 检验中，95% 置信区间中均包括 0，说明收益率宽幅没有影响企业创新产出。

表 6-21 下半部分是非高新技术企业的检验结果。收益率宽幅对企业创新投入影响总效果、总间接效果、直接效果 Z 值绝对值均大于 1.96，Bias - Corrected 检验以及 Percentile 检验中，95% 置信区间中均不包括 0，说明总效果、总间接效果、直接效果存在。并且路径系数小于 0，说明收益率宽幅对企业创新投入产生显著的

负向影响；收益率宽幅对企业创新产出影响总效果、总间接效果、直接效果的 Z 值绝对值大于 1.96，并且 Bias – Corrected 检验以及 Percentile 检验中，95% 置信区间中均不包括 0，说明收益率宽幅影响企业创新产出。并且路径系数小于 0，说明收益率宽幅显著抑制企业创新产出。

从两类企业的 Bootstrap 检验结果差异可以看出，高新技术企业中，收益率宽幅对创新的抑制效应较低。而非高新技术企业中，收益率宽幅从直接以及间接渠道均显著影响企业的创新投入和创新产出。说明高新技术企业资质认定能够调节收益率宽幅对企业创新能力的影响。获得高新技术资质认定的企业能够获得更多的外部资金支持，显著缓解金融化投资对企业创新能力的挤占，有助于企业创新能力的提高，再次验证了 H8 成立。

（3）基于 Bootstrap 检验法的中介路径验证

借鉴 Sobel（1990）、Preacheret et al.（2004）、Russell et al.（2008）的研究成果，继续采用 Bootstrap 方法验证各条中介路径是否存在，以及高新技术企业资质认定是否影响收益率宽幅抑制企业创新的传递路径。检验结果如表 6 – 22 所示。

表 6 – 22　Bootstrap 检验结果

路径	路径系数	显著性		Bias – corrected 检验			Percentile 检验		
		S. E.	Z	Lower	Upper	P	Lower	Upper	P
RS→Invest→Input 路径									
高新技术企业	0.000	0.005	0.000	–0.010	0.012	0.996	–0.010	0.011	0.944
非高新技术企业	–0.049	0.007	–7.000	–0.063	–0.037	0.001	–0.064	–0.037	0.001
资质认定调节效果	0.049	0.009	5.444	0.033	0.066	0.001	0.033	0.066	0.001
RS→KZ→Input 路径									
高新技术企业	0.001	0.002	0.500	–0.003	0.007	0.677	–0.003	0.007	0.696
非高新技术企业	0.010	0.004	2.500	0.004	0.019	0.001	0.004	0.019	0.001
资质认定调节效果	–0.010	0.004	–2.500	–0.020	–0.002	0.023	–0.019	–0.002	0.028

续表

路径	路径系数	显著性		Bias - corrected 检验			Percentile 检验		
		S. E.	Z	Lower	Upper	P	Lower	Upper	P
RS→Invest→KZ→Input 路径									
高新技术企业	0. 001	0. 002	0. 500	-0. 002	0. 007	0. 523	-0. 003	0. 005	0. 757
非高新技术企业	0. 005	0. 004	1. 250	-0. 001	0. 014	0. 071	-0. 001	0. 013	0. 097
资质认定调节效果	-0. 005	0. 004	-1. 250	-0. 014	0. 002	0. 172	-0. 013	0. 003	0. 212
RS→Input→Output 路径									
高新技术企业	-0. 044	0. 061	-0. 721	-0. 192	0. 062	0. 396	-0. 193	0. 061	0. 387
非高新技术企业	-0. 149	0. 118	-1. 263	-0. 347	0. 062	0. 107	-0. 319	0. 123	0. 191
资质认定调节效果	0. 104	0. 134	0. 776	-0. 141	0. 326	0. 275	-0. 190	0. 297	0. 444
RS→Invest→Output 路径									
高新技术企业	-0. 065	0. 082	-0. 793	-0. 213	0. 101	0. 437	-0. 213	0. 100	0. 434
非高新技术企业	-0. 318	0. 136	-2. 338	-0. 589	-0. 092	0. 008	-0. 632	-0. 114	0. 005
资质认定调节效果	0. 253	0. 157	1. 611	-0. 013	0. 580	0. 067	0. 001	0. 607	0. 048
RS→KZ→Output 路径									
高新技术企业	0. 028	0. 035	0. 800	-0. 014	0. 128	0. 221	-0. 020	0. 113	0. 287
非高新技术企业	0. 049	0. 044	1. 114	0. 004	0. 151	0. 037	0. 001	0. 145	0. 045
资质认定调节效果	-0. 021	0. 057	-0. 368	-0. 129	0. 083	0. 636	-0. 135	0. 078	0. 609
RS→Invest→Input→Output 路径									
高新技术企业	-0. 001	0. 035	-0. 029	-0. 071	0. 071	0. 998	-0. 073	0. 067	0. 944
非高新技术企业	-0. 154	0. 121	-1. 273	-0. 362	0. 082	0. 136	-0. 344	0. 124	0. 191
资质认定调节效果	0. 153	0. 126	1. 214	-0. 092	0. 372	0. 154	-0. 134	0. 353	0. 225
RS→KZ→Input→Output 路径									
高新技术企业	0. 004	0. 016	0. 250	-0. 023	0. 044	0. 671	-0. 024	0. 043	0. 695
非高新技术企业	0. 033	0. 035	0. 943	-0. 009	0. 106	0. 087	-0. 029	0. 083	0. 191
资质认定调节效果	-0. 029	0. 038	-0. 763	-0. 107	0. 024	0. 195	-0. 088	0. 042	0. 383

续表

路径	路径系数	显著性		Bias - corrected 检验			Percentile 检验		
		S. E.	Z	Lower	Upper	P	Lower	Upper	P
RS→Invest→KZ→Input→Output 路径									
高新技术企业	0.004	0.012	0.333	-0.014	0.039	0.495	-0.021	0.032	0.757
非高新技术企业	0.017	0.017	1.000	-0.002	0.068	0.086	-0.017	0.050	0.264
资质认定调节效果	-0.029	0.038	-0.763	-0.107	0.024	0.195	-0.088	0.042	0.383
RS→Invest→KZ→Output 路径									
高新技术企业	0.023	0.03	0.767	-0.009	0.128	0.172	-0.02	0.095	0.391
非高新技术企业	0.025	0.026	0.962	-0.003	0.112	0.083	-0.007	0.095	0.135
资质认定调节效果	-0.003	0.039	-0.077	-0.073	0.088	0.998	-0.084	0.077	0.853

资料来源：根据 AMOS 软件检验结果，作者手工整理所得。

关于收益率宽幅 RS→投资行为 Invest→创新投入 Input 路径的检验，高新技术企业的 Z 值绝对值小于 1.96，并且 Bias - Corrected 检验以及 Percentile 检验中，95% 置信区间中均包括 0；非高新技术企业的 Z 值为 -7.00，Bias - Corrected 检验以及 Percentile 检验中，95% 置信区间中均不包括 0；通过比较两类企业中该路径的斜率，发现 Z 值为 5.444，并且 95% 置信区间中均不包括 0，说明高新技术企业认定能够有效调节投资行为金融化对收益率宽幅与企业创新投入之间的关系。

关于收益率宽幅 RS→融资约束 KZ→创新投入 Input 路径的检验，高新技术企业的 Z 值绝对值小于 1.96，并且 Bias - Corrected 检验以及 Percentile 检验中，95% 置信区间中均包括 0；非高新技术企业的 Z 值为 2.50，95% 置信区间中均不包括 0；通过比较两类企业中该路径的斜率，发现 Z 值为 -2.50，并且 95% 置信区间中均不包括 0，说明高新技术企业认定能够有效调节融资约束对收益率宽幅与企业创新投入之间的关系。

关于收益率宽幅 RS→投资行为 Invest→创新产出 Output 路径的检验，高新技术企业的 Z 值绝对值小于 1.96，并且 Bias - Corrected 检验以及 Percentile 检验中，95% 置信区间中均包括 0；非高新技术企业的 Z 值为 -2.338，95% 置信区间中均不包括 0。说明高新技术企业认定能够有效调节投资行为金融化对收益率宽幅 RS 与企业创新产出 Output 之间的关系。通过比较两类企业中该路径的斜率，发现 Z 值为 1.611，并且 95% 置信区间中均包括 0，说明两类企业中，收益率宽幅 RS→投资行为 Invest→创新产出 Output 路径的斜率不存在显著差异。

关于收益率宽幅 RS→融资约束 KZ→创新产出 Output 路径的检验，高新技术企业的 Z 值绝对值小于 1.96，并且 Bias - Corrected 检验以及 Percentile 检验中，95% 置信区间中均包括 0；非高新技术企业的 Z 值为 1.114，绝对值小于 1.96，但是 Bias - Corrected 检验以及 Percentile 检验中，95% 置信区间中均不包括 0。本书以 Bias - Corrected 检验和 Percentile 检验为准，收益率宽幅 RS→融资约束 KZ→创新产出 Output 路径存在。检验结果说明高新技术企业认定能够有效调节融资约束对收益率宽幅 RS 与企业创新产出 Output 之间的关系。通过比较两类企业中该路径的斜率，发现 Z 值为 -0.368，并且 95% 置信区间中均包括 0，说明两类企业中，收益率宽幅 RS→融资约束 KZ→创新产出 Output 路径的斜率不存在显著差异。

Bootstrap 检验结果显示，高新技术企业中，收益率宽幅对企业创新的抑制效应较低。非高新技术企业中，收益率宽幅仍然通过投资行为金融化路径以及融资约束两条路径影响企业创新，与第 4 章研究结论一致。投资行为金融化中介路径的路径系数为负，说明收益率宽幅通过改变企业投资行为，挤占创新资源，抑制企业创新；融资约束中介路径的路径系数为正，说明收益率宽幅通过缓解企业融资约束程度，促进企业创新。两条路径仍然从相反方面影响企业

创新。Bootstrap 检验结果验证了非高新技术企业中，收益率宽幅抑制企业创新的影响路径和传递机制。

6.4.3 高新技术企业资质认定具有调节效应的原因分析

Baron 三步法以及 Bootstrap 检验法验证了高新技术企业资质认定可以有效调节收益率宽幅对企业创新的抑制。高新技术企业中，收益率宽幅对创新的抑制效应不明显。根据表 6 – 20，高新技术企业模型中各路径的显著性，可以发现高新技术资质认定具有调节作用的原因。

根据表 6 – 20 的检验结果，分析高新技术企业中投资行为金融化路径不存在的原因，可以发现：首先，“收益率宽幅→投资行为金融化路径” C. R. 绝对值大于 1. 96，P 值小于 0. 5，说明高新技术企业资质认定并没有改变收益率宽幅对企业投资行为的影响。高新技术企业仍然会出于资本逐利性和收益率宽幅的双重驱动，而增加金融资产的持有。进一步分析“投资行为金融化路径→企业创新投入/创新产出路径”的显著性，发现该路径 C. R. 绝对值小于 1. 96，P 值大于 0. 5，说明金融化对企业创新的影响较小。原因可能有两点：一是由于高新技术企业更容易获得政策倾斜和外部融资，企业资金较充裕，较多资金的流入保证企业对于创新活动的投入。因此，金融化现象对企业创新资源的挤占有限，投资行为对企业创新投入和产出没有产生显著负向影响；二是高新技术企业自主创新动机较强。虽然企业存在受收益率宽幅驱动而持有金融资产的情况，但是比重相对较少。因此，金融化现象对企业创新的挤出程度较低，投资行为对企业创新投入和产出没有产生显著负向影响。从而，高新技术企业资质认定通过弱化金融化对企业创新资源的挤占，降低了收益率宽幅对企业创新的抑制效应。

6.4.4 非高新技术企业中投资行为路径与融资约束路径的比较

非高新技术企业中仍然存在投资行为金融化路径和融资约束路

径从两个不同方向影响企业创新的情况。继续采用 Bootstrap 检验计算各路径以及各中介变量的影响程度（见表 6－23）。

（1）各路径影响程度分析

针对收益率宽幅对企业创新投入影响的各中介路径分析，可以看出：收益率宽幅→投资行为→创新投入路径对收益率宽幅与创新投入之间关系的影响程度最大，占全部中介效果的 76.563%。因此，导致收益率宽幅对创新投入的总中介效果呈现抑制效应，收益率宽幅的增加将导致企业创新投入减少。

表 6－23　　非高新技术企业各中介路径影响程度表

路径	路径系数	影响程度	各路径占比（%）
RS 对创新投入的中介路径检验：			
路径 1：RS→Invest→Input	－0.049	0.049	76.563
路径 2：RS→KZ→Input	0.010	0.010	15.625
路径 3：RS→Invest→KZ→Input	0.005	0.005	7.813
中介效果合计	－0.034	0.064	100.000
RS 对创新产出的中介路径检验：			
路径 4：RS→Invest→Output	－0.318	0.318	42.685
路径 5：RS→KZ→Output	0.049	0.049	6.577
路径 6：RS→Invest→KZ→Output	0.025	0.025	3.356
路径 7：RS→KZ→Input→Output	0.033	0.033	4.430
路径 8：RS→Invest→Input→Output	－0.154	0.154	20.671
路径 9：RS→Input→Output	－0.149	0.149	20.000
路径 10：RS→Invest→KZ→Input→Output	0.017	0.017	2.282
中介效果合计	－0.132	0.745	100.000

资料来源：根据 AMOS 软件检验结果，作者手工整理所得。

收益率宽幅对企业创新产出的影响存在六条中介路径，通过比较各路径占总中介效应的比重，可以看出：收益率宽幅→投资行为→创新产出路径对收益率宽幅与创新产出之间关系的影响程度最大，占全部中介效果的42.685%。从各条路径占比可以看出，企业投资行为金融化倾向对收益率宽幅与创新产出关系的影响程度更高。因此，导致收益率宽幅对创新产出的总中介效果呈现抑制效应。

（2）各中介变量影响程度分析

表6－24显示了非高新技术企业中，投资行为中介变量和融资约束中介变量对企业创新影响程度的计算过程。投资行为中介变量通过两条路径影响收益率宽幅与创新投入之间关系，即收益率宽幅→投资行为→创新投入路径、收益率宽幅→投资行为→融资约束→创新投入路径。将两条路径的路径系数绝对值相加，得到投资行为对收益率宽幅与创新投入之间关系影响的贡献程度为0.054，占全部中介变量影响程度的78.26%；融资约束中介变量通过两条路径影响收益率宽幅与创新投入之间关系，即收益率宽幅→融资约束→创新投入路径、收益率宽幅→投资行为→融资约束→创新投入路径。将两条路径的路径系数绝对值相加，得到融资约束对收益率宽幅与创新投入之间关系影响的贡献程度为0.015，占全部中介变量影响程度的21.74%。可以看出，投资行为变量对收益率宽幅与创新投入之间关系影响程度较大。

表6－24　　各中介变量影响程度计算表

中介变量	路径系数绝对值合计	影响程度占比（%）
RS对创新投入的中介变量		
投资行为 Invest	0.054	78.261
融资约束 KZ	0.015	21.739
中介效果合计	0.069	100.000

续表

中介变量	路径系数绝对值合计	影响程度占比（%）
RS 对创新产出的中介变量		
投资行为 Invest	0.514	80.564
融资约束 KZ	0.124	19.436
中介效果合计	0.638	100.000

资料来源：根据 AMOS 软件检验结果，作者手工整理所得。

各变量对收益率宽幅与企业创新产出之间关系的影响也与上述结果基本一致。投资行为中介变量对收益率宽幅与创新产出之间关系影响的贡献程度为 0.514，占全部中介效应的 80.56%；融资约束中介变量对收益率宽幅与创新产出之间关系影响的贡献程度为 0.124，占全部中介效应的 19.44%。

通过两个中介变量影响程度的比较，可以发现投资行为金融化中介的挤出效应高于融资约束中介的促进效应。导致非高新技术企业中，收益率宽幅对企业创新的抑制效应仍然存在。

6.4.5 研究结论

通过 Baron 三步法以及 Bootstrap 检验结果，可以看出，高新技术企业中，收益率宽幅对企业创新的抑制效应较低。而非高新技术企业中，收益率宽幅对企业创新的抑制效应明显存在。检验结果说明，高新技术企业认定可以有效调节收益率宽幅对企业创新的抑制，验证了 H8。

同时，通过对收益率宽幅影响企业创新的中介路径进行检验，发现非高新技术企业中投资行为中介路径和融资约束中介路径均显著存在，收益率宽幅仍然通过投资行为金融化和融资约束两条路径抑制企业创新。说明非高技术企业中收益率宽幅对企业创新抑制效应的中介路径和传递机制与前文检验结果一致。并且，两条中介路径在高新技术企业中均不存在，再次验证了高新技术企业资质认定对收益率宽幅与创新之间关系的调节作用，H8 成立。进一步比较非高新技术企业中，投资行为中介路径与融资约束中介路径的影响程度，发现投资行为金融化对创新的挤出效应高于融资约束缓解对创新的促进效应。最终导致收益率宽幅对非高新技术企业创新呈现抑制结果。

最后，通过比较高新技术企业结构方程中投资行为中介路径的显著性，发现高新技术企业资质认定的调节效应是通过弱化金融化行为对企业创新的挤出实现的。高新技术企业仍然会受到收益率宽幅影响而投资于金融资产。但是高新技术企业能够获得更多的政策扶持和银行贷款，融资约束程度较低，资金较充裕。因此，高新技术企业适度持有金融资产不会降低企业的创新投资。从而，导致高新技术企业中收益率宽幅对企业创新能力的抑制效应不显著。

6.5　本章小结

本章通过构建各调节变量的结构方程，探讨企业异质性对收益率宽幅与创新之间关系的调节作用。主要解决了三个问题。

第一个问题是调节效应是否存在。验证了主业盈利能力、股权性质以及高新技术企业资质认定对收益率宽幅与企业创新能力之间关系的调节作用。在高盈利能力企业、非国有企业以及高新技术企业中，收益率宽幅对企业创新影响的直接路径以及中介路径均不存在。说明这三类企业中，收益率宽幅对企业创新的抑制效应不明显。而低盈利能力企业、国有企业以及非高新技术企业中，收益率宽幅对企业创新的抑制效应明显存在。验证了主业盈利能力、股权性质以及高新技术企业资质认定三个因素，可以有效调节收益率宽幅对企业创新的抑制效应，H6～H8 成立。

第二个问题是不同类型企业中，收益率宽幅抑制企业创新的影响路径和传递机制是否存在差异。研究发现：低盈利能力企业和非高新技术企业中，收益率宽幅对企业创新影响的投资行为中介路径以及融资约束中介路径均显著存在。说明这两类企业中，收益率宽幅仍然通过投资行为中介路径和融资约束中介路径影响企业创新。进一步比较结构方程中两条路径的路径系数后发现：低盈利能力企业和非高新技术企业中，投资行为中介路径的挤出效应高于融资约束中介路径的促进效应。因此，在这两类企业中，收益率宽幅对企业创新呈现抑制效应。但是，在国有企业中，收益率宽幅对企业创新抑制效应的传递路径与其他企业不同。融资约束中介路径不存在，收益率宽幅仅通过投资行为金融化一条路径影响企业创新。

第三个问题是，主业盈利能力、股权性质以及高新技术企业资质认定能够调节收益率宽幅与企业创新之间关系的原因是什么？通过检验高盈利能力企业、非国有企业以及高新技术企业中，投资行为中介路径的显著性，发现高盈利能力企业中，收益率宽幅对企业投资行为的影响较小。同时，由于资金充裕，少量持有金融资产对创新影响较小。因此，主业盈利能力通过降低企业投资行为金融化程度以及弱化金融化对创新影响两个方面影响收益率宽幅与企业创新之间的关系；非国有企业受收益率宽幅驱动发生金融化的可能性较低，但是由于资金紧缺，若发生投资行为金融化将对创新产生显著影响。因此，股权性质调节变量是通过降低企业投资行为金融化程度而降低收益率宽幅对企业创新的抑制；高新技术企业仍然会受收益率宽幅影响而增加金融资产的持有。但是由于高新技术企业容易受到政策扶持和取得银行贷款，资金充裕，融资约束程度低，适度配置金融资产不会降低企业的创新能力。因此，高新技术企业资质认定通过政策扶持获得充裕资金降低金融化对创新影响，而达到降低收益率宽幅对企业创新的抑制。

通过探讨三个调节变量改变收益率宽幅与企业创新能力之间关系的原因，可以发现，主业盈利能力调节变量能够通过降低企业投资行为金融化程度以及降低金融化对创新影响两个方面影响收益率宽幅与企业创新之间的关系，能够发挥更大的调节作用。因此，提高实体企业主业盈利能力是促进实体企业创新、吸引资金回归主业最重要的手段和途径。

宏观经济政策影响收益率宽幅的实证分析

实体企业中投资性房地产等金融资产与经营资产之间的收益率宽幅持续拉大，降低了企业对创新活动的预期，导致大量资金抽离实体经济，企业创新能力下降。因此，“如何调控收益率宽幅、促进实体企业创新”成为需要解决的第四个核心问题。第2章2.4对该问题进行了理论分析，并提出了相关假设。认为货币政策、财政支出政策、税收优惠、产业政策以及知识产权保护政策等宏观经济政策是影响微观企业运行效果的核心要素，也是调控收益率宽幅、促进企业创新的关键。因此，本章从这五个方面探讨宏观经济政策对收益率宽幅的调控作用，检验H9至H13是否成立，为提出行之有效的、能够降低收益率宽幅对实体企业创新抑制效应的治理措施提供理论基础和微观支撑。

7.1 宏观经济政策影响收益率宽幅模型的构建

为了验证货币政策是否是收益率宽幅产生的原因，建立向量自回归VAR模型，结合格兰杰因果检验方法验证两者之间的因果关系；为了检验财政支出政策、税收优惠、产业政策以及知识产权保护政策等宏观经济政策在调控收益率宽幅方面的有效性，构建多元回归模型检验各变量与收益率宽幅之间的关系。

7.1.1　货币政策影响收益率宽幅 VAR 模型的构建

格兰杰因果检验以及 VAR 模型是验证变量之间因果关系的重要方法。因此，本书构建 VAR 模型以检验货币政策与收益率宽幅之间的因果关系。

（1）模型构建

考虑到每年样本企业面临的货币政策保持一致，采用面板数据无法有效反映货币政策与收益率宽幅之间的关系。因此，以年为单位构建时间序列 VAR 模型以检验货币政策与收益率宽幅之间的关系。VAR 模型如公式（7－1）所示。

$$Y_t = \sum_{j=1}^{p} \varphi_j Y_{t-j} + B X_t + \varepsilon_t \tag{7-1}$$

其中，Y_t为 k 维内生变量向量，代表收益率宽幅；X_t为 d 维外生变量向量，代表货币政策；ε_t是 k 维误差向量；φ_j和 B 是待估系数矩阵；p 代表滞后阶数。

（2）研究样本

由于之前章节采用的 2011—2018 年的企业样本时间距离较短，影响时间序列 VAR 模型的有效性。因此，构建货币政策与收益率宽幅之间关系的 VAR 模型时，重新选取样本企业，以增长时间跨度。考虑到 2007 年财务会计制度改革，采用了新的会计核算方法，导致前后数据缺乏对比性。因此，选取 2007—2018 年深沪两市剔除金融业、保险业以及房地产行业后的上市公司为样本，得到 25043 个样本公司。根据样本公司的数据，按照年度计算每年所有样本企业的平均收益率宽幅，得到 RS 数值。公司财务数据来源于 CSMAR 数据库，宏观数据来源于国家统计局网站。

（3）货币政策指数的构建

由于建立时间序列样本数据，数据样本量较少，因此，构建VAR模型之前先采用因子分析方法构建货币政策指数衡量货币政策的宽松程度，以减少变量数量。

①指标选取。本书从四个方面衡量货币政策的宽松度，具体包括全国广义货币供应量M2的对数（M2）、信贷规模的对数（CS）、商业银行1年期存款利率（Interest）以及法定存款准备金率的平均值（RRR）。

当实施宽松货币政策时，会增加市场货币供应量，M2数额上升；同时，会降低银行贷款利率以及法定存款准备金率。由于市场货币供应量上升，同时资金贷款成本下降，因此，货币供应量以及需求量均大幅上涨，将导致金融机构发放贷款数量上升，即信贷规模上升。因此，当年全国广义货币供应量M2的对数（M2）、当年信贷规模的对数（CS）两个指标越大，说明货币政策越宽松。然而，商业银行1年期存款利率（Interest）以及法定存款准备金率（RRR）与货币政策宽松度负相关，货币政策越宽松，贷款利率以及法定存款准备金率越低。因此，为了保持指标一致性，对商业银行1年期存款利率（Interest）以及法定存款准备金率的平均值（RRR）两个指标进行倒数化处理，导致两个指标与货币政策宽松度呈现正向关系（见表7－1）。指标越大，说明货币政策越宽松。

表7－1　描述性统计结果

	样本量	平均值	中位数	标准差	最小值	最大值
M2	12	13.778	13.853	0.498	12.908	14.418
CS	12	13.879	13.908	0.501	13.026	14.562
RRR	12	0.602	0.617	0.097	0.529	0.617
Interest	12	0.388	0.365	0.081	0.254	0.667

资料来源：国家统计局网站。

②因子提取。在进行因子分析之前，先完成了 KMO 和 Bartlett 检验，以验证用主成分分析法分析样本数据是否可行。样本因子分析 KMO 度量值为 0.521，大于 0.5 的临界值，并且 P 值小于 0.001，说明样本适合采用因子分析法建立评价模型。

进一步采用主成分分析法进行因子提取，存在 1 个初始特征值大于 1 的因子，累计解释方差为 81.215%，说明 1 个因子包含了 80% 以上的变量信息，可以用 1 个因子替代 4 个货币政策指标。根据因子成分矩阵，得到以下货币政策因子：

$$F1 = 0.968 \times M2 + 0.971 \times CS + 0.826 \times RRR + 0.829 \times Interest$$

③货币政策指数构建及测度。由于仅提取了 1 个因子，权重为 100。计算得出的 F1 数值即为货币政策指数。由于货币供应量 M2 和信贷规模 CS 越大，说明货币政策越宽松；法定存款准备金率 RRR 和商业银行 1 年期存款利率 Interest 进行倒数化处理后，同样与货币政策宽松度正相关。因此，货币政策指数越大，说明货币政策越宽松。表 7－2 显示了收益率宽幅与货币政策指数的描述性统计结果。投资性房地产等金融资产与经营资产之间的收益率宽幅平均值为 5.708%，说明金融性资产收益率远高于经营资产；货币政策指数的平均值为 20.302。

表 7－2　描述性统计表

	样本量	平均值	中位数	标准差	最小值	最大值
RS（%）	12	5.708	5.441	0.757	4.843	7.332
MP	12	20.302	20.029	1.589	17.679	22.515

资料来源：RS 数据来源于 CSMAR 数据库，MP 数据作者手工整理所得。

（4）单位根检验

为了防止伪回归现象，本书进行单位根检验。收益率宽幅 RS 以及货币政策指数 MP 不能拒绝"变量存在单位根"的原假设。但是一阶差分后，两个变量分别在 5% 和 1% 的水平下拒绝了原假设，说明两个序列一阶单整。两个变量一阶差分后的单位根检验结果如表7－3所示。

表7－3　　各变量的单位根检验结果

	t－Statistic	Prob.
D（RS）的单位根检验结果	－3.41233	0.0371 **
D（MP）的单位根检验结果	－4.6243	0.0077 ***

资料来源：根据STATA检验结果，作者手工整理所得。

（5）协整检验

由于两个变量存在一阶单整关系，需要进一步检验两个序列是否存在协整关系。采用Johansen协整检验进行验证，检验结果如表7－4所示。可以看出，检验结果在1%的显著性水平下，拒绝了“两个变量没有一个协整方程”的原假设；接受了“两个变量至多一个协整方程”的原假设。说明两个序列存在协整关系。

表7－4　　RS、MP协整检验结果

原假设	估计值	T检验	5%临界值	Prob.
没有协整方程	0.534	23.128	15.495	0.0029 ***
至多一个协整方程	0.539	15.3921	20.26184	0.2047

资料来源：根据STATA检验结果，作者手工整理所得。

7.1.2　其他宏观经济政策影响收益率宽幅多元回归模型的构建

本书构建多元回归模型反映货币政策、财政支出政策、税收优惠、产业政策以及知识产权保护政策五个宏观经济政策对收益率宽幅的影响，为后续选择调控收益率宽幅、促进企业创新的激励政策提供数据基础和理论支撑。

（1）变量选择

①财政支出政策的度量指标。财政支出政策主要衡量实体企

业享受到政府补贴的程度，用 Govern 表示，反映每个企业每年平均收到的政府财政补贴额度。借鉴黎文靖等（2016）的成果，每个企业的财政补贴程度可以以企业当年享受的政府补贴数额占收入比重衡量。Govern 越大，说明企业接受的政府补贴越多。

②税收优惠政策的度量指标。税收优惠政策主要衡量企业享受的税收优惠程度，具体包括 2 个变量，Tax1 和 Tax2。Tax1 以实体企业当年所得税费用扣除递延所得税后的数额占总利润的比重衡量，反映企业当年实际承担的所得税税负。Tax1 越大，说明实体企业所得税税负越高；借鉴王彦超等（2019）年的研究成果，Tax2 以实体企业当年现金流量中显示的支付的税费总额与税费返还的差额除以当年营业收入得到，反映企业当年所承担的全部税负。Tax2 越大，说明实体企业当年实际承担的全税负越高。Tax1、Tax2 两个指标均与该企业享受的税收优惠负相关。指标越大，说明企业实际税负越高；指标越小，说明企业实际税负越低，企业受到的税收优惠程度越高。

③产业政策的度量指标。产业政策主要衡量实体企业是否享受到产业政策扶持，用变量 IP 表示，反映政府对企业所在行业未来发展的态度。借鉴赵卿（2016）等学者的研究成果，以“十二五”“十三五”的相关文件为对象，采用文本分析法，衡量政府对于企业所在行业的态度。若相关政策对行业的描述出现“大力发展”“积极发展”“鼓励”等词语，说明企业所在行业属于未来扶持行业，IP 取 1；其他行业，IP 取 0。

④产权保护政策的度量指标。借鉴吴超鹏等（2016）的研究成果，本书以各省省委重视知识产权保护程度衡量政府知识产权保护力度，用 IPP 表示。指标以 2011—2018 年各省省委每年在省委机关报上宣传知识产权保护的文章数量，除以当年该省委机关报所有文章数量的比例衡量。中国共产党在各省的省委是该省的最高行

政机构，每个省的省委都有一份机关报，每日发行，主要是宣传各省的政策主张，引导社会舆论，是一个省最重要的舆论宣传力量。宣传知识产权保护的文章是指文中包含如下关键词的文章，包括："知识产权保护""专利保护""商标保护""版权保护""打击知识产权侵权""打击专利侵权""打击商标侵权""打击版权侵权"。各省的省委机关报为：《北京日报》《天津日报》《河北日报》《山西日报》《内蒙古日报》《辽宁日报》《吉林日报》《黑龙江日报》《解放日报》（上海市）、《新华日报》（江苏省）、《浙江日报》《安徽日报》《福建日报》《江西日报》《大众日报》（山东省）、《河南日报》《湖北日报》《湖南日报》《南方日报》（广东省）、《广西日报》《海南日报》《重庆日报》《四川日报》《贵州日报》《云南日报》《西藏日报》《陕西日报》《甘肃日报》《青海日报》《宁夏日报》《新疆日报》。

（2）模型设定

为了检验各宏观经济政策对收益率宽幅的影响，本书首先采用 Hausman 检验，验证应该采用固定效应回归；其次，采用 White 检验验证数据存在异方差情况，因此采用稳健标准误 Robust 进行回归。最终，建立基本公式（7－2）：

$$RS_{i,t} = \beta_0 + \beta_1 Govern + \beta_2 Tax1 + \beta_3 Tax2 + \beta_4 IP + \beta_5 IPP + \beta_6 MP + \beta_7 FIN + \beta_8 ROA + \varepsilon \quad (7-2)$$

模型控制变量包括货币政策 MP、企业金融化程度 FIN 以及盈利能力 ROA 三项。根据上一节检验结果，刺激经济增长的货币政策是企业收益率宽幅出现的原因，可以有效影响收益率宽幅，需要进行控制。选取上节的货币政策指数 MP 表示当年货币政策宽松程度；企业金融化程度也会影响收益率宽幅，企业持有的金融资产越多，说明企业越偏好金融投资，也会影响收益率宽幅的大小。金融化程度以第 4 章中的金融资产占总资产比重衡量；企业盈利能力越高，经营资产收益率也会上升，收益率宽幅数额会下降。从而选取

了货币政策 MP、金融化程度 FIN 以及盈利能力 ROA 三个指标作为控制变量。

表 7－5　变量定义

变量名称	变量符号	计算方法
被解释变量	RS	投资性房地产等金融资产与经营资产之间的收益率差异
解释变量	Govern	实体企业享受的财政补贴占收入比重的平均值
	Tax1	实体企业所得税税率
	Tax2	实体企业全税负
	IP	产业政策虚拟变量，反映企业所在行业是否属于政府扶持行业
	IPP	产权保护程度，以各省省委每年在省委机关报上宣传知识产权保护的文章数量，除以当年该省委机关报所有文章数量的比例衡量
控制变量	MP	货币政策指数，因子分析法得到
	FIN	企业持有的金融资产占总资产比重
	ROA	总资产报酬率

资料来源：作者手工整理所得。

（3）样本选择

本书选择 2011—2018 年 A 股上市公司作为研究样本。剔除 ST、＊ST 公司、金融行业、房地产相关行业，删除当年未持有投资性房地产等金融资产的企业。最终剩余 14994 家 A 股上市实体企业作为研究样本。公司财务数据来源于 CSMAR 数据库，宏观数据来源于国家统计局网站。

（4）描述性统计结果

表 7－6 显示了各变量的描述性统计结果。投资性房地产等金融资产与经营资产之间的收益率宽幅平均值为 5.814%，说明金融性资产收益率远高于经营资产；实体企业平均享受的财政补贴占总

资产的比重为0.322%，中位数大于0，说明一半以上的实体企业享受到了财政补贴；实体企业平均所得税税率为8.792%，低于25%的所得税税率。

表7－6 描述性统计表

	样本量	平均值	中位数	标准差	最小值	最大值
RS（%）	14994	5.814	0.031	27.708	－1.817	231.563
Govern（%）	14994	0.322	0.013	1.773	0	15.571
Tax1（%）	14994	8.792	10.293	16.683	－77.713	78.211
Tax2（%）	14994	12.643	5.017	11.984	－7.833	136.756
IP	14994	0.433	0	0.496	0	1
IPP	14994	0.198	0.210	0.132	0	0.776
MP	14994	18.742	19.029	1.482	17.679	20.739
FIN（%）	14994	1.872	0.119	4.085	0	23.674
ROA（%）	14994	4.219	3.631	4.979	－11.221	21.482

资料来源：CSMAR数据库。

7.2 货币政策影响收益率宽幅的检验结果

经过单位根检验以及协整检验，判断了样本变量符合数据要求，保证了检验结果的准确性和可靠性。本书继续构建时间序列VAR模型，验证货币政策是收益率宽幅产生的原因。

（1）格兰杰因果检验

表7－7显示了滞后1期和滞后2期的格兰杰检验结果。可以看出，检验结果拒绝了“货币政策指数MP不是收益率宽幅RS的格兰杰原因”的原假设，说明货币政策宽松度MP是企业收益率宽幅现象出现的原因。

表7-7　　格兰杰因果检验结果

原假设	F - Statistic	Prob.	结论
滞后1期的格兰杰检验结果			
MP不是RS的格兰杰原因	8.149	0.004	拒绝
RS不是MP的格兰杰原因	0.202	0.653	接受
滞后2期的格兰杰检验结果			
MP不是RS的格兰杰原因	4.279	0.014	拒绝
RS不是MP的格兰杰原因	1.804	0.165	接受

（2）滞后阶数估计

表7-8采用LR检验、FPE检验、AIC检验、SC检验以及HQ检验五种方法检验模型最佳滞后阶数。发现LR检验、FPE检验、AIC检验三种方法得出的最佳滞后阶数保持一致，均为滞后2阶。因此，判定模型的最佳滞后阶数为二阶。

表7-8　　滞后阶数估计表

滞后阶数	LogL	LR	FPE	AIC	SC	HQ
0	-224.5242	NA	109.9064	10.37062	11.45203	10.80564
1	-221.6208	4.670746	115.9040	10.41829	10.92716*	10.57910*
2	-214.4883	10.85374*	102.0264*	10.28210*	11.13385	10.68635
3	-213.6245	1.239470	118.4304	10.41845	11.15667	10.60972

（3）VAR模型估计及脉冲响应分析

格兰杰检验能说明货币政策与收益率宽幅之间的因果关系，但是无法说明货币政策对收益率宽幅的影响方向。需要进一步采用VAR模型估计，结果如表7-9所示。滞后1期和滞后2期货币政策MP对收益率宽幅RS影响的系数分别为0.358和0.124，系数为正，说明货币政策越宽松，投资性房地产等金融资产与经营资产之间的收益率差异越大，收益率宽幅现象越明显。刺激经济增长的货币政策是实体企业收益率宽幅现象产生的原因。

表 7－9　　VAR 模型检验结果

变量	RS	MP
RS（－1）	0. 045 －0. 481 [0. 09440]	0. 082 －0. 536 [0. 15340]
RS（－2）	－0. 821 －0. 616 [－1. 33328]	－0. 293 －0. 686 [－0. 42681]
MP（－1）	0. 358 －0. 348 [1. 02946]	0. 646 －0. 388 [1. 66538]
MP（－2）	0. 124 －0. 327 [0. 38014]	0. 165 －0. 364 [0. 45428]
C	－1. 141 －3. 950 [－0. 28879]	6. 088 －4. 404 [1. 38223]
R－squared	0. 589	0. 796
Adj. R－squared	0. 260	0. 634
F－statistic	1. 792 ***	4. 891 ***
Loglikelihood	－6. 445	－7. 534

资料来源：根据 STATA 检验结果，作者手工整理所得。

图 7－1 显示了货币政策 MP 与收益率宽幅 RS 之间的脉冲响应结果。右上角的图（2）显示了收益率宽幅 RS 对货币政策 MP 脉冲的响应。结果显示，收益率宽幅对货币政策的冲击做出相应需要一定的时间。货币政策的一个正向冲击，从第 2 期开始实体企业收益率宽幅做出正向的相应。结合 VAR 模型，货币政策宽松度每提

高 1 个百分点，将导致下一期实体企业收益率宽幅上升 0.358%。该正向影响持续到第 4 期逐渐下降趋于 0，但是从第 6 期开始收益率宽幅再次出现小幅上涨。脉冲响应结果进一步说明了刺激经济增长的货币政策导致实体企业收益率宽幅现象的出现。

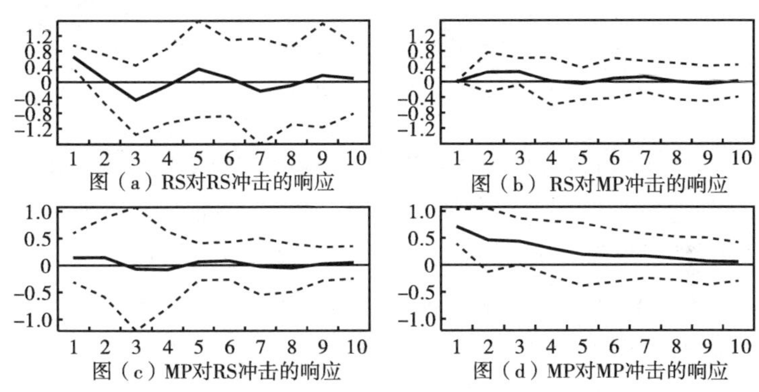

图 7-1　RS、MP 脉冲响应图

资料来源：根据 STATA 检验结果，作者手工整理所得。

（4）方差分解

根据 VAR 模型以及脉冲响应分析结果，可以看出刺激经济增长货币政策会显著提高实体企业的收益率宽幅。但是 VAR 模型也发现收益率宽幅本身也会影响自身下一期的变化。因此进一步通过方差分解分析了各变量之间的影响程度。结果如表 7-10 所示。

表 7-10　　收益率宽幅 RS 方差分解结果

滞后期	S. E.	RS	MP
1	0.651892	100	0
2	0.704672	86.89158	13.10842
3	0.88302	82.65763	17.34237
4	0.888039	80.82127	19.17873
5	0.951525	76.72188	23.27812
6	0.961621	74.13829	25.86171

续表

滞后期	S. E.	RS	MP
7	0. 998455	73. 55878	26. 44122
8	1. 003056	73. 70017	26. 29983
9	1. 017723	73. 96565	26. 03435
10	1. 021837	74. 02238	25. 97762

资料来源：根据 STATA 检验结果，作者手工整理所得。

从分解结果看，导致收益率宽幅 RS 变化的因素中，还是 RS 自身的份额大。但是货币政策 MP 的份额在逐渐增加，在第 3 期达到最大值，之后期间一直保持 25% 以上的影响程度，并一直持续到第 10 期。说明从动态过程看，货币政策对收益率宽幅 RS 的推动是显著的。

（5）研究结论

本节研究目的在于分析收益率宽幅的产生原因。根据 VAR 模型以及脉冲响应结果，发现刺激经济增长的货币政策导致实体企业投资性房地产等金融资产和经营资产收益率差异上升，是实体企业收益率宽幅现象出现的原因；进一步通过方差分解，分析了货币政策对收益率宽幅的影响程度。研究发现，货币政策对收益率宽幅的影响份额在逐渐增加，并一直持续至第 10 期始终保持 25% 以上的影响程度。说明从动态过程看，货币政策对收益率宽幅 RS 的推动是显著的。检验结果说明刺激经济增长的货币政策是实体企业收益率宽幅现象出现的原因，H9 成立。

7.3 其他宏观经济政策影响收益率宽幅的检验结果

本书明确了各宏观经济政策对收益率宽幅的影响程度，为制订调控收益率宽幅、促进企业创新的宏观经济政策，提供理论依据和数据支撑。

(1) 回归结果

表7-11显示了宏观经济政策对收益率宽幅影响的回归结果。第(1)列、第(2)列分别为固定效应和OLS的回归结果。实证结果显示，实体企业享受的财政补贴Govern的系数不显著，说明实体企业的财政补贴政策对不同资产之间的收益率宽幅影响较小。可能的原因是由于缺乏有效监控，企业收到的政府补贴并没有流入实业和创新活动，受收益率宽幅影响，实体企业将财政补贴挪用至其他高收益项目上。从而，财政补贴没有促进企业主业盈利能力上升，对收益率宽幅影响较小，H10b成立。

表7-11　宏观经济政策对收益率宽幅影响的回归结果

VARIABLES	(1) RS	(2) RS
Govern	-0.131 (0.203)	0.026 (0.158)
Tax1	0.027* (0.014)	0.073*** (0.014)
Tax2	0.001 (0.008)	0.014** (0.007)
IP	-0.343** (0.162)	-1.713*** (0.489)
IPP	-24.701* (13.837)	-2.988* (1.675)
MP	63.249** (25.816)	64.019** (28.759)
FIN	0.015* (0.008)	0.018* (0.010)

续表

VARIABLES	(1) RS	(2) RS
ROA	−3.073** (1.345)	−2.931* (1.515)
Constant	423.176** (168.863)	13.078 (166.578)
Observations	14994	14994
R−squared	0.003	0.004
F	3.512***	5.400***

资料来源：根据 STATA 检验结果，作者手工整理所得。

实体企业的所得税税负 Tax1 在 10% 的水平下显著为正，说明随着实体企业承担的所得税税率越高，实体企业的盈利空间下降，收益率宽幅上升。但是实体企业的全税负 Tax2 指标不显著，H11 成立。

产业政策变量 IP 的系数在 5% 的水平下显著为负，说明属于产业政策扶持行业的企业能够享受更多的资源，对行业未来的预期更乐观，导致大量资源流入该行业，实体企业回归本业。从而，导致该行业企业的主业盈利能力上升，经营资产收益率增加，收益率宽幅下降，H12a 成立。

知识产权保护政策变量 IPP 的系数在 10% 的水平下显著为负，说明政府对知识产权保护力度的增加将增加实体企业的垄断利润以及专利授权收益，降低企业的融资约束，提高实体企业对未来收益的预期。导致大量资源流入该行业，实体企业回归本业。从而，导致该行业企业的主业盈利能力上升，经营资产收益率增加，收益率宽幅下降，H13 成立。

（2）稳健性检验

本节采用了以下稳健性检验：①以商业银行 1 年期贷款利率代

替 1 年期存款利率 Interest 变量；②以政府补贴数额除以企业总资产金额代替财政补贴 Govern 变量；③以各省省委发布的相关政策为依据，判断各省的产业政策代替 IP 变量。上述检验结果与本节研究假设基本一致。

7.4　本章小结

首先，通过格兰杰因果检验以及 VAR 模型，验证了刺激经济增长的货币政策推动资产价格大幅上涨，是实体企业中出现收益率宽幅现象的重要原因，H9 成立。

其次，税收优惠政策、产业政策以及产权保护政策等宏观经济政策是调控收益率宽幅的重要手段。采用多元回归实证检验方法，验证了宏观经济政策对收益率宽幅的影响。研究发现：财政支出政策由于属于事前补贴，缺乏有效的监控，对降低收益率宽幅、促进企业创新的激励效果较差，H10b 成立。税收优惠政策由于可以降低企业的税负成本，增加企业的现金流量，可以有效调节被扶持对象的收益率宽幅，H11 成立。产业政策由于可以提高企业对行业未来发展的信息和预期，也可以降低企业的收益率宽幅，H12a 成立。产权保护政策可以提高企业创新而获得的超额垄断利润，有效促进实体企业经营资产收益率上升，同样可以缓解收益率宽幅现象，H13 得到验证。因此，检验结果说明：货币政策、税收优惠政策、产业政策以及产权保护政策是调控收益率宽幅的重要手段和政策工具。

第8章 调控收益率宽幅、促进企业创新的激励政策选择

为了提高实体企业的创新水平和创新能力，需要降低收益率宽幅对实体企业创新的抑制效应。有效的宏观激励政策是调控收益率宽幅、促进企业创新的关键措施。本章根据前文的检验结果，提出相应的政策性措施，为政府制订激发企业创新活力、激励企业创新投入的宏观经济政策提供理论依据与政策选择空间。

8.1 调控收益率宽幅、促进企业创新的货币政策

保持币值稳定，降低投资性房地产等金融资产价格上涨幅度，引导不同资产之间的收益率均衡，是降低收益率宽幅对实体企业创新抑制效应的重要途径和措施。因此，采用稳健的货币政策是调控收益宽幅、促进实体企业创新的主要政策工具。

8.1.1 量化稳健的货币政策措施

保持币值稳定与收益率宽幅的合理区间，实现“等量资本获

得等量收益”就能锚定人们的“工匠精神”，在自己的岗位上做出成绩，推动创新、创业，有利于高质量的经济增长。因此，稳健而非刺激的货币政策，是降低收益率宽幅、促进企业创新的长效机制。

稳健的货币政策是保持合理流动性、货币币值稳定的关键。宽松货币政策是收益率宽幅出现的根本原因，也是微观企业金融化、创新不足的重要原因。但是当货币政策过度收紧时，将导致收益率宽幅突然收窄，可能刺破已存在的资产泡沫。持有金融资产的企业将计提大量的价值损失，导致企业亏损严重、财富下降、债务违约风险增加，也将造成银行不良资产率上升，坏账风险增加，系统性金融风险凸显。因此，稳健的货币政策是平滑平稳去杠杆、防风险，维持宏观经济良好运行的关键。

8.1.2 畅通货币政策利率传导机制

目前，我国已开放商业银行等金融机构的利率上限，利率市场化进程基本完成。从2015年10月以后，很少主动调节存贷款基准利率，而是通过调控货币供应量，以引导市场自发地改变货币价格（即利率）。但是，我国金融市场还存在大量为了规避信贷规模管制而出现的金融创新和影子银行；银行与非银行金融机构由于同业业务和理财产品而多层嵌套。双重因素导致金融行业呈现复杂化趋势，金融产品价格无法体现真实风险溢价，我国货币政策对利率的传导机制不畅通，利率调控效果下降。因此，疏通货币政策传导，完善利率走廊机制，提高央行对市场利率的调控和传导效率是保证利率政策调控有效性的关键。

保持利率传导机制畅通，可以采取以下措施：一是降低地方政府的预算软约束现象；二是加强对金融市场的监管，杜绝银行表外业务；三是适当放宽金融业务管制，实现利率为主的货币价格调控方式。保证利率传导机制畅通，才能发挥利率对市场的调节作用，不会扭曲政策实施效果，保证促进我国实体企业创新目标的实现。

8.1.3 充分发挥存准率工具的调控作用

存款准备金率是货币政策的“利器”，具有明显的资产负债表效应和信号意义（徐忠，2018）。考虑到我国不同地区、不同行业之间的收益率宽幅存在很大差异，央行在使用存准率政策时，应该加强定向降准执行力度。保证定向降准政策的有效性首先应该改善优惠对象的确定标准。央行可以根据不同行业的收益率宽幅差异，选择需要扶持的行业以及需要抑制的行业；引导金融机构增加对需要扶持行业的贷款规模，缓解企业融资约束，促进企业创新。减少对需要抑制行业的贷款，并根据不同金融机构提供给需要扶持行业的贷款数额占该机构全部贷款额的比重确定机构的存准率。提供给重点扶持行业贷款越多的金融机构可以实行较低的存准率，旨在增加定向金融供给，有效引导资金流向，推动收益率宽幅回归合理区间。

8.1.4 精准滴灌，巩固结构性货币政策工具的调控效果

由于利率政策对经济体内所有产业和微观主体具有一般性，对结构性问题的调节作用有限，因此必须发挥数量型货币政策工具的差异化、结构化功能（徐忠，2018）。引导优化流动性和信贷结构，支持经济重点领域和薄弱环节，是央行重要的调控目标。非对称地实施结构性货币政策，盯住产业的外部性有利于引导产业结构调整，优化产业结构布局（彭俞超、方意，2016）。因此，央行可以根据不同行业、不同区域的收益率宽幅差异，选择需要重点扶持的产业和企业，合理运用结构性货币政策工具，促进被扶持企业创新以及经济结构调整优化。

8.2　调控收益率宽幅、促进企业创新的税收优惠政策

依据第 6 章的研究结果，促进实体企业主营业务盈利能力提高是降低收益率宽幅对实体企业创新抑制效应的重要手段和途径。而税收优惠政策是促进实体企业主业盈利能力提高的重要调控措施。因此，我国政府应该充分发挥税收杠杆的调控作用，加强对实体企业的支持力度，促进实体企业发展以及创新水平提高。

8.2.1　提高减税降费的实施力度

依据税基、税率与经济增长的关系，在应税基础不变的情况下，降低税率将增加投资者剩余，减少非税收费可以降低企业经营成本，刺激投资者热情，是经济繁荣的基础。为应对经济下行压力，中央政府主动实施降税减费政策。2019 年减税降费超过 2.3 万亿元，拉动当年 GDP 增长 0.8 个百分点，拉动固定资产投资增长 0.5 个百分点，拉动社会消费品零售总额增长 1.1 个百分点。[①] 减税降费对稳增长的短期目标作用明显，但是对于促进企业创新的效果并不明显。我国今后应该继续提高减税降费力度，并且保持政策的稳定性和持续性。长期的减税降费才可能提高企业创新意愿和倾向。

8.2.2　加强差别化税收政策的调节力度

持续的减税降费可以促进企业创新。但是，“大水漫灌”的优

① 赵立三，李博文，刘立军．“收益率宽幅”与转换经济增长动力的政策工具选择［J］．河北学刊，2019，39（5）：170－175．

惠政策容易产生路径依赖，重走经济高速增长的老路。发挥税收杠杆对资金流向、收益均衡的调节作用，实现税赋公平，就能够有效推动企业创新，这也是完善财税政策和制度体系的基本要求。

具体措施包括：依据“效率与公平”的原则，针对不同行业存在的收益率宽幅现状，分类确定征税对象、征税税基、征税税率，实现税赋公平，有效引导社会资本合理流动；针对投资性房地产收益率上升情况，探讨征收资本利得税或财产收益税，遏制房价上涨速度，降低投资性房地产过高的收益率，引导投资性房地产等金融资产收益率回归合理区间，降低实体企业的收益率宽幅程度；继续实施加计扣除或流转税、所得税直接减免优惠效果更为显著。因此，发挥差别税率对创新驱动的激励作用是调结构与高质量发展最为有效的政策工具。

8.2.3 赋予各地方政府更多相机调控的权力

我国各省份的支柱产业以及经济发展状况存在差异，因此，对各省份采用“一刀切”的税收优惠政策可能加剧已存在的地区差异，不利于我国经济均衡发展。因此，中央政府应适度扩大财权下放的规模，使地方政府可以因地制宜，采取符合本地收益率宽幅严重程度的、差异化的税收激励政策，以提高宏观调控政策的针对性和有效性。如果某省份实体企业平均收益率宽幅较大，说明该省份经济发展极为不均衡，实体企业低迷，金融和房地产行业过度繁荣。因此，需要给予实体经济力度更大的减税、免税的差别税率政策；监管资金向金融和房地产行业流动，引导资金回归实体企业，促进企业创新。

8.2.4 采用适时税率，加强税收优惠政策的灵活性

对不同行业、不同类型企业的税收优惠政策应该定期依据该行业收益率宽幅的变化进行调整。随着上述差别化税收政策的实施，

税收杠杆发挥作用，将改变各行业的发展速度以及收益率宽幅差异。如果某行业的收益率宽幅上升过快，可以适度增加对该行业的扶持和优惠力度；如果某行业因为差别化税收政策，收益率宽幅下降过快，也容易捅破已经被吹大的资产泡沫，加重系统性金融风险的发生。此时，应该及时降低对该行业的优惠，引导收益率宽幅缓慢回归合理区间。因此，差别化税收政策不是一成不变的，不能长期锁定固定税率。各地方相关部门应该及时观察各行业的收益率宽幅变化，适时调整各行业的差别化税率，增加税收政策的灵活性。

8.3 调控收益率宽幅、促进企业创新的产业政策

产业政策可以有效调节市场失灵情况。通过提高金融机构对被扶持企业的贷款规模，降低被扶持企业的融资约束，提高投资者对被扶持行业未来发展的信心。从而，有利于资金回归实体经济，收窄收益率宽幅，促进企业创新。因此，产业政策也是降低收益率宽幅对实体企业创新抑制效应的重要手段之一。

8.3.1 “一城一策”政策的实施

由于金融发展与经济发展的不平衡性，不同地区实体企业的收益率宽幅具有较大差异。此时，如果所有的省份采用完全一致的管控政策，必然无法满足每个省市的调控要求和经济现状，无法有效促进企业创新。因此，为了缓解各地区之间发展的不平衡，中央和地方各级政府应该实施差别化政策管制和“一城一策”长效机制。

通过监测不同地区企业的收益率宽幅，可以为“精准施策”“一城一策”的长效机制提供基础与数据保证。依据各省份为基本

单元的所有企业的收益率宽幅平均值，构建各省份的投资性房地产等金融资产与实体企业经营资产之间的收益率宽幅数额。结合不同省份收益率宽幅持续增大的原因，为政府管制实施“一城一策”的宏观调控手段提供基础数据。

8.3.2 加强对虚拟经济行业的管制

首先，在货币政策、财税政策的干预之下，必要时应当启动叫停机制或者“急刹车”应急方案。近些年来，对房地产出台的调控措施陷入了越调越涨的怪圈。在应用了提高首付比率、取消利率打折的背景下，各地方政府应该出台更为严格的“限房令”。设定购买人的资格、地产的持有年限、交易税等叫停机制，引导房地产价格趋于平稳。

其次，政府应该加强流入金融业和房地产行业资金的管控，提高房地产行业和金融业的利率，限制房地产价格持续、过快上涨，以降低投资性房地产等金融资产的收益率，引导收益率宽幅回归合理区间。从而，促使社会资金流入实体经济行业，为企业创新提供充裕的资金。

8.3.3 提高对实体经济行业的促进作用

第一，应该加强对实体经济行业的扶持力度，引导社会资金回归实体经济行业，减少金融和房地产行业对社会各界资金的吸引力度；第二，政府应该完善市场环境以激励实体企业进行研发创新和人力资本投资，实行间接激励性干预，以提高实体企业的财务业绩。政府可以减少直接行政干预，而通过改善实体企业的生存环境，以及对高质量发展或者创新能力较高的实体企业给予税收或者财政补贴激励等措施，加强对实体经济行业的间接干预和引导，以促进实体经济行业发展，降低不同资产之间的收益率宽幅。

8.4　调控收益率宽幅、促进企业创新的产权保护政策

知识产权保护制度可以有效确保企业将技术上的绝对优势转换为经济利益，保证企业获得超额利润，并固化企业在行业中的垄断地位（王华，2011）。从而，激发企业的创新动力，提高企业的科技创新能力（吴超鹏等，2016）。因此，产权保护政策的实施也是降低收益率宽幅对实体企业创新抑制效应的重要手段之一。

8.4.1　加强知识产权的保护力度

知识产权保护力度的加强可以有效提高侵权企业的违法成本。只有提高知识产权保护的执法力度，才能保证侵权企业发生的侵权成本高于侵权行为能够获得的收益。从而，降低侵权企业的意愿和动机。否则，将推动企业违法使用其他创新企业知识产权获利的动机，侵占创新企业的合法收益，降低被侵权企业的创新动力。因此，加强产权保护的执法力度，可以有效促进实体企业创新。

加强知识产权保护可以通过几种途径：一是提升各级法院以及地方知识产权局的执法水平，提高相关部门对知识产权保护的重视程度；二是加强新闻媒体对知识产权保护的宣传力度，保证社会公众能够了解知识产权保护相关政策，提高全民关注度；三是增加侵权行为的处罚金额，提高侵权企业的违法成本，保护创新企业的合法权益。当侵犯其他创新企业知识产权行为能够获得的收益低于违法成本时，将降低企业发生侵权行为的动机。保护创新企业的知识产权，保证创新能够为企业创造的高额收益，达到激励企业创新的目的。

8.4.2 改善企业创新的法制环境

我国政府机构相关部门需要营造公平竞争环境，以及有利于企业创新的法治环境。首先，从立法角度，需要健全民法机制，以增加企业家信心和财富安全感、保护企业的经营自主权；其次，从执法角度，需要推进“放管服”改革。具体可以采取推进行政执法全过程记录制度、优化行政审批制度、完善政府守信践诺机制等措施，以塑造良好的营商环境；再次，从司法角度，需要保障涉案企业家的合法权益；最后，从法律服务角度，各级地方法院、检察院以及工商联等部门需要了解企业的法律需要，为企业提供优质高效的法律服务。

8.5 调控收益率宽幅、促进企业创新的金融发展政策

创新具有周期长、不确定性高、风险大等特点，失败风险较高。因此，实体企业创新往往面临较高的融资约束。而发展良好的金融市场会降低企业融资成本，提高资源配置效率，同时增强对经理人的监督，降低企业信息不对称程度，缓解企业融资约束程度，进而促进企业创新。

8.5.1 加剧银行竞争，缓解中小企业融资约束

据统计，我国65%的发明专利来自中小企业，80%的新产品是由中小企业创造。由于中小企业很难通过股票市场筹资进行科技创新，银行贷款成为企业获得稳定、持续外部融资的重要来源，也是决定企业创新水平的重要因素。然而，银行信贷资金配置中存在严重的所有制歧视问题。银行更倾向于将贷款发放给国有企业，而民营企业很难获得融资支持。导致依赖信贷资金的中小企业普遍存

在“融资难、融资贵”问题。

银行业的竞争加剧有利于缓解中小企业的融资约束，促进中小企业创新。由于中小企业规模较小，对信贷供给敏感性较高（Petersen et al.，2002）。当银行竞争加剧时，会降低贷款利率，提升企业贷款的谈判能力（蔡竞等，2016），提高企业能够以低贷款成本从银行取得的贷款额度，缓解企业融资约束。因此，加强银行竞争对于深化我国金融体制改革、促进企业创新具有重要意义。从而，促进股份制银行、城市商业银行的蓬勃发展可以有效提高中小企业的创新动力和创新能力。

8.5.2　促进企业风险投资的发展，激励实体企业创新

2015 年的资本寒冬，导致传统风险投资愈发谨慎，投资事件减少（田轩，2018）。企业风险投资成为初创企业筹措资金的重要来源。企业风险投资隶属于非金融企业下属的投资部门，资金来源于母公司，并以母公司名义从事风险投资活动。企业创立风险投资机构通常是为了完成企业战略使命，不仅为了获得利润更为了获取创新信息。可以为母公司带来新的技术或收益增长点，提高母公司的竞争优势。因此，企业风险投资首先成为母公司进行外部研发与获取新技术的最有效途径。

不同于传统的风险投资基金往往追求短期高额回报，不利于培养创新产品。企业风险投资帮助被投资公司与母公司建立技术纽带和战略协同，从而帮助被投资公司更好地开展创新活动；同时，企业风险投资对创新活动具有较强的风险承受能力，对被投资企业的创新风险容忍度更高，投资周期更长，会对不易获得传统风险投资的初创企业进行投资，促进初创企业的创新活动。因此，企业风险投资成为激励企业创新的最优形式（田轩，2018）。

8.5.3 促进股权市场发展，扩大企业融资渠道

股权市场的发展能够促进外部融资依赖行业的创新。首先，股权融资存在风险和收益共享机制，不会增加企业的财务困境，进而鼓励企业创新；其次，投资者可以从市场的均衡价格中提取有效信息，引导投资者在股权市场投资，进而有利于企业融资；最后，股价中包含的信息能够及时反馈给投资者（Allen et al.，1999）。由于创新项目不确定性较高，容易发生对项目前景的误判。但是，股权市场的价格反馈机制，能够帮助管理层进行投资决策。因此，良好的股权市场能够有效地支持项目创新，进而促进资源的有效配置。

股权市场能够分散高科技密集企业的高风险，助力高科技密集行业的发展。首先，股权市场能够根据风险进行定价，高风险资产一般具有高收益；其次，在股权市场里，前景较好的创新型公司往往具有较高的股票价格，进而鼓励高科技密集型企业进行创新。

因此，优化社会融资结构，促进股权市场的健康发展，构建多层次的资本市场对促进企业创新具有深远的影响。

8.6 本章小结

本章从货币政策、税收优惠政策、产业政策、知识产权保护以及金融市场发展五个角度，提出了降低收益率宽幅对实体企业创新抑制效应的具体措施和手段。

首先，第 7 章验证了宽松货币政策是收益率宽幅产生原因，因此，采取稳健货币政策、保持币值稳定是调控收益率宽幅、促进企业创新最重要的手段。另外，完善利率传导机制、发挥定向调控的存款准备金政策以及结构性货币政策在改善产业结构方面的执行效

果，可以有效降低收益率宽幅，促进实体企业创新。

其次，根据第 6 章的研究成果，提高实体企业的主营业务盈利能力是降低收益率宽幅、促进企业创新的关键。因此，本章提出了税收优惠政策、产业政策以及知识产权保护政策的优化措施，以提高三种政策措施的执行效果，提高企业主业盈利能力，收窄收益率宽幅，促进企业创新。其中，加强对知识产权的保护是三个措施中最有效的手段。该政策有利于增强实体企业的垄断利润和专利授权收益，提高实体企业对未来财务绩效以及创新收益的预期，吸引实体企业回归主业。从而，有利于降低企业的收益率宽幅，促进企业创新能力的提高。

最后，根据第 5 章的研究成果，收益率宽幅可以通过缓解融资约束程度而促进实体企业创新。但是由于投资行为中介路径抑制创新的影响程度高于融资约束路径的促进作用，导致最终收益率宽幅对企业创新的影响呈现抑制效果。因此，本章提出了促进金融市场发展的措施，以增加融资约束路径的作用效果，缓解企业缺乏创新资金的困境，促进实体企业创新。

结论与展望

近20年来，刺激经济增长的货币政策以及积极财政政策，使我国经济取得了举世瞩目的成绩。同时，也推动资产价格快速上涨，对实体企业产生了极大影响。投资性房地产等金融资产按照公允价值计价法对资产价值进行核算。每年需要按照资产的市场价值重新调整账面价值，价值上涨部分计提公允价值变动损益，计入当年收益。随着资产价格的快速上涨，以公允价值计价的投资性房地产等金融资产收益率大幅上升。反观用于生产过程的经营资产，由于采用历史成本法计量资产价值，不仅无法享受资产价格上涨带来的收益，反而随着资产价格上涨，还需要承担少计提折旧、多缴纳税金的损失，以及企业每年按折旧额提前留存的、用于资产更换的累计数额不足以支付资产的重置成本，导致企业无法按期进行资产更新和技术升级改造，收益率持续下降。最终，在实体企业中出现了投资性房地产等金融资产高收益率与经营资产低收益率差异持续拉大的收益率宽幅现象。

按照马克思一般均衡理论，不同资产之间的收益率不均衡会引起资金流动，导致资金由低收益率资产流向高收益率资产，影响企业的投资选择和创新投入。本书按照“收益率宽幅是否影响企业创新”“如何影响企业创新”“是否对所有企业创新均产生影响”“如何制订激励措施以促进企业创新”的研究思路展开理论分析和实证检验，探讨了收益率宽幅现象对企业创新的影响。

关于收益率宽幅是否影响企业创新，研究发现收益率宽幅现象的出现导致投资者对未来创新收益的预期下降，降低了企业创新动力和意愿，制约了企业创新水平。从而，出现了收益率宽幅对企业创新的抑制效应。

关于收益率宽幅抑制企业创新的方式和渠道，研究发现收益率宽幅从两条中介路径影响实体企业创新。第一，收益率宽幅导致企业高估金融投资的预期收益，改变了企业投资行为。受资本逐利性驱动，实体企业会将大量资源投入金融领域，而挤占创新活动资金，降低企业创新动力和能力。从而，出现了“收益率宽幅——投资行为金融化——抑制创新”的中介路径；第二，收益率宽幅还改变了企业的筹资行为。随着收益率宽幅持续拉大，导致企业持有的投资性房地产等金融资产能够创造更高的账面收益，从表面上看提高了经营业绩，美化和粉饰了财务报表，拉低了资产负债率，使企业能够更加容易地以低成本从银行取得更多的贷款资金，缓解了融资约束程度，促进了企业创新。从而出现了“收益率宽幅——缓解融资约束——促进创新”的中介路径。

由于两条中介路径从相反方向影响企业创新。为了明晰收益率宽幅对企业创新的实际影响，本书通过构建结构方程模型，结合Bootstrap中介检验，编制适合本模型需要的程序命令，以比较两条路径的影响程度。研究发现，投资行为中介路径的抑制效应占总间接影响的70%以上，远高于缓解融资约束的促进作用。总体上看，收益率宽幅对企业创新呈现抑制效应。

关于收益率宽幅对不同类型企业创新的影响，研究发现主营业务盈利能力高低、股权性质差异以及高新技术企业资质认定三个因素，可以有效调节收益率宽幅对企业创新的抑制效应。在低盈利能力企业、国有企业以及非高新技术企业中，收益率宽幅显著抑制了创新；而在高盈利能力企业、非国有企业以及高新技术企业中，收益率宽幅对创新没有明显的抑制效应。

通过检验结构方程模型中每条路径的显著性以及路径系数，可以发现三个调节变量改变收益率宽幅与企业创新之间关系的原因存在差异。主业盈利能力变量通过降低收益率宽幅对企业金融化的吸引以及弱化金融化对企业创新的挤出效应两个途径，达到调节收益率对企业创新抑制效应的目的；非国有企业自主创新意愿较高，受收益率宽幅驱动而持有投资性房地产等金融资产的可能性较低。但是资金紧张，少量持有金融资产也会存在对创新资源的挤出。因此，股权性质变量仅通过降低收益率宽幅对金融化的吸引一条途径，达到调节收益率对企业创新抑制效应的目的；高新技术企业依然会受收益率宽幅驱动而出现金融化现象。但是由于能够享受更多的政府扶持和优惠，资金充裕。适度金融化对创新挤出程度较低。从而，高新技术企业资质认定变量仅通过弱化金融化对企业创新的挤出效应一条途径，达到调节收益率对企业创新抑制效应的目的。通过比较三个变量具有调节效应的原因，可以发现促进主业盈利能力的提高是调控收益率宽幅、促进企业创新的重要手段和途径。

关于如何制订激励政策促进企业创新，研究发现并实证检验刺激经济增长货币政策是收益率宽幅现象出现的重要原因；税收优惠政策、产业政策以及知识产权保护政策可以有效调节收益率宽幅，促进企业创新；而财政支出政策的调控作用不明显。基于上述研究成果，提出了制订货币政策、税收优惠政策、产业政策、知识产权保护政策的政策建议；考虑到融资约束对创新的重要影响，再次从金融市场发展角度，提出了调控收益率宽幅、促进企业创新的具体措施和手段。

本书的研究成果可以解释在我国政府大力扶持的条件下，我国实体企业创新水平仍然较低的原因，为解读实体企业创新动力不足、创新能力薄弱提供了新视角，为我国政府制订促进实体企业创新的激励政策提供理论依据和微观支撑，本书研究成果具有一定的参加价值和实践意义。但是，本书还有些问题尚未完善。在今后的研究中，可以继续对下列问题进行探讨：

①收益率宽幅平衡点的确定。收益率宽幅从投资行为金融化以及缓解融资约束两条路径，对实体企业创新产生相反的影响。收益率宽幅加重企业投资行为金融化，挤占创新资金，抑制创新的同时，也缓解了企业融资约束程度，有利于促进创新。因此，收益率宽幅通过两条路径从不同方向影响企业创新能力。从而，应该存在收益率宽幅的均衡点。当企业实际收益率宽幅超过了均衡点时，投资行为中介路径将发挥主要作用，企业将大量资源投入投资性房地产等金融资产，挤出效应将超过融资约束路径的促进效应。反之，当企业实际收益率宽幅低于均衡点时，融资约束中介路径将发挥主要作用。收益率宽幅通过缓解融资约束而产生的促进效应将大于投资行为的挤出效应。此时，适度提高收益率宽幅将促进企业创新，直到达到均衡点。因此，寻找到收益率宽幅的均衡点，保证企业创新能力达到最优是作者今后的研究方向和准备解决的问题。

②模拟宏观经济政策对实体企业创新的影响。可以通过构建DSGE 模型，模拟宏观经济政策变化时，收益率宽幅和创新的反映和变化，并分析动态宏观经济传导机制。预测各种宏观政策工具的外生冲击，以及宏观经济调控措施引起企业创新能力的变化，根据冲击的动态传导机制，判断经济政策的实施效果，从而为政府制订创新激励政策提供动态的理论依据。

参考文献

[1] 安同良，施浩，LudovicoAlcorta. 中国制造业企业 R & D 行为模式的观测与实证——基于江苏省制造业企业问卷调查的实证分析 [J]. 经济研究，2006 (2)：21 - 30，56.

[2] 白旭云，王砚羽，苏欣. 研发补贴还是税收激励——政府干预对企业创新绩效和创新质量的影响 [J]. 科研管理，2019，40 (6)：9 - 18.

[3] 薄仙慧，吴联生. 国有控股与机构投资者的治理效应：盈余管理视角 [J]. 经济研究，2009，44 (2)：81 - 91，160.

[4] 蔡地，陈振龙，刘雪萍. 风险投资对创业企业研发活动的影响研究 [J]. 研究与发展管理，2015，27 (5)：1 - 11.

[5] 蔡竞，董艳. 银行业竞争与企业创新——来自中国工业企业的经验证据 [J]. 金融研究，2016 (11)：96 - 111.

[6] 蔡庆丰，田霖. 产业政策与企业跨行业并购：市场导向还是政策套利 [J]. 中国工业经济，2019 (1)：81 - 99.

[7] 陈三可，赵蓓. 研发投入、风险投资与企业融资约束——基于中国制造业上市公司的实证分析 [J]. 管理评论，2019，31 (10)：110 - 123.

[8] 陈思，何文龙，张然. 风险投资与企业创新：影响和潜在机制 [J]. 管理世界，2017 (1)：158 - 169.

[9] 陈文俊，彭有为，胡心怡. 战略性新兴产业政策是否提升了创新绩效 [J]. 科研管理，2020，41 (1)：22 - 34.

[10] 陈洋林，储德银，张长全. 战略性新兴产业财政补贴的

激励效应研究［J］．财经论丛，2019（5）：33－41．

［11］成果，陶小马．政府背景风险投资会促进企业创新吗——基于创业板企业的实证分析［J］．科技进步与对策，2018，35（23）：99－105．

［12］戴小勇，成力为．财政补贴政策对企业研发投入的门槛效应［J］．科研管理，2014，35（6）：68－76．

［13］邓永勤，汪静．国有参股股东能够促进企业创新吗［J］．科技进步与对策，2020（3）：1－9．

［14］杜传文，黄节根．货币政策、融资约束与企业投资［J］．财经科学，2018（4）：15－28．

［15］杜勇，张欢，陈建英．金融化对实体企业未来主业发展的影响：促进还是抑制［J］．中国工业经济，2017（12）：113－131．

［16］杜勇，邓旭．中国式融资融券与企业金融化——基于分批扩容的准自然实验［J］．财贸经济，2020，41（2）：69－83．

［17］付文林，赵永辉．税收激励、现金流与企业投资结构偏向［J］．经济研究，2014，49（5）：19－33．

［18］郭春野，庄子银．知识产权保护与“南方”国家的自主创新激励［J］．经济研究，2012，47（9）：32－45．

［19］郭冬梅，胡毅，林建浩．我国正规就业者的教育收益率［J］．统计研究，2014，31（8）：19－23．

［20］郭炬，叶阿忠，陈泓．是财政补贴还是税收优惠？——政府政策对技术创新的影响［J］．科技管理研究，2015，35（17）：25－31，46．

［21］郭丽婷．制造业金融化对创新投资的影响：“挤出效应”or“蓄水池效应”？［J］．现代经济探讨，2017（12）：49－59．

［22］韩国高，张倩．政府补贴、制度环境与企业研发投资——基于面板门槛模型的实证检验［J］．投资研究，2017，36（10）：19－33．

[23] 胡谍. 房地产市场对宏观经济的影响机制研究 [D]. 北京：清华大学，2011.

[24] 胡奕明，王雪婷，张瑾. 金融资产配置动机："蓄水池"或"替代"？——来自中国上市公司的证据 [J]. 经济研究，2017，52 (1)：181-194.

[25] 黄世忠. 公允价值会计的顺周期效应及其应对策略 [J]. 会计研究，2009 (11)：23-29，95.

[26] 黄宇虹. 补贴、税收优惠与小微企业创新投入——基于寻租理论的比较分析 [J]. 研究与发展管理，2018，30 (4)：74-84.

[27] 黄志忠，钱晨，冯徐琼. 货币、税收政策对企业 R&D 投入的影响 [J]. 证券市场导报，2015 (12)：15-20.

[28] 江轩宇. 政府放权与国有企业创新——基于地方国企金字塔结构视角的研究 [J]. 管理世界，2016 (9)：120-135.

[29] 姜国华，饶品贵. 宏观经济政策与微观企业行为——拓展会计与财务研究新领域 [J]. 会计研究，2011 (3)：9-18，94.

[30] 鞠晓生，卢荻，虞义华. 融资约束、营运资本管理与企业创新可持续性 [J]. 经济研究，2013，48 (1)：4-16.

[31] 雷鸣. 财政金融支持科技成果转化研究 [D]. 成都：西南交通大学，2017.

[32] 李春涛，宋敏. 中国制造业企业的创新活动：所有制和 CEO 激励的作用 [J]. 经济研究，2010，45 (5)：55-67.

[33] 李春涛，闫续文，宋敏，杨威. 金融科技与企业创新——新三板上市公司的证据 [J]. 中国工业经济，2020 (1)：81-98.

[34] 李增福，林盛天，连玉君. 国有控股、机构投资者与真实活动的盈余管理 [J]. 管理工程学报，2013，27 (3)：35-44.

[35] 李九斤，刘东，安实．风险投资特征对企业技术创新的影响研究［J］．上海金融，2018（7）：75－84.

[36] 李楠博．压力与期冀：生态文明视域下企业绿色技术创新的驱动机制研究［J］．求是学刊，2020，47（1）：75－87.

[37] 李万福，杜静，张怀．创新补助究竟有没有激励企业创新自主投资——来自中国上市公司的新证据［J］．金融研究，2017（10）：130－145.

[38] 李晓龙，冉光和，郑威．金融要素扭曲如何影响企业创新投资——基于融资约束的视角［J］．国际金融研究，2017（12）：25－35.

[39] 李小静，孙柏．政府干预对新兴企业技术创新的影响研究——基于负二项式模型［J］．华东经济管理，2015，29（9）：159－164.

[40] 李晓钟，徐怡．政府补贴对企业创新绩效作用效应与门槛效应研究——基于电子信息产业沪深两市上市公司数据［J］．中国软科学，2019（5）：31－39.

[41] 李向春，孙钰，姚鹏．公共基础设施社会效益组合评价——以天津市为例［J］．现代城市研究，2017（3）：22－29.

[42] 黎文靖，郑曼妮．实质性创新还是策略性创新？——宏观产业政策对微观企业创新的影响［J］．经济研究，2016，51（4）：60－73.

[43] 黎文靖，李茫茫．“实体＋金融”：融资约束、政策迎合还是市场竞争？——基于不同产权性质视角的经验研究［J］．金融研究，2017（8）：100－116.

[44] 连立帅，陈超，白俊．产业政策与信贷资源配置［J］．经济管理，2015，37（12）：1－11.

[45] 连玉君，苏治，丁志国．现金－现金流敏感性能检验融资约束假说吗？［J］．统计研究，2008（10）：92－99.

［46］刘冲，耿伟栋，洪欣欣．专利质押对企业创新的影响研究［J］．北京大学学报（哲学社会科学版），2019，56（5）：101－112.

［47］刘刚，梁晗，殷建瓴．风险投资声誉、联合投资与企业创新绩效——基于新三板企业的实证分析［J］．中国软科学，2018（12）：110－125.

［48］刘文琦，何宜庆，郑悦．金融深化、融资约束与企业研发投资——基于行业异质性视角的分析［J］．江西社会科学，2018，38（12）：197－206.

［49］刘胜强，林志军，孙芳城，陈汉文．融资约束、代理成本对企业 R&D 投资的影响——基于我国上市公司的经验证据［J］．会计研究，2015（11）：62－68，97.

［50］刘小鲁．知识产权保护、自主研发比重与后发国家的技术进步［J］．管理世界，2011（10）：10－19，187.

［51］刘振．R&D 投资与规模投资影响因素比较分析［D］．广州：暨南大学，2009.

［52］林晓，徐伟，杨凡．风险投资与创新的时空关系和相互作用研究［J］．科研管理，2019，40（7）：119－130.

［53］林雄斌，等．交通投资、经济空间集聚与多样化路径——空间面板回归与结构方程模型视角［J］．地理学报，2018，73（10）：1970－1984.

［54］龙小宁，王俊．中国专利激增的动因及其质量效应［J］．世界经济，2015，38（6）：115－142.

［55］鲁桐，党印．公司治理与技术创新：分行业比较［J］．经济研究，2014，49（6）：115－128.

［56］马嘉楠，翟海燕，董静．财政科技补贴及其类别对企业研发投入影响的实证研究［J］．财政研究，2018（2）：77－87.

［57］马光荣，刘明，杨恩艳．银行授信、信贷紧缩与企业研

发［J］. 金融研究，2014（7）：76－93.

［58］毛昊，尹志锋，张锦. 中国创新能够摆脱“实用新型专利制度使用陷阱”吗［J］. 中国工业经济，2018（3）：98－115.

［59］倪鹏飞，徐海东，沈立，曹清峰. 城市经济竞争力：关键因素与作用机制——基于亚洲566个城市的结构方程分析［J］. 北京工业大学学报（社会科学版），2019，19（1）：50－59.

［60］彭俞超，方意. 结构性货币政策、产业结构升级与经济稳定［J］. 经济研究，2016，51（7）：29－42，86.

［61］彭俞超，韩询，李建军. 经济政策不确定性与企业金融化［J］. 中国工业经济，2018（1）：137－155.

［62］齐绍洲，张倩，王班班. 新能源企业创新的市场化激励——基于风险投资和企业专利数据的研究［J］. 中国工业经济，2017（12）：95－112.

［63］钱雪松，谢晓芬，杜立. 金融发展、影子银行区域流动和反哺效应——基于中国委托贷款数据的经验分析［J］. 中国工业经济，2017（6）：60－78.

［64］饶欣. 广东省碳排放权交易市场价格波动传导机制研究［D］. 武汉：中国地质大学，2019：66.

［65］申广军，陈斌开，杨汝岱. 减税能否提振中国经济？——基于中国增值税改革的实证研究［J］. 经济研究，2016，51（11）：70－82.

［66］宋丽颖，杨潭. 财政补贴、行业集中度与高技术企业R&D投入的非线性关系实证研究［J］. 财政研究，2016（7）：59－68.

［67］宋军，陆旸. 非货币金融资产和经营收益率的U形关系——来自我国上市非金融公司的金融化证据［J］. 金融研究，2015（6）：111－127.

［68］孙博，等. 企业融资约束与创新绩效：人力资本社会网

络的视角［J］. 中国管理科学，2019，27（4）：179－189.

［69］孙刚. 税收征管与上市企业资本性投资效率研究——来自地方政府违规税收优惠或返还的初步证据［J］. 中央财经大学学报，2017（11）：3－17.

［70］孙俊杰，张云. 金融发展、代理成本与企业创新策略［J］. 财经问题研究，2019（3）：50－59.

［71］孙铭壕，钱馨蕾，徐建玲. 知识产权保护对地区创新的影响路径研究——基于 FDI 视角［J］. 技术经济与管理研究，2019（3）：31－37.

［72］孙慧，王慧. 政府补贴、研发投入与企业创新绩效——基于创业板高新技术企业的实证研究［J］. 科技管理研究，2017，37（12）：111－116.

［73］谭劲松，冯飞鹏，徐伟航. 产业政策与企业研发投资［J］. 会计研究，2017（10）：58－64，97.

［74］唐曼萍，彭馨怡，王运陈. "增值"还是"逐名"：风险投资与企业科技创新——基于不同资本背景风险投资的比较研究［J］. 财经科学，2019（9）：39－52.

［75］唐清泉，巫岑. 银行业结构与企业创新活动的融资约束［J］. 金融研究，2015（7）：116－134.

［76］唐书林，肖振红，苑婧婷. 上市企业的自主创新驱动困境：是免费补贴还是税收递延？［J］. 管理工程学报，2018，32（2）：95－106.

［77］田轩. 创新的资本逻辑——用资本视角思考创新的未来［M］. 北京：北京大学出版社，2018.

［78］闫海洲，陈百助. 产业上市公司的金融资产：市场效应与持有动机［J］. 经济研究，2018，53（7）：152－166.

［79］严子淳，刘刚，梁晗. 风险投资人社会网络中心性对新三板企业创新绩效的影响研究［J］. 管理学报，2018，15（4）：

523 – 529.

[80] 杨得前，刘仁济．税式支出、财政补贴的转型升级激励效应——来自大中型工业企业的经验证据［J］．税务研究，2017 (7)：87 – 93.

[81] 王国刚．中国货币政策目标的实现机理分析：2001 – 2010［J］．经济研究，2012，47 (12)：4 – 14，42.

[82] 王海成，吕铁．知识产权司法保护与企业创新——基于广东省知识产权案件“三审合一”的准自然试验［J］．管理世界，2016 (10)：118 – 133.

[83] 王凤荣，高飞．政府干预、企业生命周期与并购绩效——基于我国地方国有上市公司的经验数据［J］．金融研究，2012 (12)：137 – 150.

[84] 王红建，李茫茫，汤泰劼．实体企业跨行业套利的驱动因素及其对创新的影响［J］．中国工业经济，2016 (11)：73 – 89.

[85] 王华．更严厉的知识产权保护制度有利于技术创新吗?［J］．经济研究，2011，46 (S2)：124 – 135.

[86] 王九云，叶元煦．论保护知识产权对技术创新的驱动功能［J］．管理世界，2001 (6)：204 – 205.

[87] 王全景，温军．地方官员变更与企业创新——基于融资约束和创新贡献度的路径探寻［J］．南开经济研究，2019 (3)：198 – 225.

[88] 王美今，林建浩．计量经济学应用研究的可信性革命［J］．经济研究，2012，47 (2)：120 – 132.

[89] 王明海，李小静．政府干预、外部投资与企业自主创新——基于信号传递视角的研究［J］．上海经济研究，2017 (2)：9 – 16.

[90] 王少华，上官泽明．货币政策宽松度、过度金融化与企业创新［J］．财经科学，2019 (10)：45 – 58.

［91］王少华．企业金融化适度性、宏观经济政策与创新［D］．太原：山西财经大学，2019.

［92］王文甫，张南，岳超云．中国财政政策冲击的识别与效应——符号约束方法下的 SVAR 分析［J］．财经研究，2015，41（6）：70－81.

［93］王彦超，李玲，王彪华．税收优惠与财政补贴能有效促进企业创新吗？——基于所有制与行业特征差异的实证研究［J］．税务研究，2019（6）：92－98.

［94］王勇，王亮，宋丹丹．银行业竞争、融资约束与企业创新——基于沪深 A 股上市公司的多层统计检验［J］．财经问题研究，2019（11）：55－64.

［95］王宇，李海洋．管理学研究中的内生性问题及修正方法［J］．管理学季刊，2017，2（3）：20－47，170－171.

［96］温军，冯根福．风险投资与企业创新："增值"与"攫取"的权衡视角［J］．经济研究，2018，53（2）：185－199.

［97］温忠麟，侯杰泰，马什赫伯特．结构方程模型检验：拟合指数与卡方准则［J］．心理学报，2004（2）：186－194.

［98］温忠麟，叶宝娟．中介效应分析：方法和模型发展［J］．心理科学进展，2014，22（5）：731－745.

［99］翁润．知识产权保护对中国企业创新的影响研究［D］．南京：南京大学，2019.

［100］吴超鹏，唐菂．知识产权保护执法力度、技术创新与企业绩效——来自中国上市公司的证据［J］．经济研究，2016，51（11）：125－139.

［101］吴涛，赵增耀．风险投资对创业板上市公司技术创新影响的实证研究［J］．科技管理研究，2016，36（14）：12－17，23.

［102］吴永林，赵佳菲．北京高技术企业技术创新能力评价

分析［J］．企业经济，2011，30（3）：21－23.

［103］武咸云，陈艳，杨卫华．战略性新兴产业的政府补贴与企业R&D投入［J］．科研管理，2016，37（5）：19－23.

［104］夏清华，王瑜．不同年龄阶段下中国企业绩效对创新投入的影响——来自制造业上市公司的动态面板数据［J］．工业技术经济，2015，34（12）：88－95.

［105］谢家智，江源，王文涛．什么驱动了制造业金融化投资行为——基于A股上市公司的经验证据［J］．湖南大学学报（社会科学版），2014a，28（4）：23－29.

［106］谢家智，王文涛，江源．制造业金融化、政府控制与技术创新［J］．经济学动态，2014b（11）：78－88.

［107］谢乔昕．货币政策冲击对企业R&D投入的影响研究［J］．科学学研究，2017，35（1）：93－100.

［108］解维敏，唐清泉，陆姗姗．政府R&D资助，企业R&D支出与自主创新——来自中国上市公司的经验证据［J］．金融研究，2009（6）：86－99.

［109］解维敏，方红星．金融发展、融资约束与企业研发投入［J］．金融研究，2011（5）：171－183.

［110］许罡，朱卫东，孙慧倩．政府补助的政策效应研究——基于上市公司投资视角的检验［J］．经济学动态，2014（6）：87－95.

［111］许罡，伍文中．公司金融化投资之谜：盈余管理抑或金融套利？［J］．证券市场导报，2018（8）：20－28.

［112］徐光伟，孙铮．货币政策信号、实际干预与企业投资行为［J］．财经研究，2015，41（7）：54－67.

［113］徐忠．经济高质量发展阶段的中国货币调控方式转型［J］．金融研究，2018（4）：1－19.

［114］许昊，万迪昉，徐晋．风险投资辛迪加成员背景、组

织结构与 IPO 抑价——基于中国创业板上市公司的经验研究［J］. 系统工程理论与实践，2015，35（9）：2177－2185.

［115］徐维祥，黄明均，李露，钟琴．财政补贴、企业研发对企业创新绩效的影响［J］．华东经济管理，2018，32（8）：129－134.

［116］杨晔，王鹏，李怡虹，杨大楷．财政补贴对企业研发投入和绩效的影响研究——来自中国创业板上市公司的经验证据［J］．财经论丛，2015（1）：24－31.

［117］杨筝，刘放，王红建．企业交易性金融资产配置：资金储备还是投机行为？［J］．管理评论，2017（2）：13－25，34.

［118］易纲，王召．货币政策与金融资产价格［J］．经济研究，2002（3）：13－20，92.

［119］易纲．坚守币值稳定目标实施稳健货币政策［J］．中国金融家，2019（12）：25－28.

［120］俞毛毛，马妍妍．融资融券导致企业金融化行为了么？——脱实向虚视角下双重差分模型分析［J］．现代财经（天津财经大学学报），2020，40（3）：67－83.

［121］余明桂，潘红波．政府干预、法治、金融发展与国有企业银行贷款［J］．金融研究，2008（9）：1－22.

［122］余明桂，范蕊，钟慧洁．中国产业政策与企业技术创新［J］．中国工业经济，2016（12）：5－22.

［123］余明桂，钟慧洁，范蕊．民营化、融资约束与企业创新——来自中国工业企业的证据［J］．金融研究，2019（4）：75－91.

［124］曾海舰，林灵．企业如何获取融资便利？——来自上市公司持股非上市银行的经验证据［J］．经济学（季刊），2016，15（1）：241－262.

［125］曾雪云，徐经长．公允价值计量、金融投资行为与公

司资本结构［J］. 金融研究，2013（3）：181－193.

［126］张嘉望，彭晖，李博阳. 地方政府行为、融资约束与企业研发投入［J］. 财贸经济，2019，40（7）：20－35.

［127］张成思，张步昙. 中国实业投资率下降之谜：经济金融化视角［J］. 经济研究，2016，51（12）：32－46.

［128］张成思. 金融化的逻辑与反思［J］. 经济研究，2019，54（11）：4－20.

［129］张春香. 风险投资对高科技企业技术创新的非线性影响［J］. 软科学，2019，33（10）：13－19.

［130］张杰，刘志彪，郑江淮. 中国制造业企业创新活动的关键影响因素研究——基于江苏省制造业企业问卷的分析［J］. 管理世界，2007（6）：64－74.

［131］张杰，周晓艳，李勇. 要素市场扭曲抑制了中国企业R&D?［J］. 经济研究，2011，46（8）：78－91.

［132］张杰，芦哲，郑文平，陈志远. 融资约束、融资渠道与企业R&D投入［J］. 世界经济，2012，35（10）：66－90.

［133］张杰，陈志远，杨连星，新夫. 中国创新补贴政策的绩效评估：理论与证据［J］. 经济研究，2015，50（10）：4－17，33.

［134］张杰，高德步，夏胤磊. 专利能否促进中国经济增长——基于中国专利资助政策视角的一个解释［J］. 中国工业经济，2016（1）：83－98.

［135］张杰，郑文平，新夫. 中国的银行管制放松、结构性竞争和企业创新［J］. 中国工业经济，2017（10）：118－136.

［136］张杰，郑文平. 创新追赶战略抑制了中国专利质量么?［J］. 经济研究，2018，53（5）：28－41.

［137］张洁，唐洁. 资本错配、融资约束与企业研发投入——来自中国高新技术上市公司的经验证据［J］. 科技进步与对策，2019，36（20）：103－111.

［138］张任之．金融资产配置对企业价值影响的实证研究［D］．北京：首都经济贸易大学，2018.

［139］张熙鸣．中国高新技术产业 R&D 投入对产出的直接效应和溢出效应之研究［D］．上海：上海社会科学院，2016.

［140］张璇，刘贝贝，汪婷，李春涛．信贷寻租、融资约束与企业创新［J］．经济研究，2017，52（5）：161－174.

［141］张璇，李子健，李春涛．银行业竞争、融资约束与企业创新——中国工业企业的经验证据［J］．金融研究，2019（10）：98－116.

［142］章雁，王芳露．融资约束、企业金融化与创新投资关系研究——来自制造业的经验证据［J］．商业会计，2020（3）：57－62，100.

［143］赵立三，李博文，刘立军．"收益率宽幅"与转换经济增长动力的政策工具选择［J］．河北学刊，2019，39（5）：170－175.

［144］赵萌，叶莉，范红辉．经济政策不确定性与制造业企业创新——融资约束的中介效应研究［J］．华东经济管理，2020，34（1）：49－57.

［145］赵婧．财政政策可望延续扩张态势［N］．经济参考报，2015－10－23（001）.

［146］赵卿，曾海舰．国家产业政策、信贷资源配置与企业业绩［J］．投资研究，2016，35（3）：58－72.

［147］郑毅，徐佳．融资约束、信息披露与 R&D 投资［J］．经济与管理，2018，32（1）：46－53.

［148］朱云欢，张明喜．我国财政补贴对企业研发影响的经验分析［J］．经济经纬，2010（5）：77－81.

［149］朱永明，贾明娥．市场化进程、融资约束与企业技术创新——基于中国高新技术企业 2010—2014 年数据的分析［J］．商业研究，2017（1）：49－56.

[150] 庄子银．知识产权、市场结构、模仿和创新 [J]．经济研究，2009，44 (11)：95-104.

[151] 钟凯，程小可，肖翔，郑立东．宏观经济政策影响企业创新投资吗——基于融资约束与融资来源视角的分析 [J]．南开管理评论，2017，20 (6)：4-14，63.

[152] 周开国，卢允之，杨海生．融资约束、创新能力与企业协同创新 [J]．经济研究，2017，52 (7)：94-108.

[153] 周铭山，张倩倩．"面子工程"还是"真才实干"？——基于政治晋升激励下的国有企业创新研究 [J]．管理世界，2016 (12)：116-132，187-188.

[154] 周绍妮，张秋生，胡立新．机构投资者持股能提升国企并购绩效吗？——兼论中国机构投资者的异质性 [J]．会计研究，2017 (6)：67-74，97.

[155] 周燕，潘遥．财政补贴与税收减免——交易费用视角下的新能源汽车产业政策分析 [J]．管理世界，2019，35 (10)：133-149.

[156] 邹洋，聂明明，郭玲，闫浩．财税政策对企业研发投入的影响分析 [J]．税务研究，2016 (8)：42-46.

[157] Adams J., Jaffe A. Bounding the Effects of R&D: Matched Establishment - Firm Data [J]. Journal of Economics, 1996 (27): 700-721.

[158] Allen F., Gale D. Innovations in Financial Services, Relationships and Risk Sharing [J]. Management Science, 1999, 45 (9): 1239-1253.

[159] Altman D. G., Bland G. M. Interaction Revisited: the Difference Between Two Estimates [J]. BMJ (Clinical research ed.), 2003, 326 (7382): 219.

[160] Anton J. J., Yao D. A. The Sale of Ideas: Strategic Dis-

closure, Property Rights and Contracting [J]. The Review of Economic Studies, 2002, 69 (3): 513 -531.

[161] Arellano M., Bover O. Another Look at the Instrumental Variable Estimation of Error - Components Models [J]. Journal of Econometrics, 1995, 68 (1): 29 -51.

[162] Baron R. M., Kenny D. A. The Moderator—Mediator Variable Distinction in Social Psychological Research: Conceptual, Strategic, and Statistical Considerations [J]. Journal of Personality & Social Psychology, 1986, 51 (6): 1173 -1182.

[163] Bagozzi R. P., Yi Y. On the Evaluation of Structural Equation Models [J]. Journal of the Academy of Marketing Science, 1988, 16 (1): 74 -94.

[164] Bagozzi R. P., Yi Y., Lynn P. W. Assessing Construct Validity in Organizational Research [J]. Administrative Science Quarterly, 1991, 36 (3): 421 -458.

[165] Baron R. M., Kenny D. A. The Moderator—Mediator Variable Distinction in Social Psychological Research: Conceptual, Strategic, and Statistical Considerations [J]. Journal of Personality & Social Psychology, 1986, 51 (6): 1173 -1182.

[166] Bascle G. Controlling for Endogeneity with Instrumental Variables in Strategic Management Research [J]. Strategic Organization, 2008, 6 (3): 285 -327.

[167] Baud C., Durand C. Financialization, Globalization and the Making of Profits by Leading Retailers [J]. Socio - Economic Review, 2012, 10 (2): 241 -266.

[168] Benfratello L., Schiantarelli F., Sembenelli A. Banks and Innovation: Microeconometric Evidence on Italian Firms [J]. Journal of Financial Economics, 2008, 90 (2): 197 -217.

[169] Blundell R. Labour Supply and Taxation: A Survey [J]. Fiscal Studies, 1992, 13 (3): 15 -40.

[170] Bonfiglioli A. Financial Integration, Productivity and Capital Accumulation [J]. Journal of International Economics, 2008, 76 (2): 337 -355.

[171] Brenner S., Bassett A. The Art of Sustaining Social Innovation: Markets, Imagination, and Rapid Prototyping [J]. Innovations: Technology, Governance, Globalization, 2010, 5 (3): 121 -133.

[172] Brown, J. R., Petersen, B. C. Cash Holdings and R&D Smoothing [J]. Journal of Corporate Finance, 2011, 17 (3): 694 -709.

[173] Brown J. R., Martinsson G., Petersen B. C. Do financing constraints matter for R&D? [J]. European Economic Review, 2012, 56 (8): 1512 -1529.

[174] Certo, S. T., et al. Sample Selection Bias and Heckman Models in Strategic Management Research [J]. Strategic Management Journal, 2016, 37 (13): 2639 -2657.

[175] Cetina, K. K., A. Preda. The Oxford Handbook of the Sociology of Finance [M]. Oxford University Press, 2012.

[176] Cohen W. M., et al. R&D Spillovers, Patents and the Incentives to Innovate in Japan and the United States [J]. Research Policy, 2002, 31 (8): 1349 -1367.

[177] Cornaggia J., Mao Y., Tian X., Wolfe B. Does Banking Competition Affect Innovation? [J]. Jounal of Financial Economics, 2015, 115 (1): 189 -209.

[178] Chemmanur T. J., Loutskina E., Tian X. Corporate Venture Capital, Value Creation, and Innovation [J]. The Review of Financial Studies, 2014, 27 (8): 2434 -2473.

[179] Czarnitzki D., Bento C. L. Evaluation of Public R&D Poli-

cies: A Cross - country Comparison [J]. World Review of Science, Technology and Sustainable Development., 2012, 9 (2-4): 254-282.

[180] Demir F. Macroeconomic Uncertainty and Private Investment in Argentina, Mexico and Turkey [J]. Applied Economics Letters, 2009, 16 (4-6): 567-571.

[181] Duchin R., et al. Precautionary Savings with Risky Assets: When Cash Is Not Cash [J]. The Journal of Finance, 2017, 72 (2): 793-852.

[182] Dumenil G., Levy D. Neoliberal Income Trends - Wealth, Class and Ownership In the USA [J]. New Left Review, 2004 (30): 105-133.

[183] Fornell C., Larcker D. F. Evaluating Structural Equation Models with Unobservable Variables and Measurement Error [J]. Journal of Marketing Research, 1981, 18 (1): 39-50.

[184] Gehringer A. Financial Liberalization, Financial Development and Productivity Growth An Overview [J]. Financial Times Deutschland, Budapest Open Access Initiative Discussion Papers, 2013: 27.

[185] Graham J., Harvey C., Rajgopal S., The Economic Implications of Corporate Financial Reporting [J]. Journal if Accounting and Economics, 2005 (40): 3-73.

[186] Grewal R., Cote J. A., Baumgartner. H. Multicollinearity and Measurement Error in Structural Equation Models: Implications for Theory Testing [J]. Marketing Science, 2004, 23 (4): 519-529.

[187] Guo B., Castrillo P. D., Simats T. A. Firms' Innovation Strategy under the Shadow of Analyst Coverage [J]. Journal of Financial Economics, 2019, 131 (2): 456-483.

[188] Hair J. F., Ringle C. M., Sarstedt M. Partial Least

Squares Structural Equation Modeling: Rigorous Applications, Better Results and Higher Acceptance [J]. Long Range Planning, 2013, 46 (Special SI): 1 – 12.

[189] Hall B. H. Industrial Research During the 1980s: Did the Rate of Return Fall? [J]. Brookings Papers On Economic Activity, 1993 (2): 289 – 344.

[190] Hall R., Mishkin F. The Sensitivity of consumption to Transitory Income: Estimate from Panel Data on Households [J]. Econometrica, 1993 (50): 461 – 481.

[191] Hall B. H., Lerner J. The Financing of R&D and Innovation [J]. Handbook of the Economics of Innovation, 2010: 609 – 639.

[192] Hamilton B. H., Nickerson, J. A. Correcting for Endogeneity in Strategic Management Research [J]. Strategic Organization, 2003, 1 (1): 51 – 78.

[193] Haynes A. F. Beyond Baron and Kenny: Statistical Mediation Analysis in the New Millennium [J]. Communication Monographs, 2009, 76 (12): 408 – 420.

[194] Haynes K. T., Hillman A. The Effect of Board Capital and CEO Power on Strategic Change [J]. Strategic Management Journal, 2010, 31 (11): 1145 – 1163.

[195] Heckman J. Varieties of Selectiong Bias [J]. The American Economic Review, 1990, 80 (2): 313 – 318.

[196] Holtz – Eakin D., Newey W., Rosen H. S. Estimating Vector Auto Regressions with Panel Data [J]. Econometrica: 1988, 1371 – 1395.

[197] Hsiao F. S. T., Mei – Chu, Hsiao W. FDI, Exports and GDP in East and Southeast Asia: Panel Data Versus Time – series Causality Analysis [J]. Journal of Asian Economics, 2006 (17): 1082 –

1106.

[198] Hsu P. , Tian X. , Xu Y. Financial Development and Innovation: Cross – country Evidence [J]. Journal of Financial Economics, 2014, 112 (1): 116 – 135.

[199] Jagpal H. S. Multicollinearity in Structural Equation Models with Unobservable Variables [J]. Journal of Marketing Research. , 1982, 19 (4): 431 – 439.

[200] Juanita González – Uribe. Exchanges of Innovation Resources Inside Venture Capital Portfolios [J]. Journal of Financial Economics, 2020, 135 (1): 144 – 168.

[201] Kaplan S. N. , Zingales L. Do Investment – Cash Flow Sensitivities Provide Useful Measures of Financing Constraints? [J]. The Quarterly Journal of Economics, 1997, 112 (1): 169 – 169.

[202] Kapoor R. , Lee J. M. Coordinating and Competing in Ecosystems: How Organizational Forms Shape New Technology Investments [J]. Strategic Management Journal, 2013, 34 (3): 274 – 296.

[203] Kline R. B. , Card N. A. An Accessible Introduction to Structural Equation Modeling [J]. Psy Critiques, 2005, 50 (26): 124 – 135.

[204] Kyle A. , Vila J. L. , Noise Trading and Takeovers [J]. RAND Journal of Economics, 1991 (22): 54 – 71.

[205] Larcker D. F. , Rusticus T. O. On the Use of Instrumental Variables in Accounting Research [J]. Journal of Accounting and Economics, 2010, 49 (3): 186 – 205.

[206] Le Q. , Zak P. Political Risk and Capital Flight [J]. Journal of International Money and Finance, 2006, 25 (2): 308 – 329.

[207] Lewis V. , Winkler R. Product Diversity, Demand Structures and Optimal Taxation [J]. Economic Inquiry, 2015, 53 (2).

[208] Loehlin J. C. Should We Do Research on Race Differences in Intelligence? [J]. Intelligence, 1992, 16 (1): 1-4.

[209] MacKinnon D. P., et al. A Comparison of Methods to Test Mediation and Other Intervening Variable Effects [J]. Psychological Methods, 2002, 7 (1): 83-104.

[210] Mancusi M. L. Vezzulli A. R&D And Credit Rationing IN SMEs [J]. Economic Inquiry, 2014, 52 (3): 1153-1172.

[211] Markowitz H. Portfolio Selection [J]. The Journal of Finance, 1952, 7 (1): 77-91.

[212] McCahery, J. A., Z. Sautner. Institutional Investor Preference and Executive Compensation [N]. Tilburg University, Center for Economic Research Discussion Paper, 2011: 2011-2103.

[213] Montalvo C. Explaining and Predicting the Impact of Regulation on Innovation: Towards A Dynamic Model [J]. International Journal of Public Policy, 2007, 2 (1): 5-31.

[214] Montgomerie, J. Bridging the Critical Divide: Global Finance, Financialisation and Contemporary Capitalism [J]. Contemporary Politics, 2008, 14 (3): 233-252.

[215] Nam, Chang W. Significance of Development Stage Theory for Explaining Industrial Growth Pattern between Asian NICs and Selected Advanced Economies [J]. CESifo Working Papers, 2002: 7-8.

[216] Nissim D. et al. Ratio Analysis and Equity Valuation: From Research to Practice [J]. Review of Accounting Studies, 2001, 6 (1): 109-154.

[217] Opler T., Pinkowitz L., Stulz R. The Determinants and Implications of Corporate Cash Holdings [J]. Journal of Financial Economics, 1999, 52 (1): 3-46.

[218] Orhangazi O. Financialization and Capital Accumulation in

the Non - financial Corporate Sector: at Heoretical and Empirical Investigation on the US Economy: 1973—2003 [J]. Cambridge Journal of Economics, 2008, 32 (6): 863 - 886.

[219] Palley T. The U. S. Economy After Bush [J]. Challenge: Reaching and Teaching the Gifted Child, 2008, 51 (6): 26 - 37.

[220] Preacher K. J., Hayes A. F. SPSS and SAS Procedures for Estimating Indirect Effects in Simple Mediation Models [J]. Behavior Research Methods, Instruments & Computers, 2004, 36 (4): 717 - 731.

[221] Petersen M. A., Rajan. Does Distance Still Matter? The Information Revolution in Small Business Lending [J]. Journal of Finance, 2002, 57 (6): 2533 - 2570.

[222] Russell D., MacKinnon J. Bootstrap Inference in a Linear Equation Estimated by Instrumental Variables [J]. Econometrics Journal, 2008, 11 (3): 443 - 477.

[223] Savignac F. The Impact of Financial Constraints on Innovation: Evidence from French Manufacturing Firms [J]. Documents de Travail du Centre d'Economie de la Sorbonne, 2006: 147 - 159.

[224] Sean C. The Relationship Between Firm Investment and Financial Status [J]. The Journal of Finance, 1999, 54 (2): 673 - 692.

[225] Semadeni M., et al. The Perils of Endogeneity and Instrumental Variables in Strategy Research Understanding Through Simulations [J]. Strategic Management Journal, 2014, 35 (7): 1070 - 1079.

[226] Shleifer A., Summers L. H. Corporate Takeovers: Causes and Consequences [M]. Chicago: University of Chicago Press, 1988: 33 - 68.

[227] Stein J. Takeover Threats and Managerial Myopia [J]. Journal of Political Economy, 1988 (96): 61 - 80.

[228] Stock J. H., et al. Testing for Weak Instruments in Linear

IV Regression [J]. Identification and Inference for Econometric Models, 2005: 80 - 108.

[229] Stulz R. M. Rethinking Risk Management [J]. Journal of Applied Corporate Finance, 1996, 9 (3): 8 - 25.

[230] Sobel M. E. Asymptotic Intervals for Indirect Effects in Structural Equations Models. In S. Leinhart (Ed.) [J]. Sociological Methodology, 1982: 290 - 312.

[231] Sobel M. E. Effect Analysis and Causation in Linear Structural Equation Models [J]. Psychometrika, 1990, 55 (3): 495 - 515.

[232] Theurillat T., Corpataux J., Crevoisier O. Property Sector Financialization: the Case of Swiss Pension Funds (1992—2005) [J]. European Planning Studies, 2010, 18 (2): 189 - 212.

[233] Tian X., Wang T. Y. Tolerance for Failure and Corporate Innovation [J]. Review of Financial Studies, 2014 (27): 211 - 255.

[234] Tian X., Fang V., Sheri T. Does Stock Liquidity Enhance or Impede Firm Innovation? [J]. Journal of Finance, 2014, 69 (5): 2085 - 2125.

[235] Tong T., et al. Patent Regime Shift and Firm Innovation: Evidence from the Second Amendment to China's Patent Law [J]. Academy of Management Proceedings, 2014 (1): 14174.

[236] Tori D., Özlem O. The effects of Financialisation and Financial Development on Investment: Evidence from Dirm - Level Data in Europe [J]. Greenwich Papers in Political Economy, 2017.

[237] Tzelepis D., Skuras D. The Effects of Regional Capital Subsidies on Firm Performance: an Empirical Study [J]. Journal of Small Business and Enterprise Development, 2004, 11 (1): 121 - 129.

[238] Ueda M. Banks versus Venture Capital: Project Evaluation, Screening, and Expropriation [J]. The Journal of Finance,

2004, 59 (2): 601 - 621.

[239] Yuqi G., Connie X. M., Tian X. Bank Interventions and Firm Innovation: Evidence from Debt Covenant Violations [J]. Journal of Law and Economics, 2017, 60 (4). 637 - 671.

[240] Wooldridge J. M. Quasi - Maximum Likelihood Estimation and Testing for Nonlinear Models with Endogenous Explanatory Variables [J]. Journal of Econometrics, 2014, 182 (1): 226 - 234.

[241] Wooldridge J. M. Introductory Econometrics: A Modern Approach (3rd Ed) [M]. Mason: OH: South - Western, 2006.

致　谢

惊风白日，光景西驰。悠悠岁月，白驹过隙。三年的博士求学生涯逐渐接近尾声，但是三年来在河北大学学习的情景依然历历在目。

首先，感谢导师赵立三教授的悉心指导。从本书的选题、框架设计到内容的撰写，每一个环节都凝聚着赵老师的心血和辛勤汗水。赵老师深厚的理论基础、丰富的实践经验、严谨求实的治学态度以及坦荡率性的人格魅力让我受益匪浅。同时，潜心理论和制度创新，勇于探索实践，创造性地提出收益率宽幅理论及研究框架，彰显出的开拓精神以及理论与实践相结合的专业水准是我今后学习的榜样。本书也是赵老师2015年国家社科基金重点项目“稳增长、调结构政策工具选择与方法创新研究（15AZD006）”的阶段性成果。在今后的人生道路上，我将始终谨记恩师的谆谆教诲。在此，向导师致以最诚挚的敬意！

感谢顾六宝教授、王金营教授和王彦超教授在论文框架、研究思路以及数据处理过程中提供的帮助和指导；感谢郭子雪教授、宋凤轩教授在论文撰写过程中提出的宝贵建议；感谢所在单位宋绍清教授对我博士学习期间的支持。

其次，感谢刘立军博士的悉心帮助。从小论文的撰写，到博士论文的研究思路和数据处理方法，无一不涵盖师姐的建议和支持。在此，向师姐及家人致以真挚的感谢；感谢李博文师兄，在读博期间我们乘坐了同一条舰船，相互鼓励，一起克服困难；感谢王嘉葳师妹在我读博期间的支持和帮助；感谢秀丽姐和舍友魏巍，我们相互扶持，披荆斩棘，一路向前，有喜有忧，成功过，失败过。但无论如何，这种最诚挚的友谊将会对我未来的学习和工作输入无限的正能量。

最后，感谢我的父母，在我成长道路上付出的心血，对我无微不至的关怀和支持，是你们给了我世间最美好的爱和最温暖的港湾，也是我一生积极进取不敢懈怠的最大动力；感谢我的丈夫与儿子，在生活上给予的关心和照顾，在精神上给予的鼓励与支持，烦恼时给予的安慰与体谅，快乐时给予的微笑与分享。

谨此向所有关心、支持与帮助我的老师同学、亲人和朋友们致以最诚挚的敬意和感谢！

周雯珺